O REGIME JURÍDICO DAS EMPRESAS
ESTATAIS APÓS A EMENDA
CONSTITUCIONAL Nº 19/1998

MARCOS BEMQUERER

Benjamin Zymler
Prefácio

O REGIME JURÍDICO DAS EMPRESAS ESTATAIS APÓS A EMENDA CONSTITUCIONAL Nº 19/1998

Belo Horizonte

2012

© 2012 Editora Fórum Ltda.

É proibida a reprodução total ou parcial desta obra, por qualquer meio eletrônico, inclusive por processos xerográficos, sem autorização expressa do Editor.

Conselho Editorial

Adilson Abreu Dallari
Alécia Paolucci Nogueira Bicalho
Alexandre Coutinho Pagliarini
André Ramos Tavares
Carlos Ayres Britto
Carlos Mário da Silva Velloso
Carlos Pinto Coelho Motta (in memoriam)
Cármen Lúcia Antunes Rocha
Cesar Augusto Guimarães Pereira
Clovis Beznos
Cristiana Fortini
Dinorá Adelaide Musetti Grotti
Diogo de Figueiredo Moreira Neto
Egon Bockmann Moreira
Emerson Gabardo
Fabrício Motta
Fernando Rossi
Flávio Henrique Unes Pereira

Floriano de Azevedo Marques Neto
Gustavo Justino de Oliveira
Inês Virgínia Prado Soares
Jorge Ulisses Jacoby Fernandes
José Nilo de Castro (in memoriam)
Juarez Freitas
Lúcia Valle Figueiredo (in memoriam)
Luciano Ferraz
Lúcio Delfino
Marcia Carla Pereira Ribeiro
Márcio Cammarosano
Maria Sylvia Zanella Di Pietro
Ney José de Freitas
Oswaldo Othon de Pontes Saraiva Filho
Paulo Modesto
Romeu Felipe Bacellar Filho
Sérgio Guerra

Luís Cláudio Rodrigues Ferreira
Presidente e Editor

Coordenação editorial: Olga M. A. Sousa
Supervisão editorial: Marcelo Belico
Revisão: Cristhiane Maurício
Bibliotecário: Ricardo Neto – CRB 2752 – 6ª Região
Capa e projeto gráfico: Walter Santos
Diagramação: Karine Rocha

Av. Afonso Pena, 2770 – 15º/16º andares – Funcionários – CEP 30130-007
Belo Horizonte – Minas Gerais – Tel.: (31) 2121.4900 / 2121.4949
www.editoraforum.com.br – editoraforum@editoraforum.com.br

B455r	Bemquerer, Marcos
	O regime jurídico das empresas estatais após a Emenda Constitucional nº 19/1998 / Marcos Bemquerer ; prefácio Benjamin Zymler. – Belo Horizonte : Fórum, 2012.
	211 p.
	ISBN 978-85-7700-618-2
	1. Direito administrativo. 2. Direito público. 3. Direito constitucional. 4. Direito financeiro. I. Zymler, Benjamin. II. Título.
	CDD: 341.3
	CDU: 342.9

Informação bibliográfica deste livro, conforme a NBR 6023:2002 da Associação Brasileira de Normas Técnicas (ABNT):

BEMQUERER, Marcos. *O regime jurídico das empresas estatais após a Emenda Constitucional nº 19/1998*. Belo Horizonte: Fórum, 2012. 211 p. ISBN 978-85-7700-618-2.

Agradecimentos

Agradeço a todos que contribuíram para a realização deste trabalho, em especial às pessoas relacionadas a seguir.

Ao meu orientador, Professor Doutor Francisco de Queiroz Bezerra Cavalcanti, por me ter concedido a honra de ser seu orientando e pelos relevantes ensinamentos.

Às colegas Márcia Cristina Nogueira Vieira e Wânia Lúcia Pasquarelli do Nascimento, pelos valiosos comentários e judiciosas observações.

A Maria Rita Fonseca pelo incentivo e pela colaboração.

Aos professores que ministraram aulas na primeira turma do Curso de Mestrado em Direito, promovido pela Universidade Federal de Pernambuco em Brasília, pela grandiosa contribuição para o meu desenvolvimento acadêmico.

Ao prefaciador Benjamin Zymler, cujos benévolos comentários engrandecem e valorizam este trabalho.

A longo prazo, todos nós estaremos mortos...
(John Maynard Keynes)

SUMÁRIO

PREFÁCIO
Benjamin Zymler 13

INTRODUÇÃO
O DILEMA DAS EMPRESAS PÚBLICAS E SOCIEDADES DE
ECONOMIA MISTA 17

1	As estatais e o atual contexto neoliberal	17
2	*De lege ferenda*	19
3	A grande diversidade de situações fáticas envolvidas	19
4	Um debate momentoso	20
5	A pesquisa bibliográfica e documental	20
6	O plano da dissertação	21

CAPÍTULO 1
A EVOLUÇÃO DO ESTADO – DO NACIONAL E LIBERAL AO
"GLOBALIZADO" E NEOLIBERAL 23

1.1	Considerações preliminares: a filosofia marxista e o método dialético de análise da história	23
1.2	O surgimento do Estado Nacional: a filosofia de Maquiavel e Hobbes e a justificativa do Estado absolutista	24
1.3	Os filósofos iluministas, as revoluções burguesas e o fim do Estado absolutista	25
1.4	O Estado liberal	26
1.5	O Estado social	28
1.6	O Estado econômico	30
1.7	O Estado neoliberal	33
1.8	O conceito de Estado frente à "globalização"	36

CAPÍTULO 2
A INFLUÊNCIA DA GLOBALIZAÇÃO E DO IDEÁRIO
NEOLIBERAL NA REFORMA DO ESTADO NO BRASIL 41

2.1	Histórico das reformas do Estado no Brasil	41
2.1.1	A Reforma Burocrática de 1936	41
2.1.1.1	A Reforma Desenvolvimentista de 1967-1969	42

2.1.2	A Constituição Federal de 1988	43
2.2	A reforma empreendida no período de 1995-1999	44
2.2.1	O Plano Diretor da Reforma do Aparelho do Estado	44
2.2.2	As três formas de Administração Pública	46
2.2.3	Os setores do Estado	47
2.3	A influência da globalização na reforma de 1995-1999	50
2.4	A influência do neoliberalismo	55
2.4.1	O princípio da subsidiariedade	55
2.4.2	A busca da eficiência dos gastos públicos	57
2.4.3	A aceitação da produção pelo Estado de alguns bens e serviços	58
2.4.4	O "Estado regulador"	58
2.4.5	O "Estado fomentador"	59
2.4.6	O rompimento de privilégios de grupos corporativos	60

CAPÍTULO 3
ASPECTOS IMPORTANTES PARA A INTERPRETAÇÃO DA
EMENDA CONSTITUCIONAL Nº 19/1998 63

3.1	Conceitos de interpretação e de hermenêutica	63
3.2	Peculiaridades da interpretação constitucional	63
3.3	Os métodos clássicos de interpretação	66
3.3.1	A interpretação gramatical	66
3.3.2	A interpretação histórica	67
3.3.3	A interpretação sistêmica	68
3.3.4	A interpretação teleológica	68
3.4	A interpretação jurídica segundo Karl Larenz	68
3.5	Os princípios de interpretação especificamente constitucional	69
3.5.1	Princípio da supremacia da Constituição	72
3.5.2	Princípio da presunção de constitucionalidade das leis	72
3.5.3	Princípio da unidade da Constituição	73
3.5.4	Princípio da concordância prática	74
3.5.5	Princípio da interpretação conforme a Constituição	75
3.5.6	Princípio da efetividade ou da força normativa	75
3.5.7	Princípio da proporcionalidade ou da razoabilidade	76
3.6	A interpretação constitucional segundo Black	76

CAPÍTULO 4
PARÂMETROS DE DIREITO PRIVADO E PÚBLICO IMPORTANTES
NA DEFINIÇÃO DO REGIME JURÍDICO DAS ESTATAIS 79

4.1	O mundo fático e o mundo jurídico	79
4.2	Relação jurídica, fato jurídico e suporte fático	82
4.3	Os planos de existência, de validade e de eficácia	83
4.4	A concepção de natureza jurídica	85
4.5	A concepção de regime jurídico	86

4.6	O regime jurídico-administrativo	87
4.7	Os princípios informativos do Direito Administrativo	88
4.7.1	Princípio da Legalidade	89
4.7.2	Os princípios da Impessoalidade e da Igualdade	90
4.7.3	O Princípio da Moralidade	91
4.7.4	O Princípio da Publicidade	91
4.7.5	O Princípio da Eficiência	92
4.7.6	O Princípio da Supremacia do Interesse Público	93
4.7.7	O Princípio da Indisponibilidade do Interesse Público	94
4.7.8	O Princípio da Autotutela Administrativa	94
4.7.9	O Princípio da Continuidade dos Serviços Públicos	95
4.7.10	O Princípio da Razoabilidade	95
4.7.11	O Princípio da Motivação	96
4.8	Os regimes público e privado na Administração Pública	97

CAPÍTULO 5
O TRAÇADO DO NOVO REGIME JURÍDICO DAS ESTATAIS À LUZ DA EMENDA CONSTITUCIONAL Nº 19/1998 101

5.1	Breves considerações sobre o surgimento e desenvolvimento do Estado empresário	101
5.2	As inovações da Emenda Constitucional nº 19/1998	103
5.3	O alcance da expressão "empresas estatais"	104
5.4	Distinção básica entre empresa pública e sociedade de economia mista	105
5.5	A distinção entre serviços públicos e atividades econômicas do Estado	107
5.6	As funções essenciais das empresas estatais	109
5.7	Empresas estatais e concessão de serviço público	112
5.8	Diretrizes hermenêuticas para o delineamento do novo regime jurídico	117
5.9	Os fundamentos do novo regime jurídico	120
5.10	A gênese das empresas estatais	122
5.10.1	O modo de criação e de extinção	123
5.10.2	A personalidade jurídica	127
5.10.3	A forma de organização	128
5.10.4	A composição do capital	134
5.11	Uma tipologia para as empresas estatais brasileiras	135
5.11.1	Empresas públicas, sociedades de economia mista e subsidiárias	137
5.11.2	Estatais exploradoras de atividade econômica e prestadoras de serviços públicos	137
5.11.3	Empresas estatais que prestam serviços públicos na mesma esfera de governo que controla o seu capital e empresas estatais que prestam serviços públicos em esfera de governo diversa daquela que controla o seu capital	138

5.11.4 Prestação de serviço público em regime de exclusividade e em regime de concorrência 138

5.11.5 Exploração de atividade econômica em caráter monopolístico e em regime de competição 138

5.11.6 Empresa pública constituída sob a forma de sociedade por ações e empresa pública constituída por outra forma jurídica 139

5.11.7 Empresa pública unipessoal e empresa pública pluripessoal 139

5.11.8 Empresa pública de natureza civil e de natureza comercial 140

5.12 Elementos essenciais do regime jurídico 140

5.12.1 Controle administrativo e judicial 140

5.12.2 Regime de pessoal 143

5.12.3 Licitações e Contratos 151

5.12.4 Regime orçamentário, contábil e financeiro 156

5.12.5 Regime Tributário 156

5.12.6 Responsabilidade Civil 158

5.12.7 Regime de Bens 167

5.12.8 Sujeição à Falência 172

5.12.9 Relacionamento com o Poder Judiciário 173

CAPÍTULO 6
DIRETRIZES PARA NORMATIZAÇÃO INFRACONSTITUCIONAL DO REGIME JURÍDICO DAS ESTATAIS 177

6.1 A regulamentação infraconstitucional da atuação das estatais, após a Emenda nº 19/98 177

6.1.1 A abrangência do estatuto quanto às espécies de estatais envolvidas 177

6.1.2 A competência para a edição do estatuto das empresas estatais 179

6.1.3 A questão das licitações e contratos 180

6.1.4 Uma proposta para a solução do impasse 183

6.2 O estatuto jurídico das empresas estatais exploradoras de atividades econômicas 185

6.3 A regulamentação das atividades das empresas estatais prestadoras de serviços públicos, na esfera federal 191

CONCLUSÃO
REVIGORANDO O DEBATE SOBRE A FUNÇÃO E O REGIME DAS ESTATAIS BRASILEIRAS 197

1 O novo contexto econômico, social e jurídico 197

2 As empresas estatais diante da reestruturação do Estado brasileiro 198

3 A nova regulamentação jurídica das empresas estatais 199

REFERÊNCIAS 203

PREFÁCIO

O honroso convite para prefaciar a mais nova obra do colega e amigo Marcos Bemquerer Costa é, para mim, tarefa que desempenho com grande satisfação.

A longa convivência profissional, iniciada quando fomos aprovados no mesmo concurso público para o cargo de Analista de Finanças e Controle Externo do Tribunal de Contas da União, em 1991, permite-me reconhecer e admirar seu grande poder intelectual, sua intensa capacidade de trabalho e sua forte dedicação às ciências jurídicas. E, durante essa jornada, a relação de respeito e amizade que travamos apenas engrandece meu contentamento em ver a conclusão de mais um esmerado trabalho.

Desta vez, Marcos Bemquerer convida-nos a estudar *O Regime Jurídico das Empresas Estatais após a Emenda Constitucional nº 19/98*, obra em que reflete sobre o alcance das mudanças sofridas pelos dispositivos constitucionais relativos às empresas estatais em decorrência das modificações introduzidas pela EC nº 19/98.

Cuidadosamente produzido como fruto da experiência profissional e do estudo do Autor, o presente trabalho aborda, em seu primeiro capítulo, as várias formas de atuação do Estado ao longo da história com a finalidade de apresentar ao leitor o contexto histórico, político e econômico em que foi idealizada a reforma administrativa brasileira.

Com efeito, desde os anos 90 vem sendo promovida no País uma série de alterações constitucionais e legais com o objetivo de implantar o modelo de administração pública chamado de "administração gerencial", mais ágil, descentralizada e mais voltada para o controle de resultados do que de procedimentos. Conforme demonstra o Autor, a EC nº 19/98 foi o mais importante instrumento legitimador da desejada reforma da Administração Pública no Brasil. Desde então, inspirados nas diretrizes inseridas na Constituição Federal pela referida emenda, diversas leis e atos infralegais têm sido editados para implementar modificações nas relações entre Estado e agentes públicos, Estado e agentes econômicos e Estado e terceiro setor. Esse é o foco do segundo capítulo da obra, em que são estudadas as diversas reformas empreendidas pela Administração Pública brasileira.

Já a terceira parte é dedicada à exposição, com base na doutrina, dos critérios, métodos e princípios de interpretação constitucional, instrumentos essenciais para a realização da proposta do Autor, que é definir o novo regime jurídico aplicável às empresas estatais.

Em seguida, são traçados, por meio de conceitos e princípios, os parâmetros de direito público e de direito privado utilizados na definição do regime jurídico das empresas estatais.

No quinto capítulo inicia-se um profícuo estudo do instituto das empresas estatais à luz das inovações trazidas pela EC nº 19/98, momento em que o Autor primeiro aborda aspectos básicos de diferenciação entre as empresas públicas e as sociedades de economia mista e entre serviços públicos e atividades econômicas do Estado para, em seguida, engajar-se na empreitada de delinear o novo regime jurídico a que passaram a se submeter as estatais brasileiras.

Atento à atualidade do tema, o Autor não olvida mencionar o que classifica *como a grande inovação da Emenda Constitucional nº 19/98, no que concerne às estatais*, a saber, a regulamentação do artigo 173 da Constituição Federal. Alterado pela EC em questão, o artigo 173, em seu §1º, atribuiu ao legislador ordinário a árdua incumbência de editar o estatuto jurídico da empresa pública, da sociedade de economia mista e de suas subsidiárias que explorem atividade econômica.

Por fim, preocupado com a efetiva contribuição científica de sua obra — mais um notável traço que se destaca no Autor —, o capítulo final tem por finalidade oferecer elementos que considera serem essenciais para compor o estatuto jurídico das empresas públicas, atualmente em discussão no Congresso Nacional.

O trabalho finda com a apresentação, a título de contribuição, de duas propostas de anteprojeto de lei: a primeira versando sobre o estatuto jurídico das empresas estatais exploradoras de atividades econômicas e, a segunda, sobre a regulamentação das atividades das empresas estatais prestadoras de serviços públicos na esfera federal.

É com alegria, portanto, que prefacio um trabalho de fôlego e de alta qualidade, que se caracteriza como obra de referência para todos aqueles que atuam ou encontram-se envolvidos de alguma forma com o direito administrativo e com a Administração Pública. Mais ainda porque constitui novo e relevante acréscimo ao substancial trabalho acadêmico do Ministro Substituto Marcos Bemquerer Costa.

Benjamin Zymler

Benjamin Zymler é formado em Engenharia Elétrica pelo Instituto Militar de Engenharia (IME) e em Direito pela Universidade de Brasília (UnB). É Mestre em Direito e Estado pela UnB. Ingressou no TCU por meio de concurso público em 1992, para o cargo de analista de finanças e controle externo. De 1998 a 2001, exerceu o cargo de Ministro Substituto do TCU, em decorrência de aprovação em concurso público. Atualmente, ocupa os cargos de Ministro (desde 2001) e Presidente do TCU (desde 2011). Tem exercido o magistério em instituições como a Escola da Magistratura do Distrito Federal e Territórios, Escola da Magistratura do Trabalho, Instituto de Educação Superior de Brasília (Iesb) e Centro Universitário de Brasília (UniCeub). É autor dos livros *Direito administrativo e Controle*, *O Controle Externo das concessões de serviços públicos e das Parcerias Público-Privadas*, *Direito administrativo* e *Política e direito: uma visão autopoiética*, entre outras.

INTRODUÇÃO

O DILEMA DAS EMPRESAS PÚBLICAS E SOCIEDADES DE ECONOMIA MISTA

1 As estatais e o atual contexto neoliberal

As empresas estatais — empresas públicas, sociedades de economia mista e suas subsidiárias e controladas — são entes de inegável importância no contexto social e jurídico brasileiros.

Historicamente, as empresas do Estado surgiram como novas pessoas jurídicas administrativas, nas quais a forma é privada, mas a essência é pública.

Trata-se de um instituto em que o Direito Administrativo toma de empréstimo ao Direito Empresarial o modelo orgânico das sociedades empresárias, predominantemente o da sociedade por ações, passando a dispor de instrumentos mais flexíveis de ação administrativa. Entende-se que esta foi a intenção do legislador, ao conceber essas criaturas híbridas.

A dualidade de regime jurídico a que se vinculam essas pessoas de direito privado investidas de um múnus público representa, em verdade, a recepção no Direito Administrativo de instituições de Direito Empresarial, Civil e Trabalhista. São constituídas sob a égide do direito privado, mas, ainda assim, o seu substrato é público, cujos princípios devem observar e cujo interesse devem preservar (TÁCITO, 1973, p. 55).

Com a euforia desenvolvimentista das décadas 60 e 70, as estatais proliferaram-se, no Brasil, em todos os entes da Federação. Em 1978, ao apreciar as contas do governo Geisel, o Tribunal de Contas da União ressalvou que essas contas se referiam apenas a cerca de 4% das despesas da União. Os outros 96% diziam respeito às empresas estatais, à época, alheias ao controle daquela Corte (BORGES, 1999, p. 2).

A partir da década de 1980, fez-se sentir, em vários setores, uma forte reação em sentido contrário à multiplicação dessas estatais, tendo sido o processo de desestatização deflagrado logo após a Constituição de 1988.

Entre os anos de 1995 e 1999, o programa de privatização das estatais ganhou força.

Nesse período, com a reafirmação de alguns dos postulados do "Estado liberal", assistiu-se, no Brasil, a um processo de reestruturação do aparelho do Estado. Desenvolvida sob forte influência de ideologias neoliberais, que foram difundidas no mundo ocidental pelo processo de globalização, essa reforma teve como traço predominante a tendência de redução do tamanho e do custo do Estado.

Em decorrência desse processo empreendeu-se um acelerado processo de venda de várias das empresas estatais brasileiras. Registre-se que o programa de desestatização ainda mantém o seu curso, mesmo que em ritmo menos veloz.

Após a reforma, as estatais que não forem privatizadas deverão submeter-se a um novo regime jurídico, introduzido pela edição da Emenda Constitucional nº 19, de 4 de junho de 1998.

Com a vigência da referida Emenda, os dispositivos constitucionais relacionados a essas entidades sofreram sensíveis modificações, que tiveram, entre outras consequências, aquela de delinear com maior nitidez a diferença existente entre as empresas estatais prestadoras de serviço público e as exploradoras de atividade econômica.

Em consequência de sua inspiração marcadamente neoliberal, as inovações da Emenda Constitucional nº 19/98 fazem aproximar, ainda mais, essa última categoria — as estatais exploradoras de atividades econômicas — do regime jurídico a que se subsomem as empresas particulares.

Ademais, o constituinte derivado atribuiu ao legislador ordinário a missão de estabelecer o estatuto jurídico da empresa pública, da sociedade de economia mista e de suas subsidiárias, que explorem atividade econômica, definindo as matérias sobre as quais deverá dispor. Tal estatuto, há décadas reclamado pela doutrina administrativista, ainda não foi editado, encontrando-se em debate nas Casas Legislativas. A competência para edição, a abrangência e o conteúdo do novo estatuto têm sido alvo de calorosos debates entre os juristas.

A proposta da presente dissertação é examinar esses pontos controversos, à luz de critérios técnicos de interpretação constitucional, da principiologia inerente ao direito público e de parâmetros conceituais do direito privado, sem desconsiderar o momento histórico, político e econômico em que se inserem.

2 *De lege ferenda*

Vê-se que o tema é oportuno e polêmico, mormente quando se discute no Congresso Nacional a regulamentação do artigo 173 da Constituição Federal.

Sem se abstrair das controvérsias que cercam a matéria, propõe-se a examiná-la, sob a ótica dogmática — legal, doutrinária e jurisprudencial —, não se desgarrando dos aspectos filosóficos e sociológicos que inegavelmente influenciam o debate.

Acredita-se que esta contribuição científica possa concorrer, ainda que de forma modesta, para que se defina, com maior nitidez, o regime jurídico a que passaram a se submeter as empresas estatais, bem assim dos elementos essenciais a compor o estatuto jurídico das empresas públicas, sociedades de economia mista e suas subsidiárias, em tramitação no Congresso Nacional.

3 A grande diversidade de situações fáticas envolvidas

No exercício cotidiano da sua missão constitucional, o Tribunal de Contas da União — órgão em que trabalha o autor — depara-se, em elevada frequência, com problemas envolvendo as inúmeras estatais federais, submetidas à jurisdição daquela Corte de Contas.

De acordo com o artigo 71, inciso II, da Constituição, compete ao Tribunal de Contas da União "julgar as contas dos administradores e demais responsáveis por dinheiros, bens e valores públicos da administração direta e indireta, incluídas as fundações e sociedades instituídas e mantidas pelo poder público federal, e as contas daqueles que derem causa a perda, extravio ou outra irregularidade de que resulte prejuízo ao Erário Público".

Os administradores públicos, ao utilizar recursos públicos, devem obediência aos princípios e às normas de direito público. Os atos desses administradores são submetidos a julgamento pelo Tribunal de Contas da União – TCU.

O TCU é, portanto, o órgão aplicador, por excelência, do direito administrativo.

Pesquisar e aprofundar no estudo das modificações introduzidas pela Emenda Constitucional nº 19/1998 será de grande utilidade para o exercício das atividades fiscalizadoras do TCU e, também, para o julgamento, pelo órgão, dos atos, os mais incomuns possíveis, praticados por gestores das empresas estatais.

4 Um debate momentoso

Apesar do intenso processo de privatização empreendido nos últimos anos, existem 122 empresas estatais em atividade, 103 do Setor Produtivo Estatal – SPE, atuando na produção de bens ou serviços em importantes setores como os de petróleo e derivados, energia elétrica, transportes, entre outros, e 19 do setor financeiro, atuando como bancos comerciais e de fomento.[1]

Há 497 mil empregados registrados no quadro de pessoal próprio das empresas estatais federais, número que aumentou 16,9% no período de 2006 a 2010, sendo que os investimentos nas empresas do Setor Produtivo Estatal passaram de R$69,1 bilhões, em 2009, para R$81,5 bilhões em 2010, um incremento de 17,9%.[2]

O novo regime jurídico, implantado pela reforma administrativa, cria uma nova relação desses entes com o Estado e com a própria sociedade.

É fundamental perquirir o alcance das mudanças efetuadas.

A relevância jurídica dessa definição é inegável, sobretudo para o jurista que atua no direito administrativo.

A respeito, comenta Jessé Torres Pereira Júnior:

> Desvendar a natureza íntima das empresas públicas e sociedades de economia mista será um dos mais árduos encargos da lei que lhes estabelecerá o estatuto jurídico. A Emenda 19 faz depender do estatuto o futuro regime jurídico dessas entidades. A norma é de eficácia contida, na expectativa da sobrevinda da lei específica. À falta desta, o regime jurídico das empresas públicas e sociedades de economia mista deve observar a legislação vigente. Entidades que desempenham função social e econômica de relevante interesse público não podem atravessar período de anomia por prazo indeterminado, já que a Emenda sequer o fixou para a promulgação da lei, como fez em relação a outras matérias. (PEREIRA JÚNIOR, 1999, p. 200)

5 A pesquisa bibliográfica e documental

O trabalho foi realizado, sobretudo, por meio de pesquisa bibliográfica, com ênfase na doutrina desenvolvida pelos administrativistas

---

[1] Dados obtidos nos Relatórios de Perfil das Estatais 2011 e Relatório Anual 2011 (ano base 2010) emitidos pelo Departamento de Coordenação e Governança das Empresas Estatais – DEST do Ministério do Planejamento, Orçamento e Gestão – MP.

[2] *Idem.*

mais renomados, que cuidam de examinar a matéria, dando-se ênfase nos diversos artigos publicados nas revistas jurídicas especializadas.

Efetuou-se, também, pesquisa documental nas decisões dos tribunais, mormente o Supremo Tribunal Federal e o Superior Tribunal de Justiça, além do Tribunal de Contas da União, que apreciam e debatem questões dessa natureza, esse último como instância administrativa.

Foi efetuada, outrossim, pesquisa dos projetos que tramitam na Câmara dos Deputados e no Senado Federal, com propostas para regulamentar o artigo 173, §1º, da Constituição, com a redação dada pela Emenda Constitucional nº 19/1998.

6 O plano da dissertação

Inicialmente, procurar-se-á definir o contexto histórico, político e econômico, em que foi idealizada a reforma administrativa brasileira ocorrida entre 1995 e 1999, examinando-se a questão da evolução do Estado, a partir do rompimento do Estado absolutista e surgimento do Estado liberal burguês, que, passando por várias fases de desenvolvimento — o Estado do bem-estar social, o Estado econômico —, culminou com a sua concepção atual, em que há predomínio de ideias neoliberais, disseminadas pelo mundo por um processo de globalização.

Em um segundo momento, será dada notícia a respeito de como foi idealizada a reforma administrativa brasileira, tendo-se, no âmbito do extinto Ministério da Administração Federal e Reforma do Estado – MARE, que estabeleceu o seu plano diretor, tendo por parâmetros a definição das formas de administração pública e a divisão do Estado em setores, segundo o critério das atividades exercidas. Além disso, buscar-se-á identificar e deixar explícitos os elementos que refletem a influência da globalização e do ideário neoliberal no processo de reestruturação do Estado, ainda que os idealizadores da reforma insistam em negar essa vinculação.

Na sequência, considerando que grande parte do trabalho de definição do novo regime jurídico envolve interpretação da Emenda Constitucional nº 19/98, serão trazidos, da mais moderna doutrina estrangeira e pátria, critérios e princípios de interpretação constitucional.

Logo após, tendo em vista que as empresas estatais têm natureza híbrida, envolvendo elementos de direito privado e de direito público, serão desenvolvidos conceitos e princípios dos dois ramos jurídicos, importantes para a definição do regime jurídico das empresas estatais.

O capítulo seguinte é dedicado à proposição de uma tipologia para as estatais brasileiras e à definição do novo regime jurídico, segundo as especificidades dos diversos tipos que se apresentam.

No capítulo subsequente, serão identificadas as diretrizes a serem observadas pelos legisladores ordinários, na normatização infraconstitucional do regime jurídico das estatais, culminando com a apresentação, a título de contribuição para o exame da matéria pelas casas legislativas, de duas propostas de anteprojetos de lei: o primeiro, com o propósito de estabelecer o estatuto jurídico da empresa pública, da sociedade de economia mista e de suas subsidiárias que explorem atividade econômica de produção ou comercialização de bens ou de prestação de serviços, previsto no artigo 173, §1º, da Constituição Federal; o segundo, com o objetivo de regulamentar a criação e atuação das empresas públicas e sociedades de economia mista prestadoras de serviço público, na esfera federal.

Alfim, serão expostas algumas ideias, extraídas das demonstrações efetivadas no curso da dissertação.

CAPÍTULO 1

A EVOLUÇÃO DO ESTADO
DO NACIONAL E LIBERAL AO
"GLOBALIZADO" E NEOLIBERAL

1.1 Considerações preliminares: a filosofia marxista e o método dialético de análise da história

Preliminarmente ao estudo a respeito do surgimento e da evolução do Estado, fazem-se necessárias considerações sobre alguns conceitos e ideias básicas do pensamento marxista. Isso porque, com maior ou menor intensidade, a depender de cada autor, é difícil, numa análise histórica, política ou sociojurídica das concepções ou modelos de Estado, deixar de fazer referência a alguns dos postulados marxistas.

Marx, "materialista histórico", tem como ponto de partida de suas reflexões a filosofia de Hegel.

Hegel chamava de "espírito do mundo" ou "razão universal" a força que impelia a história para a frente. Marx achava que esse ponto de vista colocava a realidade de cabeça para baixo. Dizia que não eram os pressupostos espirituais numa sociedade que levavam a modificações materiais, mas exatamente o oposto: as condições materiais é que determinavam, em última instância, as espirituais. Marx achava que as forças econômicas numa sociedade eram as principais responsáveis pelas modificações em todos os outros setores e, consequentemente, pelo curso da história (QUINTANEIRO *et al.*, 1995, p. 75-76).

As relações materiais, econômicas e sociais na sociedade são denominadas por Marx de "infraestrutura". O modo de pensar de uma sociedade, suas instituições políticas, seu direito, religião, moral, arte, filosofia e ciência são denominados de "superestrutura". O método de análise marxista das instituições sociais, políticas e econômicas parte do princípio de que é a infraestrutura que condiciona a superestrutura. A forma como a sociedade organiza os meios de produção de bens e serviços é que vai determinar as relações políticas e ideológicas. Mas a superestrutura ideológica também exerce influência sobre a infraestrutura material. Daí poder falar-se numa relação "dialética" entre infraestrutura e superestrutura. A ideia de dialética opõe-se à visão estática e mecanicista de causa e efeito. Numa concepção dialética, infraestrutura e superestrutura influenciam-se reciprocamente.

Os conceitos e ideias lançadas por Marx estarão presentes, em maior ou menor grau, nas análises políticas dos pensadores que o sucederam. São úteis essas ideias, especialmente numa avaliação histórica crítica do surgimento e da implantação do Estado liberal e da sua substituição pelo Estado social.

1.2 O surgimento do Estado Nacional: a filosofia de Maquiavel e Hobbes e a justificativa do Estado absolutista

Pode-se dizer, genericamente, que o Estado é uma forma de organização política da sociedade, tendo como elementos o povo, o território e o governo soberano.

Ao final da Idade Média, a Europa assiste à decadência do sistema feudal e ao nascimento dos "Estados nacionais", com governo centralizado, exército e língua nacionais, moeda, tributos e justiça controlados pelo rei: é o "Estado absolutista". Cresce o sentimento de nação: pessoas ligadas por vínculos culturais. Estimula-se o patriotismo que conta com a contribuição das guerras, por exemplo, a "Guerra dos cem anos", que acaba com o feudalismo inglês e francês. O homem europeu passa a sentir-se francês, inglês, espanhol, português, superando a visão medieval de cidadão do burgo.

A superação da ordem feudal está ligada ao renascimento comercial e ao desenvolvimento das cidades. A nova classe surgida — a burguesia —, necessitando de segurança, de moeda que permitisse o incremento das atividades comerciais e de libertação das cidades submetidas a senhores feudais, irá aliar-se ao rei, possibilitando o surgimento de um Estado com poder centralizado.

O Estado absolutista encontrará seu respaldo teórico em pensadores como Maquiavel, Bodin, Hobbes e Bossuet. Cada um, a seu modo, procurará reduzir ou suprimir os principais limites ao absolutismo existentes na concepção da Europa cristã e feudal da Idade Média.

Maquiavel, por exemplo, proclamará a autonomia da política, que se guia por princípios próprios, independentes da ética e da moral. "O que legitima o poder político não é uma instância anterior, mas sim a própria manutenção do Estado. (...) Deve governar aquele que de fato tenha o poder e seus respectivos meios de violência. O freio moral ou jusnaturalista, tradicionalmente impingido ao soberano, é abandonado definitivamente" (ADEODATO, 1989, p. 67).

Hobbes justifica o poder absoluto a partir de uma natureza humana egoísta e medrosa. O absolutismo para ele legitima-se pela soberania popular e pelo contratualismo. "O homem natural de Hobbes, diferentemente de Locke ou Rousseau, é *homini lupus*, cuja única lei é a do mais forte; sendo o lobo do próprio homem, não há quaisquer direitos naturais ou reivindicações a serem arguidas perante o poder soberano, o qual é absoluto uma vez estabelecida a comunidade política" (ADEODATO, 1989, p. 68).

1.3 Os filósofos iluministas, as revoluções burguesas e o fim do Estado absolutista

A partir das chamadas revoluções burguesas — as duas Revoluções Inglesas no século XVII, a Revolução Americana e a Francesa — o Estado absolutista cedeu lugar ao Estado liberal.

O Estado absolutista, apesar de não haver oferecido à burguesia participação política, permitiu-lhe a consolidação econômica. Com o fim do sistema feudal, transformou-se o modo de produção e o poder econômico, transferido das glebas feudais para a burguesia das navegações, do comércio e das empresas lucrativas, criando as bases para uma nova sociedade. Tornou-se evidente a contradição: um governo de reis nobres e de instituições medievais (superestrutura), convivendo com uma sociedade cuja base econômica (infraestrutura) já era outra, cuja riqueza estava nas mãos da burguesia.

A filosofia de John Locke e dos filósofos iluministas do século XVIII foi o marco inicial para a justificativa de uma nova forma de estado e de exercício do poder. Partindo de concepções jusnaturalistas, concluem que são inerentes às pessoas alguns direitos — fundamentais, inalienáveis, irrenunciáveis — que nem o Estado pode violar.

Nesse particular, a contribuição doutrinária de Locke foi decisiva, inclusive pela influência de sua obra sobre os autores iluministas, de modo especial sobre os franceses. Foi o primeiro a reconhecer "aos direitos naturais e inalienáveis do homem (vida, liberdade, propriedade e resistência) uma eficácia oponível, inclusive, aos detentores do poder" (SARLET, 1998, p. 40).

Rousseau leva a questão do contrato social às consequências mais radicais. Vê como um pecado o homem ter saído do estado natural, em que era bom, para entrar no estado de corrupção que é a sociedade. A única coisa a fazer para minimizar os efeitos maléficos dessa situação é organizar o Estado como uma verdadeira democracia. O dono do poder não é o administrador. Todos, governante e governados, devem submeter-se a algo maior, que é a vontade geral (SARLET, 1998, p. 41).

As ideias naturalistas e contratualistas de Rousseau tiveram influência marcante na Revolução Francesa e no modelo de Estado que foi implantado.

1.4 O Estado liberal

O chamado "Estado liberal" surgiu na França e nos Estados Unidos, na segunda metade do século XVIII, no embalo do movimento da burguesia em oposição às monarquias absolutistas.

A doutrina liberal baseia-se na concepção do Estado como um "mal necessário", que necessita de um sistema de freios e contrapesos para desempenhar a tutela da ordem jurídica interna e a defesa do país na órbita internacional.

O Estado liberal é caracterizado por dois princípios (DIAS, 1993, p. 144):

a) o "princípio do Estado mínimo", que exige a redução ao patamar mínimo possível das atividades do Estado e, consequentemente, das suas tarefas e despesas; e

b) o "princípio da neutralidade", que aponta a necessidade de o Estado se abster de intervenções de caráter econômico-social, não devendo dirigir ou mudar as relações e situações preexistentes (*leave them as you find them*).

O Estado liberal é conhecido como *État gendarme*, Estado policial etc. e tem como objetivos, fundamentalmente, a racionalização e o limite do poder.

"A concepção liberal do Estado nasceu de uma dupla influência: de um lado, o individualismo filosófico e político do século XVIII e da Revolução Francesa, que considerava como um dos objetivos essenciais do regime estatal a proteção de certos direitos individuais contra os abusos da autoridade; de outro lado, o liberalismo econômico dos fisio-cratas e de Adam Smith, segundo o qual a intervenção da coletividade não deveria falsear o jogo das leis econômicas, benfazejas por si, pois que esta coletividade era imprópria para exercer funções de ordem econômica" (PARODI *apud* VENÂNCIO FILHO, 1968, p. 7).

A Constituição de um Estado liberal, pode-se dizer, é o "estatuto da burguesia" ou o "estatuto da propriedade".

O Estado liberal é essencialmente "negativo" porque:

1º) conforma a sociedade negativamente através do estabeleci-mento de limites ao poder estatal; e

2º) consagra direitos, liberdades e garantias essencialmente concebidas como direitos de defesa ("direitos negativos") do cidadão perante o Estado.

Verifica-se que o liberalismo tem como centro o estabelecimento de limites à atuação do Estado e aos poderes dos governantes, consa-grando direitos, liberdades e garantias do cidadão perante o Estado. As pessoas (diga-se os burgueses) querem que o estado não se intrometa na sua propriedade. O Estado deveria ser somente: um poder judiciário, um exército bem aparelhado, a garantia dos direitos de propriedade, de ir e vir e de liberdade de expressão.

Hobbes dizia que, ao seu tempo, o Estado tinha apenas dois lados: a justiça e o exército. Com isso, ele queria aludir à simplificação do Es-tado: voltado para a segurança interna e externa, para a administração da Justiça, para a imposição e a arrecadação de tributos e para outras atividades de significado menor. Quer dizer, o perfil do Estado era extre-mamente simples (SILVA *apud* ATALIBA; BRASILIENSE, 1987, p. 146).

A doutrina liberal consagra duas categorias de direitos subjeti-vos: os "direitos civis" e os "direitos políticos". São conhecidos como "direitos fundamentais de 1ª geração".

Conforme já afirmado, os direitos civis têm natureza essencial-mente negativa ("direitos negativos"). Foram concebidos como direitos que visam à proteção da pessoa individual contra os possíveis excessos do Estado. São chamados negativos porque exigem mais uma abstenção do que uma ação do Estado.

"Assumem particular relevo no rol desses direitos, especialmente pela sua notória inspiração jusnaturalista, os direitos à vida, à liberdade, à propriedade e à igualdade" (SARLET, 1998, p. 48).

São, posteriormente, complementados por um leque de liber-dades, incluindo as chamadas "liberdades de expressão coletiva": liberdades de expressão, de imprensa, de manifestação, de reunião, de associação etc.

Esses direitos constam da "Declaração Universal dos Direitos Humanos" (ONU, 1948) e foram acolhidos pela atual Constituição brasileira, em seu artigo 5º.

Os direitos políticos traduzem a participação dos cidadãos no governo e no Estado. Constam dos artigos 14, 61, §2º, e 74, §2º, da atual Constituição brasileira.

São direitos políticos: o direito de eleger e ser eleito, o direito de votar em plebiscito e referendo, o direito de apresentar projeto de lei, o direito de propor ação popular e o direito de apresentar denúncia ao Tribunal de Contas da União.

Benjamim Constant (*apud* DIAS, 1993, p. 145), em sua obra *Princípios políticos constitucionais*, editada em 1815, deixa evidenciado, de um lado, que as preocupações fundamentais do liberalismo são a liberdade individual e a limitação de poder da autoridade e, de outro lado, que esse movimento ideológico tinha a burguesia como classe privilegiada, em detrimento do povo inculto.

Sustenta Benjamin Constant (*apud* DIAS, 1993, p. 145) que a Constituição da França de 1814 reconhece formalmente o princípio da soberania do povo, isto é, a supremacia da vontade geral sobre toda vontade particular. Os cidadãos possuem direitos individuais independentes de toda autoridade social ou política, e qualquer violação pela autoridade é ilegítima. Tais direitos são: a liberdade individual, a liberdade religiosa, a liberdade de opinião, que compreende o direito de livre expressão, o gozo da propriedade, a garantia contra todo ato arbitrário.

Para Constant os direitos políticos deveriam ser exclusivos das pessoas nascidas no território que completassem a idade legal e que fossem proprietárias de terra (*apud* DIAS, 1993, p. 145).

A Revolução Francesa, como movimento popular, ocorreu após dois séculos de pobreza generalizada, de fome e de insensibilidade dos governantes. Veio o Estado liberal limitando os poderes das autoridades e estabelecendo garantias de direitos em nome da liberdade individual. Como se viu, os privilégios apenas trocaram de mãos, passando para a burguesia.

Os valores da liberdade são, contudo, a grande herança do Estado liberal.

1.5 O Estado social

Na 2ª metade do século XIX e início do século passado, houve fatos históricos que levaram à mudança desse contexto, entre eles: a 2ª

Revolução Industrial, o avanço das ideias socialistas de Marx e Engels, a 1ª Guerra Mundial e a Revolução Russa.

Com o advento da indústria, os sacrifícios e sofrimento por que passavam as populações nas fábricas poderiam levar o mundo desenvolvido a uma segunda "Revolução Francesa".

Tornaram-se evidentes as diferenças brutais entre as classes sociais: alguns com muito e outros em extrema miséria.

"O individualismo e o abstencionismo ou neutralismo do Estado liberal provocaram imensas injustiças, e os movimentos sociais do século passado e deste especialmente, desvelando a insuficiência das liberdades burguesas, permitiram que se tivesse consciência da necessidade da justiça social" (SILVA, 1997, p. 116).

As pessoas começaram a perceber que algo deveria ser feito.

Surge, então, o chamado "Estado social" ou "Estado do bem-estar social" ou "Estado prestacional" (*Welfare State*).

A sociedade passa a exigir do Estado prestações (ações) positivas, com vistas à melhoria da qualidade de vida das pessoas.

Nesse contexto, foram promulgadas a Constituição do México (1917) e a Constituição de Weimar (1919), pequena cidade da Alemanha, onde os constituintes se reuniram, como forma de se afastar das tensões sociais existentes em Berlim.

A Constituição de Weimar tem um título importante sobre os direitos sociais.

Trata-se de uma reforma do Estado liberal, com vistas à correção do individualismo clássico liberal pela afirmação dos chamados direitos sociais e realização de objetivos de justiça social.

José Afonso da Silva, citando Elías Díaz, registra que o Estado social caracteriza-se por dois elementos: o capitalismo, como forma de produção, e a consecução do bem-estar social geral, servindo de base ao neocapitalismo típico do *Welfare State* (SILVA, 1997, p. 116).

Os regimes constitucionais ocidentais prometem, explícita ou implicitamente, realizar o Estado social, quando definem um capítulo de direitos econômicos e sociais. Expressas são as Constituições da República Federal Alemã e da Espanha, definindo os respectivos Estados como sociais e democráticos de direito.

Constrói-se uma concepção diferente de Estado, como intermediador das relações sociais. Seria o Estado de todas as classes, o Estado fator de conciliação, o Estado mitigador de conflitos sociais e pacificador necessário entre o trabalho e o capital.

"Nesse momento, em que se busca superar a contradição entre a igualdade política e a desigualdade social, ocorre, sob distintos regimes políticos, importante transformação, bem que ainda de caráter superestrutural" (BONAVIDES, 1996, p. 185).

Os direitos subjetivos característicos do Estado social são conhecidos como "direitos fundamentais de 2ª geração" ou "direitos sociais". São direitos positivos, porque presumem direitos prestacionais, significando prestações (ações positivas do estado). As pessoas têm um crédito perante o Estado e este é o devedor.

Segundo Robert Alexy (1997, p. 428), "em geral, à expressão 'direito a prestações' vincula-se a concepção de um direito a algo que o titular do direito, caso dispusesse de meios financeiros suficientes e encontrasse no mercado uma oferta suficiente, poderia obter também de pessoas privadas".[1] Na realidade, o que se quer do Estado é algo avaliável economicamente.

Esses direitos sociais foram acolhidos no artigo 6º da atual Constituição brasileira: direito à educação, à saúde, ao trabalho, à moradia, ao lazer, à segurança, à previdência social, à proteção à maternidade e à infância, à assistência aos desamparados, entre outros. A Emenda Constitucional nº 64, promulgada em 4.2.2010, incluiu entre os direitos sociais o direito à alimentação.

Segundo Paulo Bonavides, "o Estado social, por sua própria natureza, é um Estado intervencionista, que requer sempre a presença militante do poder político nas esferas sociais, onde cresceu a dependência do indivíduo, pela impossibilidade em que este se acha, perante fatores alheios à sua vontade, de prover certas necessidades existenciais mínimas" (BONAVIDES, 1996, p. 200).

O grande nó da efetivação do Estado social é o problema econômico. Como concretizar esse crescente rol de direitos sociais dos indivíduos, diante da escassez de recursos?

1.6 O Estado econômico

O conceito de Estado econômico surge na Europa, na primeira metade do século XX, na linha evolutiva das ideias do Estado social, tendo como característica principal uma forte intervenção do Estado na economia, como produtor de bens e serviços e como regulamentador da produção.

---

[1] "Por lo general, con la expresión 'derecho a prestaciones' se vincula la concepción de un derecho a algo que el titular del derecho, en caso de que dispusiera de medios financieros suficientes y encontrase en el mercado una oferta suficiente, podría obtener también de personas privadas".

Suas origens podem ser identificadas na crise econômica de 1929 e na teoria macroeconômica de John Maynard Keynes.

Com efeito, após a Primeira Guerra Mundial e o surto de prosperidade que ela trouxe, ocorre a depressão de 1929, que se irradiou pelo mundo inteiro, levando a análise econômica a esforçar-se para encontrar os meios que pudessem diminuir, senão debelar o aparecimento de tais crises e depressões. Por isso, a formulação econômica de John Maynard Keynes elaborou para o combate a grandes depressões representa os fundamentos da doutrina de que um Estado organizado pode estabilizar, estimular e dirigir o rumo de sua economia sem apelar para a ditadura e sem substituir um sistema baseado na propriedade por um sistema de poder ostensivo (VENÂNCIO FILHO, 1968, p. 12).

Após a Grande Depressão de 1929, acentuaram-se os exemplos de intervenção do Estado no domínio econômico, podendo-se citar os regimes nazista e fascista, da Alemanha e Itália, respectivamente; a política do *New Deal* do Presidente Roosevelt, nos Estados Unidos, entre outros.

Durante a Segunda Guerra Mundial (esse fenômeno deu-se sobretudo na França) ficou claro que alguns setores da economia eram vitais para a segurança de toda a estrutura econômica do país. Logo depois da Guerra, então, além das nacionalizações em larga escala feitas na França para punir os colaboracionistas, foram feitas também muitas que partiram do princípio de que certos setores eram estratégicos para a economia e o Estado tinha de intervir (MELLO *apud* ATALIBA; BRASILIENSE, 1987, p. 176).

Também com fim da Segunda Guerra, a consciência cada vez mais viva do fenômeno do subdesenvolvimento e da necessidade de superá-lo em curto prazo faz aumentar o desejo das populações dos países do Terceiro Mundo de atingir níveis mais elevados de renda e de bem-estar social, o que veio agregar mais uma condicionante da intervenção do Estado no domínio econômico (VENÂNCIO FILHO, 1968, p. 14).

O Estado passa a necessitar de instrumentos supostamente ágeis e flexíveis para intervir na ordem econômico-social, suprindo as incapacidades da iniciativa privada. Tais instrumentos — modelos adaptados das sociedades comerciais privadas — foram as empresas públicas e sociedades de economia mista, cujo capital provinha, em sua maioria ou integralidade, do Estado, que também as controlava e geria, constituindo, a princípio, mecanismo eficaz para promover o desenvolvimento econômico e a justiça social (PEREIRA JÚNIOR, 1998, p. 871).

Para os defensores do "Estado econômico" ("Estado empresário"), "a democracia política com o seu parlamento, os seus partidos, o seu sufrágio universal, os seus direitos fundamentais, não passa de ilusão quando as condições econômicas impedem o cidadão de efetivamente fazer uso de seus direitos, motiva a ideia de transformá-lo em cidadão econômico. Assim como a revolução liberal tinha criado a cidadania política, era necessário agora atribuir a todos a cidadania econômica" (DIAS, 1993, p. 152).

Na sua vedação à interferência do Estado na atividade privada, a concepção liberal de Estado estabeleceu um tipo de ordem econômica que era muito mais um reflexo da realidade existente.

A ideia de "Estado econômico" vem a ser o conjunto de preceitos jurídicos que, garantindo os elementos definidores de um sistema econômico, estabelecem as normas ou instituições jurídicas que instauram uma determinada ordem econômica concreta.

Em consequência, da constituição de um Estado econômico de ideologia capitalista fazem parte não só as normas que asseguram a propriedade e disposição privada dos meios de produção e outros direitos fundamentais econômicos (liberdade de empresa, liberdade de trabalho), mas também aquelas que determinam o papel do mercado e do Estado na orientação do processo econômico, aquelas que definem os princípios fundamentais da organização econômica estrito senso (associações econômicas), das finanças do Estado, do estatuto de empresa e da posição do trabalhador.

Dessarte, em termos de direitos fundamentais, esse modelo de Estado não veio incorporar uma nova categoria de direitos; apenas reconhece os direitos fundamentais de primeira e segunda gerações.

No Estado econômico é que vai surgir, na ideologia capitalista, a ideia de "Estado empresário", ou seja, o Estado passa a atuar diretamente na produção de bens e serviços.

A respeito dessa intervenção estatal, muitas vezes "descoordenada e desorganizante", observou Paulo Sá (*apud* VENÂNCIO FILHO, 1968, p. 16):

"É o Estado-educador, é o Estado-armador naval, é o Estado-ferroviário, é o Estado-construtor de automóveis, é o Estado-usineiro-metalúrgico, é o Estado-industrial, é o Estado que controla os bancos, que segura (e não paga) os empregados de toda espécie, que vende secos e molhados e que por toda parte mostra a sua enciclopédica incompetência para fazer aquilo que não é, e não foi jamais, função própria sua".

1.7 O Estado neoliberal

Depois que a dissolução da União Soviética marcou o insucesso das economias centralizadas, a expressão "neoliberalismo" passou a ser amplamente usada pelos meios de comunicação. Todavia, o ideário que representa remonta à década de 30.

Neoliberalismo, em sentido amplo, é a retomada dos valores e ideais do liberalismo político e econômico que nasceu do pensamento iluminista e dos avanços da economia decorrentes da 1ª Revolução Industrial do final do século XVIII.

Em sentido mais estrito, designa, nas democracias capitalistas contemporâneas, as posições pragmáticas e ideológicas daqueles que defendem a ideia de que o Estado deve interferir o menos possível na liberdade individual e nas atividades econômicas da iniciativa privada.

O neoliberalismo surgiu em reação ao predomínio crescente, que vinha ocorrendo, das orientações fortemente intervencionistas ou dirigistas (keynesianas ou orientações radicalmente antiliberais e socialistas).

Em uma breve análise do chamado programa neoliberal, observa-se que autores díspares como Olson, Buchanan e Hayek partem de um ponto comum: a crítica à democracia contemporânea. Segundo esses autores, a nossa atual democracia padece da chamada hipertrofia organizacional. Para essa doutrina, as intervenções desordenadas tornaram impossíveis os equilíbrios naturais, dando origem a crises mais graves que a sua falta, de tal forma que "a fonte de todas as fraquezas do regime é a intervenção do Estado" (RUEF. *Porquoi, malgré tout, je reste libéral*, 1934 *apud* LACOMBE, 1997, p. 23).

A intervenção do Estado daria ensejo a que se expandisse a inabilidade dos servidores públicos. Em consequência, a inadequação dos mecanismos de planejamento travaria o crescimento da economia e poria em risco as liberdades fundamentais, uma vez que o político não subsiste sem o econômico.

O excesso de intervenção estatal evitaria a formação de elites responsáveis, motor do progresso econômico e técnico. Só a livre concorrência, a circulação de elites dirigentes e o esforço de seleção e de emulação, que faz sobressair os melhores, pode assegurar o progresso da economia, tal como ocorreu na Europa no século passado.

Além disso, o crescimento dos lucros não impediria a alta dos salários, mas seria, antes, sua condicionante. Ademais, o reforço das ciências e técnicas, como da administração (*management*) só seria estimulado pelo móbil do lucro e pela necessidade de rentabilidade.

Acrescentam alguns dos defensores do programa neoliberal que, num contexto de grande intervenção estatal, o excesso de demandas por parte de determinados grupos da sociedade hiperorganizados criaria distorções, no sentido de propiciar a estas minorias intensas uma super-representação de seus interesses em relação aos demais setores da sociedade. Para Hayek, por exemplo, a noção ilusória de justiça social leva a intervenções que distorcem as relações naturais estabelecidas pelo desenvolvimento do mercado, privilegiando grupos tais como sindicatos, oligopólios empresariais, entre outros (LACOMBE, 1997, p. 24).

O conteúdo do neoliberalismo varia de acordo com as mudanças das condições nacionais e das contingências históricas de cada país, não se podendo identificar uma unidade no chamado programa neoliberal. De uma perspectiva geral, podem-se identificar alguns pontos dessa doutrina:

a) A orientação de que se deve limitar a intervenção do Estado, por vezes em termos muito próximos do que se passava no século XIX. Trata-se do "princípio da subsidiariedade", pelo qual o Estado pode e deve apenas intervir quando a sociedade não consegue solucionar os seus problemas.

b) A aceitação da manutenção de alguns dos paradigmas do Estado do bem-estar social, mas com a clara percepção da necessidade de reformá-los para uma eficiência maior de gastos e a ampliação do universo dos beneficiados.

c) A admissão de que, em certos casos, o Estado produza diretamente bens e serviços.

d) A admissão de que o Estado defina a política econômica, mas direcionada para a defesa da concorrência efetiva, estabelecendo meios jurídicos de proteger as empresas artesanais, cooperativas, micro e médias, e agrárias, de modo a evitar o falseamento das condições de mercado pelas concentrações monopolistas.

e) A admissão da intervenção estatal para assegurar o valor da moeda e disciplinar os mercados.

f) A aceitação, assim, de uma intervenção indireta estimulante ("Estado fomentador") ou condicionante ("Estado regulador"), mas nunca uma intervenção de controle ou fixação de preços, que suprima as liberdades e o automatismo do mercado.

g) A defesa da necessidade de uma intervenção política no sentido de romper com os privilégios conquistados por grupos corporativos de interesses e de forte presença na sociedade e no governo. Em termos institucionais, isto poderia ser obtido dando-se destaque aos processos decisórios que salientem o modelo de decisão por maioria, em detrimento dos mecanismos de decisão por consenso. "Com efeito, foi a existência de uma maioria parlamentar sólida e disciplinada, propiciada pelo regime de gabinete, que permitiu ao tatcherismo o desmonte de muitas políticas corporativas..." (LACOMBE, 1997, p. 25).

Como se vê, não se confunde o Estado subsidiário com o Estado mínimo; neste, o Estado só exercia as atividades essenciais, deixando tudo o mais para a iniciativa privada, dentro da ideia de liberdade individual que era inerente ao período do Estado liberal; no Estado subsidiário, o Estado exerce as atividades essenciais, típicas do Poder Público, e também as atividades sociais e econômicas que o particular não consiga desempenhar a contento no regime de livre iniciativa e livre competição (DI PIETRO, 1999, p. 29).

Conforme afirmado, o neoliberalismo adquiriu características nacionais específicas nos diversos países.

Nos Estados Unidos, os dois partidos que dominam o cenário político e se revezam no poder, o Republicano e o Democrata, têm raízes neoliberais, mas divergem na visão do papel do Estado. Para o Partido Democrata, o governo deve atuar na vida social e econômica nacional. Para o Republicano, quanto menos governo, melhor.

No Reino Unido, o neoliberalismo está também na raiz da formação dos partidos Conservador e Trabalhista, embora os trabalhistas tenham se inclinado fortemente para a socialdemocracia. Para o liberalismo britânico, o Estado é sempre um mal necessário e deve ser mantido dentro de limites restritos.

Na versão brasileira, o neoliberalismo defende a limitação da participação do Estado na atividade econômica e identifica-se com o ideal de "Estado menor" e mais eficiente. Opõe ao corporativismo que domina as relações entre o Estado e os poderosos grupos de interesse da sociedade civil que buscam influenciar as decisões do governo para manter privilégios. Para o neoliberalismo brasileiro, já se esgotou o modelo de Estado empresário, que supriu, num momento essencial do desenvolvimento econômico, o papel do capital privado, que não se dispôs a investir em setores essenciais.

Esse ideário neoliberal, conforme será visto adiante, contém os princípios inspiradores do Plano de Reestruturação do Aparelho de Estado, que vem sendo empreendido pelo Estado brasileiro.

São frequentes e incisivas as críticas ao neoliberalismo, por significativa parcela da doutrina e da sociedade.

Alguns o acusam de ser ineficaz: ele estaria voltado à estagnação, à destruição da concorrência pela concorrência, ao afastamento do equilíbrio, como o demonstrariam a persistência e a gravidade das crises. Outros afirmam que provoca o agravamento das desigualdades, em virtude da concorrência, das dificuldades do desenvolvimento econômico sem protecionismo aduaneiro e sem forte intervenção orientadora ou corretiva do Estado.

Além de irracional e ineficaz, asseveram que o liberalismo seria injusto, por agravar as desigualdades de distribuição de renda, seja pelo impedimento da intervenção corretiva do Estado, seja pela não admissão de políticas compensatórias.

Tratando-se de direitos fundamentais, o neoliberalismo difere do liberalismo clássico pelo fato de reconhecer a necessidade de muitos dos direitos prestacionais, oriundos do Estado do bem-estar social. Com efeito, os países que se intitulam neoliberais, apesar de empreenderem programas de redução do tamanho do Estado, ainda mantêm várias políticas compensatórias, em benefício das populações mais carentes.

1.8 O conceito de Estado frente à "globalização"

Essas concepções de Estado, tanto liberal quanto social ou econômico, partem da ideia do Estado como único centro de emanação do poder.

No entanto, nas últimas décadas, assiste-se a uma fragmentação crescente do Estado, em decorrência de alguns fenômenos, como a "globalização" e o avanço da sociedade civil organizada.

"Conceitualmente, embora não haja uma teoria claramente articulada, a globalização se associa à ideia de um mundo sem fronteiras, onde capitais voláteis transitam livremente, de maneira virtual, produzindo efeitos-dominó que demonstram a interconexão e interdependência entre Estados e sociedades" (SANTOS, 2000, p. 38).

Relativamente à globalização, pode-se dizer que "a formação de um sistema econômico mundial é processo antigo, anterior à Revolução Industrial de fins do século XVIII e começo do XIX. Que não se pense que a globalização nasceu ontem. Mas o processo sofreu importante mutação na segunda metade do século XX com a emergência das empresas multinacionais como principais agentes organizadores das atividades produtivas" (FURTADO, 1999, p. 86).

Entendem os doutrinadores que se caminha do "Estado moderno" para o "Estado pós-moderno".

"O Estado-nação foi instrumento fundamental da criação do mundo moderno e é esse Estado-nação que está em crise" (FURTADO, 1999, p. 86).

No Estado "pós-moderno", existe mais de um centro (de uma fonte) de emanação de normas para a sociedade. Esse fato significa esvaziar o conteúdo da Constituição e das leis postas pelo Estado.

A ideia de expressão do Estado por meio da Constituição vai perdendo espaço na realidade atual. Isso leva à ideia de vários mecanismos autônomos. É o paradigma entre a modernidade e a pós-modernidade.

A raiz do problema está em um fato concreto: a situação econômica, que obriga o Estado a trabalhar com a abertura de fronteiras. As entidades que se sobressaíram nessa conjuntura já eliminaram há muito a concepção de Estado fechado: as dez maiores empresas do mundo são maiores do que quase a totalidade dos Estados nacionais. Como o Estado vai impor e cobrar tributos dessas entidades que são muito maiores, mais eficazes e mais velozes do que o próprio Estado? As regras impostas pelo Estado "morrem na fronteira"; mas os fatos vão além das fronteiras. A estrutura jurídica dessas empresas é mais ágil e mais eficaz que a estrutura jurídica dos Estados.

Hoje em dia o espaço é indefinido porque as economias se globalizaram e os sistemas produtivos se interligaram.

As empresas têm uma lógica própria: "é a lógica do complexo multinacional, que age no quadro de sistemas jurídicos diversos, trata de maximizar vantagens, atravessando fronteiras, e ignora a racionalidade própria de cada país" (FURTADO, 1999, p. 80).

O primeiro vetor do processo de globalização é o fato de que "a abundância de mão de obra barata e subempregada que existe no Terceiro Mundo permite às empresas multinacionais aumentar sua competitividade nos seus mercados de origem. Portanto, o que está acontecendo é um processo de relocalização de atividades produtivas, com concentração de renda em escala planetária. São os interesses das grandes empresas que estabelecem os parâmetros de racionalidade, atropelando em muitos casos o interesse nacional" (FURTADO, 1999, p. 88).

O entrosamento dos sistemas produtivos leva a uma organização em escala mundial. Por exemplo, hoje, várias empresas europeias vêm se instalando fora de seus respectivos países.

É muito difícil barrar esse entrosamento, visto que ele é ditado por uma lógica que favorece as grandes empresas. Nos Estados Unidos, por exemplo, há empresários entusiasmados com a integração com o México, porque nesse país de 90 milhões de habitantes a mão de obra custa menos de um décimo da norte-americana. No Brasil, grande parte dos automóveis fabricados destina-se ao mercado externo.

O segundo vetor do processo de globalização é o sistema financeiro. E este restringe ainda mais a governabilidade dos sistemas políticos.

"A massa de liquidez que flutua sobre a economia internacional constitui uma ameaça permanente à estabilidade das economias nacionais, mesmo das nações mais poderosas" (FURTADO, 1999, p. 88).

A globalização financeira e monetária é dominada pelo capital especulativo, que está localizado em qualquer lugar, mas de preferência em paraísos fiscais.

"É um capital que não tem cara, só pensa a curto prazo e pesa enormemente na utilização dos fundos de pensão, que são hoje uma das principais fontes de liquidez internacional. Esses fundos são administrados por funcionários, e não pelos grandes capitalistas do passado. E esses funcionários querem maximizar vantagens a curto prazo, porque podem perder o emprego amanhã e querem ganhar dinheiro logo. Trata-se de trilhões de dólares que são manipulados a curtíssimo prazo" (FURTADO, 1999, p. 90).

Ainda segundo Celso Furtado, existe o consenso de que as atividades econômicas se articulam crescentemente em escala planetária num processo que tem como contrapartida "a dissolução do que se entende como Estado nacional, instituição que historicamente manteve o monopólio da legitimidade do exercício da violência" (FURTADO, 1999, p. 15).

Como pensar o fenômeno do Estado-nação diante da internacionalização e da globalização?

"As funções que atualmente exerce o Estado não desapareceriam propriamente, mas assumiriam outra forma, sem ligação direta com espaços geográficos e demográficos definidos" (FURTADO, 1999, p. 15).

Para os pós-modernos, chegou-se ao fim do ciclo e o próprio conceito de soberania enfraquece diante da globalização.

Ao lado desse fenômeno da globalização, assiste-se a um individualismo quase que possessivo, um regresso ao indivíduo.

Cresce, a cada dia, o rol de direitos fundamentais.

Há uma recuperação da sociedade civil sob dois signos:

a) um signo negativo, caracterizado, no plano jurídico, pela desregulamentação, e, no plano econômico, pela privatização;

b) um signo positivo, caracterizado pela reafirmação da presença viva da sociedade, ou seja, pela participação social.

Observa-se que essa situação carrega uma insanável contradição: ao mesmo tempo em que se fala em integração, internacionalização, valoriza-se o individual, o local, o regional, o cultural.

Como construir um Estado que valoriza o regional, em um contexto globalizado?

A Constituição espanhola de 1978 é uma verdadeira engenharia nesse sentido. Existem quatro níveis diferentes de autonomia. Catalunha tem autonomias que Madrid não tem. Significa reconhecer as diferenças. Na Itália, aparece o conflito norte-sul. A Bélgica adotou um modelo de reconhecimento de autonomias.

A própria União Europeia apresenta profundas divergências internas, que levam a frequentes conflitos entre os membros, como por exemplo, aquele concernente às cotas de produção de vinho ou ao número de vacas leiteiras de cada país. A solução dos impasses acarreta um excesso de regulamentação.

O conceito de soberania, da forma como conhecemos, fica esvaziado diante desse quadro. Para o país ingressar na comunidade europeia, é preciso, primeiramente, concordar em abrir mão de parcela de sua soberania. A constituição espanhola prevê que, em caso de conflito da Constituição com as normas da União Europeia, ter-se-á um prazo para adaptar a Constituição.

Na América Latina, o processo para modificar o atual modelo seria levado adiante pelas grandes empresas multinacionais, principalmente as norte-americanas, que representam metade do total e contam com meios políticos para atuar na região (FURTADO, 1999, p. 23).

A ação dessas empresas desdobra-se atualmente de forma sincrônica, visando a três objetivos estratégicos (FURTADO, 1999, p. 24):

a) busca de eficiência, o que significa dar ênfase à tecnologia intensiva de capital, com vistas a competir nos mercados mais sofisticados;

b) busca de matérias-primas, visando abrir ao exterior o setor produtivo de minerais e combustíveis;

c) abertura dos mercados financeiros, das telecomunicações, da eletricidade e da distribuição de gás.

A atuação das grandes multinacionais nesses setores "levaria a uma efetiva integração das economias latino-americanas, emergindo o dólar como moeda comum e assumindo os Estados Unidos as funções de banqueiro central" (FURTADO, 1999, p. 24).

Observa-se, portanto, que a atuação das grandes empresas multinacionais, de outros organismos internacionais e de organizações não governamentais vai servir, no plano jurídico, para debilitar o conceito de Estado.

O enfraquecimento do Estado pode ser constatado:
a) no plano externo, pela globalização e pela atuação de grandes empresas e de organizações não governamentais;
b) no plano interno, pela atuação de grandes empresas, de organizações não governamentais e da sociedade civil organizada.

O crescimento das organizações não governamentais (ONGs) no Brasil é de fácil constatação: existem no Brasil 338 mil organizações sem fins lucrativos divididas em cinco categorias:[2]

1. As privadas;
2. As que não distribuem eventuais excedentes;
3. As voluntárias;
4. As que possuem capacidade de autogestão;
5. As institucionalizadas.

O crescimento do número de organizações bem como sua diversificação são reflexos da democracia brasileira, mas o resultado da pesquisa demanda um olhar atento sobre suas especificidades, pois evidenciou-se a heterogeneidade do associativismo brasileiro, explicitando o quanto esse universo é amplo e complexo.

A essas constatações, liga-se o surgimento do que se convencionou chamar de "direitos fundamentais de 3ª geração", ou "direitos de solidariedade" ou "direitos de fraternidade".

Os direitos de solidariedade não se preocupam com a realização de um único indivíduo, mas de todos os indivíduos. Vinculam-se, portanto, à necessidade de cooperação internacional para o respeito de certos direitos. Exigem um empenho da comunidade global para efetivá-los.

São direitos fundamentais de 3ª geração: os direitos à paz, ao desenvolvimento sustentável, à autodeterminação dos povos, à qualidade de vida e ao meio ambiente, bem como o direito à conservação e utilização do patrimônio histórico e cultural e o direito de comunicação.

Nos capítulos que se seguem, serão examinados os reflexos desses fenômenos no processo de reestruturação que vem sendo empreendido pelo atual Estado brasileiro.

---

[2] Dados extraídos do Cadastro de Empresas – CEMPRE de 2005, constante do sítio eletrônico da Associação Brasileira das Organização Não Governamentais – ABONG, a partir da parceria feita com o IBGE – Instituto Brasileiro de Geografia e Estatística, o Instituto de Pesquisa Econômicas e Aplicadas – IPEA e o Grupo de Institutos, Fundações e Empresas – GIFE.

CAPÍTULO 2

A INFLUÊNCIA DA GLOBALIZAÇÃO E DO IDEÁRIO NEOLIBERAL NA REFORMA DO ESTADO NO BRASIL

2.1 Histórico das reformas do Estado no Brasil

A Administração Pública brasileira foi organizada no tempo do Brasil Imperial, segundo um modelo patrimonialista, em que o Estado era considerado uma extensão do poder do soberano. Mesmo após a proclamação da República, não houve sensíveis alterações no modelo de Administração Pública, que persistiu durante toda a República Velha.

A partir da década de 1930, o quadro começa a alterar-se, com a implantação de um modelo de administração burocrática, na linha da teoria desenvolvida por Max Weber.

Desde então, há notícia das seguintes reformas empreendidas pela Administração Pública brasileira:

a) a "reforma burocrática" de 1936;

b) a "reforma desenvolvimentista" de 1967-1969;

c) a minirreforma ocorrida com a Constituição de 1988; e

d) a "reforma gerencial" empreendida no período de 1995-1999, com as Emendas Constitucionais nºs 5/1995 a 20/1998.

2.1.1 A Reforma Burocrática de 1936

A denominada "reforma burocrática" teve as seguintes características básicas (BRASIL, 1995, p. 24-25):

a) na área de administração de pessoal, houve a criação do Conselho Federal do Serviço Público, mais tarde DASP (Departamento Administrativo do Serviço Público); a introdução do sistema de mérito, do princípio da impessoalidade e do concurso público; e a introdução da avaliação de desempenho;

b) implantou-se a administração orçamentária, a administração de material e a racionalização de métodos;

c) foram criados órgãos reguladores nas áreas sociais e econômicas, que deram origem a empresas de economia mista.

A partir da década de 1930, tem início uma fase decisiva para a configuração atual do Estado brasileiro. A partir dessa fase, ele passa a estruturar-se, notadamente na esfera do governo federal, mediante a criação de várias autarquias, sociedades de economia mista, fundações e empresas públicas, voltadas à prestação de serviços ou exploração de atividades econômicas, tais como a Companhia Siderúrgica Nacional – CSN (1941), a Companhia Vale do Rio Doce – CVRD (1942) e a Petrobras (1953).

Progressivamente, ao longo das décadas que se seguiram, somaram-se centenas de outras instituições, tornando a separação entre administração direta e indireta, a partir da personificação de parcelas da competência estatal, fato comum em nossa organização administrativa, notadamente a partir da década de 1950 (SANTOS, 2000, p. 21).

2.1.1.1 A Reforma Desenvolvimentista de 1967-1969

No período de 1967/1969, efetuou-se a "reforma desenvolvimentista", caracterizada pela edição do Decreto-Lei nº 200/67, com as seguintes caraterísticas.

a) substituição da administração burocrática por uma "administração para o desenvolvimento";

b) distinção legal expressa entre administração direta e indireta;

c) maior autonomia e flexibilidade para a administração indireta.

A partir do final dos anos sessenta, com a distinção legal entre administração direta e indireta, a opção pela personificação das competências estatais veio a tomar corpo, sobretudo o setor empresarial estatal, que apresenta um processo de grande expansão.

As diretrizes do Decreto-Lei nº 200/67 não foram, contudo, capazes de se sustentar a médio prazo.

"A proliferação de entidades de natureza autárquica, fundacional ou empresarial serviu, dentre outras facilidades, à livre contratação de pessoal para a alta administração, sem concurso e sem critérios transparentes, sob a justificativa de que era necessário conceder liberdade gerencial, emancipando a administração indireta da direta e instituindo o 'espírito gerencial privado' na administração do setor paraestatal" (MARCELINO *apud* SANTOS, 2000, p. 23).

Cresceu, portanto, a apropriação patrimonialista e fisiológica dessas entidades. Voltadas ora à prestação de serviços públicos típicos, ora à satisfação de necessidades da própria Administração Pública, adotaram-se essas formas jurídicas principalmente em função das vantagens que lhes eram inerentes, em especial a não sujeição às regras relativas ao provimento de cargos públicos e seus planos de classificação e remuneração, ao regime licitatório e às limitações orçamentárias.

Nesse contexto, até mesmo estabelecimento hospitalar — Hospital das Clínicas de Porto Alegre (1971) — e estabelecimento destinado à pesquisa agropecuária — Empresa Brasileira de Pesquisa Agropecuária – Embrapa (1975) — assumiram a forma empresarial.

"O processo de crescimento da administração indireta, notadamente o seu setor empresarial, atingiu seu clímax na década de 1970, quando entrou na ordem do dia o debate sobre a revisão do papel do Estado, especialmente no que se refere à atividade econômica substitutiva ao setor privado" (SANTOS, 2000, p. 25).

Em resposta à autonomia das estatais, o Executivo buscou limitar as tendências emancipadoras existentes, primeiramente estabelecendo restrições para a contratação ou reposição de pessoal. Em segundo lugar, passou a utilizar o controle de tarifas e preços de seus serviços e de seus investimentos. Em terceiro lugar, estabeleceu instrumentos de controle das negociações coletivas e acordos firmados entre empresas e seus empregados, a fim de coibir abusos e reduzir despesas de custeio.

Paralelamente, foi instituído o rateio político dos cargos de direção dessas empresas e seus conselhos de administração. O uso político dessas instituições tornou-as crescentemente ineficientes e deficitárias.

2.1.2 A Constituição Federal de 1988

A Constituição Federal de 1988 configurou-se uma verdadeira minirreforma da Administração Pública brasileira, uma vez que:

a) praticamente equiparou a administração indireta à direta (CF, artigo 37);

b) instituiu o Regime Jurídico Único para a administração direta, autárquica e fundacional;

c) possibilitou que milhares de celetistas tornem-se estatutários, com sobrecarga da previdência pública.

Ao defrontar-se com o quadro de proliferação de entidades públicas, inseridas ou não na administração indireta, instituídas ou absorvidas por entes estatais, o constituinte pretendeu estabelecer limites à desmesurada expansão do Estado, ao mesmo tempo que positivava, em nível constitucional, a classificação prevista pelo Decreto-Lei nº 200/67.

2.2 A reforma empreendida no período de 1995-1999

No período 1995-1999, levou-se a efeito a chamada "reforma gerencial", implementada por meio das Emendas Constitucionais nºs 5/1995 a 20/1998 e da legislação regulamentar que se seguiu.

São apontadas com frequência as seguintes causas para a necessidade de que se empreendesse uma reestruturação da Administração Pública brasileira:

a) a crise fiscal e esgotamento do Estado do bem-estar social (*Welfare State*);

b) a influência externa;

c) a hegemonia das ideias neoliberais no mundo ocidental.

2.2.1 O Plano Diretor da Reforma do Aparelho do Estado

Os objetivos e as diretrizes das mudanças propostas na reforma de 1995-1999 foram expressas no documento intitulado "Plano Diretor da Reforma do Aparelho do Estado", elaborado pelo extinto Ministério da Administração Federal e da Reforma do Estado – MARE, e aprovado, em 21.9.1995, pela Câmara da Reforma do Estado, composta pelos Ministros da Administração e Reforma do Estado, do Trabalho, da Fazenda e do Planejamento e Orçamento, e pelo Ministro-Chefe do Estado-Maior das Forças Armadas.

O documento foi elaborado como resposta a uma situação de crise financeira, com a qual se defrontam os governantes brasileiros há mais de duas décadas.

Por todo o plano permeia a ideia de reforma ou reconstrução do Estado brasileiro, de modo a resgatar sua autonomia financeira e sua capacidade de implementar políticas públicas.

Nesse sentido, diz o plano (BRASIL, 1995, p. 16), "são inadiáveis:

1. O ajustamento fiscal duradouro;

2. As reformas econômicas orientadas para o mercado, que, acompanhadas de uma política industrial e tecnológica, garantam a concorrência interna e criem condições para o enfrentamento da competição internacional;
3. A reforma da previdência social;
4. A inovação dos instrumentos de política social, proporcionando maior abrangência e promovendo melhor qualidade para os serviços sociais; e
5. A reforma do aparelho do Estado, com vistas a aumentar sua 'governança', ou seja, sua capacidade de implementar de forma eficiente políticas públicas".

O plano faz uma distinção entre Reforma do Estado e Reforma do Aparelho do Estado:

"A reforma do Estado é um projeto amplo que diz respeito às várias áreas do governo e, ainda, ao conjunto da sociedade brasileira, enquanto a reforma do aparelho do Estado tem um escopo mais restrito: está orientada para tornar a administração pública mais eficiente e mais voltada para a cidadania" (BRASIL, 1995, p. 17).

O documento deixa claro que a reforma do Estado deve ser entendida dentro do contexto de redefinição do papel do Estado, que deixa de ser o responsável direto pelo desenvolvimento econômico e social pela via da produção de bens e serviços, para fortalecer-se na função de promotor e regulador desse desenvolvimento (BRASIL, 1995, p. 17).

A reforma do Estado envolve múltiplos aspectos (BRASIL, 1995, p. 18):

a) o ajuste fiscal devolve ao Estado capacidade de definir e implementar políticas públicas;
b) a liberalização comercial permite ao Estado abandonar a estratégia protecionista da substituição de importações;
c) por meio do programa de privatizações, transfere-se para o setor privado a tarefa de produção de bens e serviços que, em princípio, este realiza mais eficientemente;
d) por meio de um "programa de publicização", transfere-se para o setor público não estatal a produção dos serviços competitivos ou não exclusivos de Estado.

"Deste modo — prossegue o plano — o Estado abandona o papel de executor ou prestador direto de serviços, mantendo-se, entretanto, no papel de regulador e provedor ou promotor destes (...)" (BRASIL, 1995, p. 18), buscando-se, portanto, o fortalecimento das funções de regulação e de coordenação do Estado.

2.2.2 As três formas de Administração Pública

Ao tratar especificamente da Reforma do Aparelho do Estado, o documento examina a Administração Pública a partir de uma perspectiva histórica, cujo processo evolutivo teria passado por três modelos: a Administração Pública patrimonialista, a burocrática e a gerencial (BRASIL, 1995, p. 20).

Na Administração Pública patrimonialista, o aparelho do Estado funciona como uma extensão do poder do soberano. Os cargos são considerados prebendas. Os bens públicos e os bens do soberano confundem-se. A corrupção e o nepotismo são inerentes a esse tipo de administração. No momento em que o capitalismo e a democracia tornam-se dominantes, a administração patrimonialista torna-se inaceitável.

A Administração Pública burocrática surge na segunda metade do século XIX, na época do Estado liberal, como forma de combater a corrupção e o nepotismo patrimonialista. Constituem-se princípios orientadores do seu desenvolvimento a profissionalização, a ideia de carreira, a hierarquia funcional, a impessoalidade e o formalismo. Em síntese: o poder racional-legal, idealizado por Max Weber.

A Administração Pública gerencial emerge na segunda metade do século XX, como resposta, de um lado, à expansão das funções econômicas e sociais do Estado e, de outro, ao desenvolvimento tecnológico e à globalização da economia. A eficiência da Administração Pública, a necessidade de reduzir custos e de aumentar a qualidade dos serviços, tendo o cidadão como beneficiário, torna-se essencial. A Administração Pública gerencial vê o cidadão como contribuinte de impostos e como cliente dos seus serviços.

Segundo o Plano Diretor da Reforma do Aparelho do Estado, a administração gerencial é uma evolução em relação ao modelo burocrático. O objetivo, portanto, é transformar a Administração Pública brasileira, de burocrática, rígida e ineficiente, voltada a si própria e ao controle interno, para uma Administração Pública gerencial, flexível e eficiente, voltada para o atendimento do cidadão.

A diferença fundamental entre os dois modelos está na flexibilização de procedimentos e na alteração quanto à forma de controle, que deixa de ser formal e passa a ser de resultados.

Na administração gerencial, busca-se outorgar maior autonomia ao administrador na gestão dos recursos humanos, materiais e financeiros, para que possa alcançar os objetivos contratados, efetuando-se o controle por resultados.

Além disso, propõe a administração gerencial o aumento da participação da sociedade na Administração Pública.

2.2.3 Os setores do Estado

Relativamente aos segmentos nos quais atua o Estado, tendo em vista exclusivamente as atividades-fim da Administração Pública, foram considerados quatro setores de atuação do Estado (BRASIL, 1995, p. 52-53):

a) Núcleo Estratégico: corresponde ao governo, em sentido lato. É o setor que define as leis e as políticas públicas e cobra o seu cumprimento. É portanto o setor em que as decisões estratégicas são tomadas. Corresponde aos Poderes Legislativo e Judiciário, ao Ministério Público e, no Poder Executivo, aos ministros e seus auxiliares e assessores diretos, responsáveis pelo planejamento e formulação das políticas públicas;

b) Atividades Exclusivas: é o setor em que são prestados serviços que só o Estado pode realizar. São serviços ou agências em que se exerce o poder extroverso do Estado: o poder de regulamentar, fiscalizar e fomentar. Como exemplos, têm-se a cobrança e fiscalização dos impostos, a polícia, a previdência social básica etc.;

c) Serviços Não Exclusivos: corresponde ao setor em que o Estado atua simultaneamente com outras organizações públicas não estatais. O Estado está presente porque os serviços envolvem direitos humanos fundamentais, como os da educação e da saúde, ou porque os benefícios produzidos imediatamente se espalham para o resto da sociedade, não podendo ser apropriados em forma de lucros. São exemplos desse setor as universidades, os hospitais, os centros de pesquisa e os museus;

d) Produção de Bens e Serviços para o Mercado: corresponde à área de atuação das empresas. São atividades econômicas voltadas para o lucro que ainda permanecem no aparelho do Estado, como, por exemplo, as do setor de infraestrutura. Estão no Estado seja porque faltou capital ao setor privado para realizar o investimento, seja porque são atividades naturalmente monopolistas.

No primeiro setor, afirma-se que a efetividade das decisões é mais importante que a eficiência, podendo haver um misto de administração burocrática e gerencial.

Nos demais setores, a eficiência é mais importante, devendo prevalecer a Administração Pública gerencial.

Relativamente à propriedade dos bens, o Plano Diretor da Reforma do Aparelho do Estado assevera que, no núcleo estratégico e nas atividades exclusivas, a propriedade deve ser estatal. No setor de serviços não exclusivos, deve prevalecer a propriedade "pública não estatal", "constituída pelas organizações sem fins lucrativos, que não são propriedade de nenhum indivíduo ou grupo e estão orientadas diretamente para o atendimento do interesse público" (BRASIL, 1995, p. 54). Para o setor de produção de bens e serviços, o plano tem por ideal a propriedade privada.

O Plano Diretor define, então, os objetivos específicos para cada um dos quatro setores do aparelho do Estado (BRASIL, 1995, p. 57-59):

a) para o núcleo estratégico, o plano propõe a modernização da administração burocrática, por meio de uma política de profissionalização do serviço público, ou seja, de uma política de carreiras, de concursos públicos anuais, de programas de educação continuada e de uma efetiva administração geren-cial. Propõe, ainda, dotar o núcleo estratégico de capacidade gerencial para definir e supervisionar os contratos de gestão firmados com as agências autônomas e com as organizações sociais;

b) quanto às atividades exclusivas, o documento propõe "trans-formar" (*sic*) as atuais autarquias e fundações públicas em agências autônomas, administradas segundo contratos de gestão;

c) para os serviços não exclusivos, a proposta é transferi-los para o setor público não estatal, por meio de um "programa de publicização" (*sic*), "transformando" as atuais autarquias e fundações públicas em organizações sociais, ou seja, em entidades de direito privado, sem fins lucrativos, que tenham autorização específica do Poder Legislativo para celebrar contrato de gestão com o Poder Executivo e assim ter direito à dotação orçamentária;

d) relativamente ao setor de produção de bens e serviços para o mercado, propõe-se dar continuidade ao processo de priva-tização, reorganizar e fortalecer os órgãos de regulação dos monopólios naturais e implantar contratos de gestão com as empresas que não puderem ser privatizadas.

Saliente-se que grande parte desses objetivos vem sendo con-cretizada por meio de emendas à Constituição ou por normas infra-constitucionais.

Conforme já afirmado, uma das propostas do Plano Diretor da Reforma do Aparelho do Estado é o aumento da participação da sociedade na Administração Pública.

Em 30.12.2004, foi editada a Lei nº 11.079, que instituiu normas gerais para licitação e contratação de parceria público-privada no âmbito da Administração Pública.

Maria Sylvia Zanella Di Pietro, ao examinar o Plano Diretor em foco e o modo como vem sendo implementado, além dos efeitos da Lei nº 11.079/2004, vislumbrou as seguintes tendências ou mudanças possíveis na forma de relacionamento do Estado com a sociedade, em função do tipo de serviço (DI PIETRO, 2009, p. 40-41):

a) para o serviço público de natureza comercial ou industrial, que admita cobrança de tarifa do usuário, o instituto adequado é a concessão ou permissão de serviço público, em sua forma tradicional, regida pela Lei nº 8.987/95 e legislação esparsa (de telecomunicações, energia elétrica etc.), ou a concessão patrocinada instituída pela Lei nº 11.079/2004; trata-se de formas de parceria que não podem ser utilizadas para: (1) as atividades exclusivas do Estado, porque são indelegáveis por sua própria natureza; (2) os serviços sociais, porque estes são prestados gratuitamente e, portanto, incompatíveis com a concessão tradicional (a menos que possam ser mantidos exclusivamente com receitas alternativas, com fundamento no art. 11 da Lei nº 8.987/95) e com a concessão patrocinada, que se caracterizam pela cobrança de tarifas aos usuários; (3) os serviços *uti universi* são usufruíveis diretamente pelos cidadãos, como a limpeza pública, por exemplo, cuja prestação incumbe ao poder público, com verbas provenientes dos impostos;

b) para o serviço público de natureza comercial ou industrial, que não admita cobrança de tarifa do usuário, os institutos cabíveis são a concessão administrativa instituída pela Lei nº 11.079/2004 e os contratos de empreitada regidos pela Lei nº 8.666/93;

c) para os serviços sociais, o Plano Diretor previu os contratos de gestão com as organizações sociais, disciplinados pela Lei nº 9.637/98; também é possível o termo de parceria com as organizações da sociedade civil de interesse público (OSCIPS), conforme previsto na Lei nº 9.790/99; além disso, é cabível a concessão administrativa referida na Lei nº 11.079/2004, bem como a terceirização dos serviços que se enquadrem nos arts. 6º, II, e 13 da Lei nº 8.666/93; finalmente, pode ser incluída a gestão associada por meio de convênios e consórcios, consoante o art. 241 da Constituição Federal, com a redação dada pela Emenda Constitucional nº 19/98 (embora este último caso não se trate de parceria entre os setores público e privado, mas entre os entes federados);

d) para as atividades exclusivas, pode ser utilizado também o contrato de gestão, não para parceria com o particular, mas para os fins previstos no art. 37, §8º, da Constituição, com a redação dada pela EC nº 19/98, ou seja, para outorga de maior autonomia aos órgãos públicos e entidades da administração indireta e instituição de controle de resultados;

e) para o núcleo estratégico, a parceria é praticamente impossível, por abranger atividades próprias de governo, portanto, indelegáveis;

f) para os serviços administrativos (não mencionados no Plano Diretor), é possível a terceirização (sob a forma de empreitada ou de concessão administrativa), seja qual for o setor de atuação, desde que abranja atividades não exclusivas do Estado, bem como os contratos de gestão referidos no art. 37, §8º, da Carta Magna.

2.3 A influência da globalização na reforma de 1995-1999

Deve-se salientar, de início, que o fenômeno da globalização se desenvolve dentro de um modelo neoliberal.

Com a queda do Muro de Berlim, o colapso do socialismo, o fim da guerra fria e — pela primeira vez — a dominação do sistema capitalista praticamente em todo o mundo, a visão de mundo neoliberal passou a expressar o seu predomínio em escala mundial.

"Nos últimos 10 anos, a universalização e o amadurecimento do processo de globalização associam-se à hegemonia conquistada, em alguns países centrais, pelos princípios neoliberais. Daí decorre a implementação de medidas como a redução de barreiras ao livre comércio, a viabilização do livre fluxo de investimentos, as privatizações, a desregulamentação dos mercados financeiros e da exploração de setores como transportes, energia e telecomunicações e a redução do tamanho do Estado" (SANTOS, 2000, p. 39).

Isso ocorre porque as grandes empresas multinacionais querem ampliar os seus mercados, mas sem as amarras alfandegárias, protecionistas, sociais ou políticas dos Estados.

O ideal, para essas organizações, é que o mundo fosse uma grande federação — evidentemente neoliberal.

Como assevera Celso Furtado:

"A empresa multinacional recruta recursos produtivos em escala global e está em condições de combinar mão de obra de baixo preço com trabalho altamente especializado, e pode minimizar os custos financeiros e maximizar a remuneração do capital. Trata-se de uma organização horizontal que opera mediante associações variadas de alcance planetário" (FURTADO, 1999, p. 22).

Em um mercado, com amplitude global, em que haja livre concorrência, tais empresas podem minimizar seus custos com matérias-primas, mão de obra, administração, impostos, juros etc., e maximizar seus lucros.

A concepção hegemônica do ideário neoliberal foi claramente sintetizada no chamado "Consenso de Washington", em novembro de 1989, resultante de reunião organizada para discutir políticas econômicas para a América Latina, onde foram definidas as "políticas reformistas" que passaram a ser defendidas por instituições como o FMI, o Banco Mundial e o Banco Interamericano de Desenvolvimento – BID (SANTOS, 2000, p. 39).

Entre as medidas contidas no receituário para a América Latina, estão (SANTOS, 2000, p. 39):

1. Controle do déficit fiscal;
2. Cortes de gastos públicos;
3. Reforma tributária;
4. Administração das taxas de juros;
5. Administração da taxa de câmbio;
6. Política comercial de abertura do mercado e liberação de importações;
7. Liberdade para a entrada de investimentos externos;
8. Privatização das empresas estatais;
9. Desregulamentação da economia, inclusive normas trabalhistas;
10. Garantia dos direitos de propriedade, inclusive propriedade industrial e intelectual.

Desde então, o avanço das concepções neoliberais reflete-se sobre os Estados modernos de maneira inequívoca, à medida que a nova ordem mundial dela derivada impõe relações muito mais estreitas entre os países, que se realizam num contexto de mútua dependência. Os acordos internacionais, e as pressões para a sua obediência passam a ter importância muito maior, estabelecendo uma nova situação em que os conceitos de soberania e de autonomia dos Estados nacionais reduzem seu sentido, em alguns casos determinando até mesmo mudanças em sede constitucional (SANTOS, 2000, p. 39-40).

Assim, não é por mera obra do acaso que o modelo de reforma do Estado adotado no Brasil é idêntico ao utilizado em outros países, que nos servem de referencial.

Na América Latina, o processo de privatização, que aparece inseparável da ideia da reforma do Estado (ou reengenharia do Estado, como preferem alguns), desenvolve-se, de forma semelhante, em inúmeros países, como Chile, México, Bolívia, Argentina, Brasil, Uruguai, tendo sempre como objetivo diminuir o tamanho do Estado, prestigiando a liberdade econômica, pela devolução da iniciativa ao administrado, pela desregulamentação, pela eliminação de monopólios e pela aplicação das regras da livre concorrência, reservando-se ao Estado as tarefas de incentivar e subsidiar aquela iniciativa, quando deficiente, bem como a de fiscalizá-la, para proteger o usuário (DI PIETRO, 2009, p. 18).

"Na perspectiva da globalização, país confiável é aquele que não interfere, que não impõe regras que possam prejudicar a rentabilidade do capital investido, e a estabilidade das economias passa a depender de sua previsibilidade" (SANTOS, 2000, p. 40).

Nesse contexto, a transferência de determinadas atividades públicas para agências executivas e reguladoras, com dirigentes que seriam escolhidos por critérios técnicos e portadores de mandatos, dentro dos quais não poderiam ser destituídos, constitui-se, pelo menos em tese, em uma forma de diminuir a influência dos governos locais sobre atividades consideradas estratégicas ou relevantes para essas organizações.

Relevante mencionar que foi mudado o paradigma antes seguido pelo direito administrativo brasileiro. Tradicionalmente, adotava-se o modelo francês. Agora, migra-se para o modelo americano, em razão da própria influência do direito americano e, também, por exigência das fontes financiadoras: quem financia determinado projeto determina muitos pontos do modelo a ser adotado.

Um dos exemplos marcantes dessa influência externa é a adoção do sistema de agências reguladoras e executivas, seguindo o modelo importado dos Estados Unidos.

Essa mudança de paradigma provoca dificuldades de adaptação dos novos institutos à realidade brasileira, conforme constata Maria Sylvia Zanella Di Pietro:

"A grande dificuldade com que se depara o jurista está precisamente no fato de que a globalização está levando os governantes, principalmente na esfera federal, a buscar modelos no direito estrangeiro, sem levar em conta a diversidade de regimes jurídicos, especialmente no âmbito constitucional.

E um dos grandes modelos está sendo precisamente o norte-americano, com significativa alteração de rumos, que provocam dificuldades, desacertos, para não falar em inconstitucionalidades.

O direito administrativo brasileiro inspirou-se no sistema europeu-continental, inteiramente diverso do direito norte-americano, pertencente ao sistema anglo-saxão, o sistema da *common law*, do precedente judiciário. Ali, a ausência de normas legais e constitucionais é suprida pelo poder criador do judiciário.

No direito brasileiro, praticamente tudo está no direito positivo; o direito administrativo está quase inteiramente preso à Constituição" (DI PIETRO, 1999, p. 38).

Outro ponto a ser considerado, como de influência externa no processo de reforma diz respeito à grande preocupação de agentes financeiros internacionais com o alto índice de endividamento dos Estados nacionais, que poderia levar os países a não ter possibilidade de arcar sequer com o serviço da dívida. Dessa forma, em regra, as reformas são no sentido de reduzir os gastos com a Administração Pública interna, de modo a dispor de recursos para pagamento de compromissos assumidos externamente.

Podem-se citar, a título de exemplos, além das Emendas Constitucionais nºs 19 e 20, ambas de 1998, as Emendas nºs 41, de 2003, e 47, de 2005, atinentes às reformas do regime de pessoal, assim como a Lei nº 12.618, de 30.4.2012, que instituiu o regime de previdência complementar para os servidores públicos federais titulares de cargo efetivo e fixou o limite máximo para a concessão de aposentadorias e pensões a que se refere o art. 40 da Constituição Federal. Convém notar que o móvel maior de tais diplomas não foi seguramente o aprimoramento do sistema de pessoal da administração, mas sim a redução de custos com pessoal.

O exame do orçamento da União confirma a tendência. Para o exercício de 2011, foram aprovadas pela LOA/2011, Lei nº 12.381, de 9.2.2011, despesas dos Orçamentos Fiscal e da Seguridade Social no montante de R$1,96 trilhão. Ao final do exercício, com os créditos adicionais, a dotação autorizada subiu a R$2,01 trilhões.

As funções Previdência Social e Encargos Especiais, que agregam as despesas associadas aos encargos da dívida pública e às transferências constitucionais e legais, representam, juntas, 78% do total das despesas empenhadas em 2011. Num segundo grupo, em termos de volume de recursos, destacam-se, nessa ordem, as funções Saúde (18%), Educação (14%), Assistência Social (11%), Trabalho (9%), Defesa

Nacional (9%), Judiciária (7%), Transporte (6%), Administração (6%) e Agricultura (4%).

Já a análise dos gastos com investimentos revela que, em 2011, apenas R$48 bilhões, ou 3% do total das despesas empenhadas, são destinadas ao planejamento e à execução de obras públicas, à realização de programas especiais de trabalho e à aquisição de instalações, equipamentos e material permanente.

A propósito, a doutrina importada atribui invariavelmente uma realidade impositiva à globalização e às suas consequências em termos de necessidade de reformas.

Na leitura crítica do fenômeno, feita por Celso Furtado:

"A doutrina corrente nos apresenta a globalização como um imperativo tecnológico, portanto, inescapável para as economias que aspiram a desenvolver-se" (FURTADO, 1999, p. 20).

"A globalização é percebida atualmente como um imperativo histórico que condiciona a evolução de todas as economias" (FURTADO, 1999, p. 36).

E de Maria Sylvia Zanella Di Pietro:

"A Administração Pública brasileira vive um momento de reforma, acompanhando o movimento de globalização que vem tomando conta do mundo.

Alega-se que essa reforma é irreversível; que qualquer governo que assumisse o poder teria que levá-la a efeito" (DI PIETRO, 1999, p. 37).

Com efeito, ao redigir o prefácio do livro *Reforma do Estado e Administração Pública Gerencial*, de autoria de Luiz Carlos Bresser-Pereira, o então Presidente Fernando Henrique Cardoso asseverou:

"Vivemos hoje num *cenário global* que traz novos desafios às sociedades e aos Estados nacionais. Não é nenhuma novidade dizer que estamos numa fase de reorganização tanto do sistema econômico, como também do próprio sistema político mundial. Como consequência desse fenômeno, *impõe-se a reorganização dos Estados nacionais*, para que eles possam fazer frente a esses desafios que estão presentes na conjuntura atual" (CARDOSO, 1998, p. 15).

E prossegue:

"Mudar o Estado significa, antes de tudo, abandonar visões do passado de um Estado assistencialista e paternalista, de um Estado que, por força de circunstâncias, concentrava-se em larga medida na ação direta para a produção de bens e de serviços. Hoje, *todos sabemos que a produção de bens e serviços pode e deve ser transferida à sociedade, à iniciativa privada*, com grande eficiência e com menor custo para o consumidor" (CARDOSO, 1998, p. 15).

Para Celso Furtado, todavia, apesar do cenário de globalização e de sua força impositiva, é possível preservar uma margem de autonomia "que nos permita utilizar o peso internacional do Brasil para mobilizar e coligar forças na defesa dos interesses de povos que lutam para preservar sua independência" (FURTADO, 1999, p. 26).

2.4 A influência do neoliberalismo

Várias tendências podem ser apontadas como decorrentes da forte influência do ideário neoliberal, hoje dominante no mundo ocidental.

Consoante já afirmado, o conteúdo do neoliberalismo varia de acordo com as mudanças das condições nacionais e das contingências históricas de cada país, não se podendo identificar uma unidade no chamado programa neoliberal.

Todavia, de uma perspectiva geral, podem-se identificar alguns pontos de convergência dessa doutrina. Nos tópicos que se seguem, procuram-se identificar esses pontos de convergência, bem como os seus reflexos no processo de reforma do Estado brasileiro, a despeito da negativa dessa influência efetuada pelos idealizadores do Plano Diretor da Reforma do Aparelho do Estado (BRASIL, 1995, p. 15).

2.4.1 O princípio da subsidiariedade

O primeiro desses pontos diz respeito à orientação de que se deve limitar a intervenção do Estado, por vezes em termos muito próximos do que ocorria no século XIX.

Pelo princípio da subsidiariedade, o Estado pode e deve apenas intervir quando a sociedade não consegue solucionar os seus problemas.

Desse modo, o "princípio da subsidiariedade" reconhece que a iniciativa privada, seja através dos indivíduos, seja através das associações, tem precedência sobre a iniciativa estatal. A consequência dessa ideia é que o Estado deve abster-se de exercer atividades que possam ser exercidas pelo particular, por sua própria iniciativa e com seus próprios recursos (DI PIETRO, 1999, p. 25).

"Devem ficar a cargo do Estado as atividades que lhe são próprias como ente soberano, consideradas indelegáveis ao particular (segurança, defesa, justiça, relações exteriores, legislação, polícia); e devem ser regidas pelo princípio da subsidiariedade as atividades sociais (educação, saúde, pesquisa, cultura, assistência) e econômicas (industriais, comerciais, financeiras), as quais o Estado só deve exercer em caráter supletivo da iniciativa privada, quando ela for deficiente" (DI PIETRO, 1999, p. 29).

Decorrente desse princípio, em primeiro lugar, é a ideia de diminuir o tamanho dos Estados nacionais, por meio de vários instrumentos, tais como: a privatização, a outorga de concessões e permissões e a "publicização".

No que concerne à privatização, conforme lição de Marcello Clarich, "privatizar as empresas públicas significa redefinir o âmbito das relações entre Estado e mercado. E, como ocorre em qualquer relação de complementaridade, se muda a configuração de um dos elementos do conjunto — isto é, a estrutura do mercado não mais caracterizada pela presença das empresas públicas —, muda necessariamente a configuração do elemento complementar — isto é, a estrutura do Estado que renuncia ao papel de empresário" (CLARICH *apud* DI PIETRO, 1999, p. 28).

A concessão e a permissão de serviços públicos têm seu nome constantemente associado à ideia de privatização.

"Isto se justifica porque ela é um dos instrumentos de que o Poder Público pode utilizar-se para diminuir o tamanho do Estado, pela transferência de atribuições para o setor privado. Ainda que a concessão se faça por contrato administrativo, portanto, regido pelo direito público, e, ainda que o Poder Público conserve a plena disponibilidade sobre o serviço, exerça a fiscalização e fixe a tarifa, a execução do serviço estará entregue a uma empresa privada, que atuará pelos moldes das empresas privadas (...)" (DI PIETRO, 1999, p. 65).

Já o "programa de publicização" consiste em "transformar" as atuais autarquias e fundações públicas em organizações sociais, ou seja, em entidades privadas, sem fins lucrativos, para exercerem, mediante qualificação específica, atividades publicizáveis, como ensino, pesquisa científica, desenvolvimento tecnológico, proteção e preservação do meio ambiente, cultura e saúde.

Na crítica pertinaz de Maria Sylvia Zanella Di Pietro:

"Embora o Plano Diretor fale em publicização e a própria Lei nº 9.637, logo na sua ementa, fale em Programa Nacional de Publicização para definir a forma como se substituirá uma entidade pública por uma entidade particular qualificada como organização social, não há qualquer dúvida quanto a tratar-se de um dos muitos instrumentos de privatização de que o Governo vem se utilizando para diminuir o tamanho do aparelhamento da Administração Pública" (DI PIETRO, 2001, p. 411).

2.4.2 A busca da eficiência dos gastos públicos

Outra característica do neoliberalismo é atinente à aceitação da manutenção de alguns dos paradigmas do Estado do bem-estar social, mas com a clara percepção da necessidade de reformá-los para uma eficiência maior de gastos e a ampliação do universo dos beneficiados.

A busca de uma Administração Pública mais eficiente, ou seja, que atinja um maior número de beneficiários e preste serviços de boa qualidade, a um custo menor, é preocupação insistentemente divulgada em todos os passos da reforma do Estado brasileiro.

Aliás, conforme já vimos, um dos objetivos da reforma é transformar a Administração Pública brasileira, de burocrática, rígida e ineficiente, para uma Administração Pública gerencial, flexível e eficiente, voltada para o atendimento do cidadão.

Já na apresentação do Plano Diretor da Reforma do Aparelho do Estado, o ex-presidente Fernando Henrique Cardoso afirmou:

"É preciso, agora, dar um salto adiante, no sentido de uma administração pública que chamaria de 'gerencial', baseada em conceitos atuais de administração e eficiência, voltada para o controle dos resultados e descentralizada para poder chegar ao cidadão, que, numa sociedade democrática, é quem dá legitimidade às instituições e que, portanto, se torna 'cliente privilegiado' dos serviços prestados pelo Estado" (CARDOSO, 1995, p. 10).

"É preciso reorganizar as estruturas da administração com ênfase na qualidade e na produtividade do serviço público; na verdadeira profissionalização do servidor, que passaria a perceber salários mais justos para todas as funções. Esta reorganização da máquina estatal tem sido adotada com êxito em muitos países desenvolvidos e em desenvolvimento" (CARDOSO, 1995, p. 10).

Saliente-se que, com a Emenda Constitucional nº 19/1998, o princípio da eficiência foi inserido no *caput* do artigo 37 da Constituição Federal, como inerente à Administração Pública brasileira.

Nesta tão decantada busca da eficiência, dizem-se ações como a reforma do regime jurídico dos servidores públicos, com vistas — afirmam os seus idealizadores — à sua profissionalização, os contratos de gestão e a previsão do controle dos usuários sobre a qualidade dos serviços públicos (Emenda Constitucional nº 19/1998).

2.4.3 A aceitação da produção pelo Estado de alguns bens e serviços

Admite o neoliberalismo que, em certos casos, o Estado produza diretamente bens e serviços.

No Brasil, essa situação está prevista expressamente no artigo 173 da Constituição, que estabelece que a exploração direta de atividade econômica pelo Estado só será permitida quando necessária aos imperativos da segurança nacional ou a relevante interesse coletivo.

Tal exploração é feita por intermédio das denominadas empresas estatais: empresas públicas, sociedades de economia mista e suas subsidiárias.

Trata-se de entes que se submetem a uma dualidade de regime jurídico, visto possuírem natureza jurídica de direito privado, mas investidas de um múnus público, representando, em verdade, a recepção no Direito Administrativo de instituições de Direito Empresarial, Civil e Trabalhista (TÁCITO, 1973, p. 55).

Com a vigência da Emenda Constitucional nº 19, de 4 de junho de 1998, os dispositivos constitucionais relacionados a essas entidades (artigos 22, XXVII, 37, XIX, 70, parágrafo único, e 173, §1º) sofreram sensíveis modificações.

Em consequência, as estatais que não forem privatizadas devem submeter-se a um novo regime jurídico, fazendo-as aproximar-se ainda mais daquele aplicável às empresas privadas.

Dessa forma, mesmo quando o Estado, amparado nas hipóteses previstas na Constituição, arvorar-se de empresário, deve fazê-lo de maneira muito próxima da que fazem os particulares, de forma a intervir, o mínimo possível, no mercado econômico.

2.4.4 O "Estado regulador"

Os postulados neoliberais admitem, ainda, que o Estado defina a política econômica, mas direcionada para a defesa da concorrência efetiva, estabelecendo meios jurídicos de proteger as empresas artesanais, cooperativas, micro e médias, e agrárias, de modo a disciplinar o mercado, evitando o falseamento das suas condições pelas concentrações monopolistas. É a atuação condicionante do Estado, o chamado "estado regulador". Essa atuação jamais deve ser uma intervenção de controle ou fixação de preços, que suprima as liberdades e o automatismo do mercado.

Com a redução do tamanho do aparelhamento estatal, tendo sido transferidas para a iniciativa privada a exploração de atividades econômicas e de prestação de serviços não exclusivos, a função reguladora do Estado é inegavelmente a que mais cresce de importância: resta ao Estado a atividade de evitar abusos e manipulações de preços pelos entes privados, em detrimento dos usuários.

O Estado reduz sua atuação na produção direta de bens e serviços, mas, concomitantemente, reforça a sua função reguladora dessas atividades, assim que são transferidas aos particulares.

Ao apresentar o Plano Diretor da Reforma do Aparelho do Estado, o Presidente, à época Fernando Henrique Cardoso, asseverou:

"Um dos aspectos centrais desse esforço é o fortalecimento do Estado para que sejam eficazes sua *ação reguladora*, no quadro de uma economia de mercado, bem como os serviços básicos que presta e as políticas de cunho social que precisa implementar" (CARDOSO, 1995, p. 10, grifos nossos).

Nessa linha, foram criadas, na esfera federal, as Agências Nacionais do Petróleo (ANP), da Energia Elétrica (ANEEL), das Telecomunicações (ANATEL), da Vigilância Sanitária (ANVISA), da Saúde Suplementar (ANS), das Águas (ANA), da Aviação Civil (ANAC), de Transportes Terrestres (ANTT), de Transportes Aquaviários (ANTAQ) e do Cinema (ANCINE).

Na esfera estadual, vários estados-membros, a exemplo de São Paulo, Rio Grande do Sul, Ceará, Pará, Paraná, Sergipe e Pernambuco, já criaram agências com as mais diversas finalidades.

O mesmo modelo vem sendo seguido por outros países da América Latina. A título de exemplo, na Argentina, foram criados o Ente Nacional Regulador de Gás – ENARGÁS, similar à nossa ANP, e o Ente Nacional de Telecomunicações, correspondente à nossa ANATEL.

Com a globalização, a ideia que vem adquirindo expressão é de estender o modelo para as relações internacionais. Seriam criadas, por exemplo, a Agências Internacional de Energia e a Agência Internacional de Águas.

2.4.5 O "Estado fomentador"

Outro postulado neoliberal relevante para o processo diz respeito à aceitação de uma intervenção indireta estimulante do Estado nas atividades dos particulares; é o "Estado fomentador". Segundo esse postulado, naqueles ramos de atividades sociais e econômicas em que o particular não consiga desempenhar a contento no regime da livre iniciativa e da livre concorrência, compete ao Estado incentivar a iniciativa privada, auxiliando-a mediante técnicas de fomento.

Nas palavras de Maria Sylvia Zanella Di Pietro:

"Como consequência, há uma necessidade de ampliação da atividade administrativa de fomento, significando, como uma das aplicações do princípio da subsidiariedade, o incentivo à iniciativa privada de interesse público. O Estado deve ajudar, estimular, criar condições para que os vários grupos de interesses, representados por entidades particulares, partam à busca de seus próprios objetivos" (DI PIETRO, 2009, p. 19).

Nessa linha é que se encontra, pelo menos em termos teóricos, o "programa de parcerias", em que se inserem os contratos de gestão com as organizações sociais; a gestão associada por meio de convênios e consórcios, decorrentes do artigo 241 da Constituição, com a redação dada pela Emenda Constitucional nº 19/98; e os termos de parceria, estabelecidos pela Lei nº 9.790, de 23.3.1999, que dispõe sobre a qualificação de pessoas jurídicas de direito privado, sem fins lucrativos, como organizações da sociedade civil de interesse público.

2.4.6 O rompimento de privilégios de grupos corporativos

Por fim, o neoliberalismo defende a necessidade de uma intervenção do Estado no sentido de romper com os privilégios conquistados por grupos corporativos de interesses e de forte presença na sociedade e no governo.

Nesse particular, extraímos alguns trechos de autoria de Luiz Carlos Bresser-Pereira, inseridos em sua obra *Cidadania e res publica* (BRESSER-PEREIRA, 1996, p. 17-23):

"A ameaça aos direitos públicos origina-se na perspectiva patrimonialista do Estado — que confunde o patrimônio público com o do indivíduo ou de sua família — ou na perspectiva corporativista, que confunde o patrimônio do Estado com o dos grupos de interesse corporativamente organizados.

Existem violências graves contra o patrimônio público, relacionadas a políticas de Estado que pretendem ser políticas públicas, mas que na verdade atendem a interesses particulares e indefensáveis.

Neste caso temos, em primeiro lugar, as políticas econômicas ou 'políticas industriais', que, sem uma justificativa econômica baseada no interesse geral, protegem indevida e excessivamente determinadas empresas ou indivíduos, beneficiando-os com subsídios, renúncias fiscais e proteção contra a concorrência.

Em segundo lugar temos as políticas pretendidamente sociais, mas que protegem indevidamente indivíduos e grupos, principalmente membros da classe média, que detém maior poder eleitoral. Novamente casos-limite desse tipo de violência foram as vantagens concedidas aos mutuários do sistema financeiro de habitação no final dos anos 80 e as vantagens que gozam os pensionistas dos fundos fechados das empresas estatais; nos dois casos os prejuízos do Tesouro do Estado foram enormes.

Em terceiro lugar temos as políticas administrativas que protegem indevida e desequilibradamente ou todos os funcionários públicos, ou determinados grupos de servidores públicos, inviabilizando que se cobre deles trabalho e remunerando-os de forma desproporcional à sua contribuição ao Estado. A estabilidade rígida garantida aos servidores pela Constituição de 1988 e os profundos desequilíbrios existentes nas suas remunerações são exemplos desse tipo de violência contra o patrimônio público. Políticas previdenciárias para servidores públicos, que lhes garantem privilégios de uma aposentadoria integral e precoce, totalmente desvinculada das contribuições previdenciárias que realizaram, são outra forma de violência aos direitos públicos".

Em termos práticos, os projetos que resultaram nas Emendas Constitucionais nºs 19 e 20 de 1998 pretenderam avançar bastante nessa direção, sobretudo, em termos de estabilidade, teto salarial e aposentadoria dos servidores públicos.

Todavia, os resultados efetivamente obtidos talvez sejam menores do que inicialmente se propunha, em face das resistências encontradas no Congresso Nacional e das discussões atinentes a direitos adquiridos.

CAPÍTULO 3

ASPECTOS IMPORTANTES PARA A INTERPRETAÇÃO DA EMENDA CONSTITUCIONAL Nº 19/1998

3.1 Conceitos de interpretação e de hermenêutica

Interpretar é descobrir o sentido e o alcance das normas, procurando a significação dos conceitos jurídicos (DINIZ, 1993, p. 381). Significa lê-las, entender-lhes e criticar-lhes o texto e revelar-lhes o conteúdo (PONTES DE MIRANDA, 1999, p. 16).

O termo "hermenêutica" tem origem no deus grego Hermes, que tinha a árdua tarefa de fazer a mediação entre o homem e os demais deuses.

Na atualidade, alguns autores entendem que a hermenêutica é a disciplina voltada para a interpretação. Assim, a hermenêutica seria a disciplina e a interpretação o objeto da disciplina. Outros autores utilizam os dois vocábulos como sinônimos.

No que concerne às normas constitucionais, J. J. Gomes Canotilho (1993, p. 208) deu a seguinte definição sobre o tema: "Interpretar as normas constitucionais significa (como toda a interpretação de normas jurídicas) compreender, investigar e mediatizar o conteúdo semântico dos enunciados linguísticos que formam o texto constitucional".

3.2 Peculiaridades da interpretação constitucional

Há o entendimento de que os métodos tradicionais de interpretação não são bastantes para solucionar os problemas da interpretação constitucional.

Tal como anotado por Böckenförde (1993, p. 13), "a insuficiência das regras de interpretação clássicas, ocasionada pelas particularidades especiais da Constituição, diversas qualitativamente do conceito de Lei pressuposto, oferece um flanco aberto que não pode ser superado metodicamente pelo ponto de partida da própria posição".

A maioria dos autores trabalha com a ideia de que a interpretação de leis e a interpretação constitucional relacionam-se como gênero e espécie. Para eles, na interpretação da Constituição caberiam as mesmas regras da interpretação jurídica em geral, acrescidas daquelas específicas da interpretação constitucional. Reconhecem que existem diferenças marcantes entre as leis em geral e a Constituição, mas não a ponto de tratá-las como coisas totalmente independentes. Defendem que existem pontos de partida que são comuns, como, por exemplo, são produzidas dentro de um mesmo sistema jurídico, de um espaço territorial, submetem-se a uma decisão por maioria etc.

Outros autores trabalham com a ideia de que, sendo a lei e a Constituição coisas de natureza totalmente diversas, também a interpretação da lei e a interpretação constitucional devem ser tratadas como matérias completamente distintas. Afastam, portanto, a ideia de gênero e espécie.

Na linha da primeira doutrina, afirma Luís Alberto Barroso (1998, p. 101) que, "embora seja uma lei, e como tal deva ser interpretada, a Constituição merece uma apreciação destacada dentro do sistema, à vista do conjunto de peculiaridades que singularizam suas normas. Quatro delas merecem referência expressa: a) a superioridade hierárquica; b) a natureza da linguagem; c) o conteúdo específico; d) o caráter político".

A "superioridade hierárquica" é o traço fundamental, vez que confere à Constituição o caráter paradigmático e subordinante de todo o ordenamento, de tal modo que nenhuma norma possa subsistir no ordenamento jurídico em contrariedade a norma ou princípio constitucional.

Em razão de veicular normas principiológicas e esquemáticas, a "linguagem constitucional", por natureza, apresenta graus de vagueza e ambiguidade superiores aos das demais normas jurídicas.

Saliente-se, nesse particular, que muitos dos problemas de interpretação de textos jurídicos decorrem de problemas da linguagem, sendo os principais a "vagueza" e a "ambiguidade". A vagueza é a ausência de um significado preciso para um termo. A ambiguidade é a existência de mais de um significado para um mesmo termo, tendo dois sentidos: a existência de uma palavra com vários significados; a existência de um mesmo objeto designado por palavras diferentes.

A vagueza e a ambiguidade não são necessariamente um mal. Palavras vagas e ambíguas possibilitam as poesias, os romances, as piadas, as ironias, os trocadilhos etc. Em poesia, a ambiguidade e a vagueza são tidos como vantagem. Na linguagem técnica, todavia, a ambiguidade e a vagueza causam problemas hermenêuticos graves. A língua que se usa no cotidiano é, em regra, a mesma que se usa para a produção de textos jurídicos. Exemplo: motivo *fútil* (palavra ambígua), mulher *honesta* (palavra ambígua), interesse público (expressão vaga). Por vezes, o próprio legislador quer que a linguagem seja ambígua: para favorecer interesses, para evitar o engessamento do texto ou por outros motivos.

No Direito Constitucional, a importância da interpretação é fundamental dado o caráter aberto e amplo da Constituição, pois "problemas de interpretação" surgem com maior frequência que em outros setores do ordenamento onde as normas são mais detalhadas (PIZARRO, 1996, p. 82).

Quanto ao "conteúdo específico", é de observar-se que o Texto Constitucional contém uma série de normas principiológicas, de normas de organização e de normas programáticas. Essas normas possuem estrutura diversa das normas preceptivas, de composição dúplice, que preveem um comportamento e a ele atribuem uma determinada consequência jurídica.

Por fim, importante frisar o "caráter político" da Constituição: suas normas são políticas, no que concerne ao seu objeto e aos resultados de sua aplicação. Tratando-se de interpretação constitucional, diz Uadi Lammêgo Bulos (1997, p. 7), citando Carmello Carbone, que o fator político "é importante, senão fundamental, pois ajuda a definir o conteúdo dos princípios constitucionais, que são exercidos dentro das linhas mestras do regime político, ajustando o interesse público ao sentimento da coletividade".

De acordo com os adeptos desse pensamento, ao interpretar as normas constitucionais pelo ângulo político, leva-se em conta mais do que o sentido e a significação das palavras extraídas da linguagem prescritiva do legislador constituinte. Deve-se considerar a ideologia ou os valores políticos que inspiraram e corporificaram os conteúdos normados (BULOS, 1997, p. 7): "De acordo com os adeptos desse pensamento, ao interpretar as normas constitucionais pelo ângulo político, leva-se em conta mais do que o sentido e a significação das palavras sacadas da linguagem prescritiva do legislador constituinte. Deve-se considerar a ideologia ou os valores políticos que inspiram e corporificam os conteúdos normados".

3.3 Os métodos clássicos de interpretação

Os métodos tradicionais de interpretação têm sua base na doutrina de Savigny, fundador da Escola Histórica do Direito, e que, em 1840, distinguiu, em terminologia moderna, os métodos gramatical, sistemático e histórico. Posteriormente, uma quarta perspectiva foi acrescentada: a interpretação teleológica.

Eduardo J. Couture (1956, p. 3-4), citando Savigny, resume da seguinte forma essa doutrina:

> De um lado, o *processo gramatical*, tratando de descobrir, em primeiro lugar, o sentido próprio das palavras da lei. Numerosos códigos modernos fixaram, neste assunto, com certa precisão, o valor que se deve atribuir à lei e às suas palavras.
>
> De outro lado, o *processo lógico*, procurando que o trabalho de interpretação não infrinja os preceitos que a lógica apontou ao pensamento humano. São, de certo modo, regras de higiene mental que conduzem o raciocínio ao seu exato ponto de chegada.
>
> De outro lado, ainda, o *processo histórico*. A lei é um produto da experiência histórica. Surge em determinado momento, para determinada necessidade, procurando determinada solução. A história lhe imprime, pois, o seu selo, e o intérprete deve ser fiel a essa inspiração.
>
> Por último, o *processo sistemático*, visando a que cada parte da lei conserve com o todo a devida correspondência e harmonia.

3.3.1 A interpretação gramatical

Há um certo consenso entre os autores de que toda interpretação jurídica deve partir do texto da norma, da revelação do conteúdo semântico das palavras. A interpretação gramatical — também denominada textual, literal, semântica — tem por objetivo atribuir significados aos enunciados linguísticos do texto legal.

Na bem-sucedida formulação de Karl Larenz (1989, p. 385), o sentido literal é o início e o limite da própria interpretação:

"O *sentido literal*, ao extrair do uso linguístico geral, constitui o ponto de partida e, ao mesmo tempo, determina o limite da interpretação, pois que aquilo que está para além do sentido possível e que já não é com ele compatível, mesmo na 'mais ampla' das interpretações, não pode valer como conteúdo da lei".

Em suma: "Uma interpretação que se não situe já no âmbito do sentido literal *possível*, já não é interpretação, mas modificação de sentido" (LARENZ, 1987, p. 387).

Com efeito, é na obra *Os limites da interpretação*, do renomado escritor e semiólogo Umberto Eco (1992, p. 45-61), que se encontram os fundamentos dessa linha de entendimento. Para esse autor, existe um sentido literal para os textos. Esse sentido determina uma interpretação normal, consensual, razoável, racional para cada texto. É o sentido que as pessoas estão de acordo em dar à palavra, que os dicionários registram em primeiro lugar, que o homem comum pode entender. Tudo o que fugir dessa literalidade é uma interpretação paranoica, é uma sobreinterpretação. Assim, nem toda interpretação é boa. Pode-se adotar aqui o "critério da falseabilidade", desenvolvido por Karl Popper (1972, p. 21-35), pelo qual, na interpretação, não se pode fixar determinado sentido como correto ou único, mas se pode afirmar, com precisão, que determinado sentido é falso ou não pode ser aceito. Em suma: não são aceitáveis as interpretações paranoicas, absurdas ou que conduzam a flagrantes injustiças.

Já se afirmou que uma das particularidades das normas constitucionais é o seu caráter aberto, ante a utilização de termos vagos e polissêmicos. Como decorrência dessa circunstância, é necessário enfatizar que tal característica amplia a discricionariedade do intérprete, que há de adicionar um componente subjetivo resultante de sua própria valoração para integrar o sentido dos comandos constitucionais (BARROSO, 1998, p. 122).

3.3.2 A interpretação histórica

Essa interpretação inclui argumentos genéticos e históricos.

Argumentos genéticos são aqueles ligados à formação da norma. Consiste na busca do sentido da lei por meio dos precedentes legislativos, dos trabalhos preparatórios, da justificativa ou da exposição de motivos.

Luís Alberto Barroso (1998, p. 122) enfatiza o papel destacado do elemento genético, particularmente com relação à interpretação no Direito Constitucional: "Isso se torna especialmente verdadeiro em relação a Constituições ainda recentes. Fórmulas e institutos aparentemente incompreensíveis encontram explicitação na identificação de sua causa histórica. Aliás, o Preâmbulo das Constituições é frequentemente um esforço de prolongar no tempo o espírito do momento constituinte".

Relevante, outrossim, no nosso sistema, são os argumentos de natureza histórica, ou seja, como se interpreta determinado instituto ou expressão ao longo da história, como por exemplo, no direito romano, na idade média, na idade moderna etc.

3.3.3 A interpretação sistêmica

Pelos critérios sistêmicos, deve-se interpretar a norma inserida em um sistema jurídico. A visão estrutural, a perspectiva de todo o sistema é essencial.

Uma norma constitucional, vista isoladamente, pode fazer pouco sentido ou mesmo estar em contradição com outra. Difícil compreender integralmente alguma coisa — seja um texto legal, uma história ou uma composição — sem entender suas partes, assim como não é possível entender cada uma das partes de algo sem a compreensão do todo (BARROSO, 1998, p. 127).

3.3.4 A interpretação teleológica

Trata-se aqui de argumentos de ordem prática. Busca-se revelar a finalidade da norma. A Constituição e as leis visam atender a certas necessidades e devem ser interpretadas no sentido de que melhor alcancem os objetivos para os quais foram elaboradas.

3.4 A interpretação jurídica segundo Karl Larenz

Em sua obra *Metodologia da ciência do direito*, o jurista alemão propõe nova metodologia para a interpretação jurídica, composta dos seguintes critérios (1972, p. 385-418):

a) o sentido literal;
b) o contexto significativo da norma;
c) a intenção reguladora, fins e ideias normativas do legislador histórico;
d) os critérios teleológicos-objetivos;
e) o preceito da interpretação conforme a Constituição.

Para esse autor, consoante já aludido, toda a interpretação de um texto legal há de iniciar-se com o "sentido literal". E justifica (1972, p. 385): "O arrimo ao uso linguístico é o mais evidente, porque se pode aceitar que aquele que quer dizer algo usa as palavras no sentido em que comumente são entendidas. O legislador serve-se da linguagem corrente porque e na medida em que se dirige ao cidadão e deseja ser entendido por ele".

Se o uso linguístico deixa ainda aberta a possibilidade de diferentes variantes de significado, então passam a ser decisivos os outros critérios.

A adoção do critério atinente ao "contexto significativo da lei" implica, diante das variantes de significação que podem corresponder a uma expressão segundo o uso da linguagem, escolher o sentido que se adeque, com a maior exatidão possível, ao contexto em que é utilizada. A compreensão de uma palavra, de uma frase, de uma passagem do texto é codeterminada pelo contexto. Ademais, entre várias interpretações possíveis, segundo o sentido literal, deve-se ter por prevalente aquele que possibilite a garantia de concordância material com outra disposição. Por fim, deve-se levar em conta a sistemática conceitual subjacente à norma, ou seja, a conceituação adotada no ambiente que a norma visa regular.

Sempre que o sentido literal possível e o contexto significativo da lei deixem margem a diferentes interpretações, há de preferir-se aquela interpretação que melhor se ajuste à "intenção reguladora" do legislador e ao "escopo" da norma. A intenção reguladora e os fins do legislador podem averiguar-se a partir da situação histórica, do motivo da regulação, das declarações de intenção do legislador, de uma exposição oficial de motivos, assim como a partir do próprio conteúdo da regulação, conquanto esta esteja inequivocamente orientada a um fim.

Se os critérios até então mencionados não forem suficientes, há o intérprete de recorrer aos "critérios teleológicos-objetivos". Tais critérios são, por seu lado, as estruturas materiais do âmbito da norma e, por outro lado, os princípios jurídicos imanentes ao ordenamento jurídico, como buscar a equidade ou evitar as contradições.

Já o requisito da "interpretação conforme a Constituição" exige que se dê preferência, nos casos de várias interpretações possíveis segundo o sentido literal e o contexto, àquela interpretação em que a norma, medida pelos princípios constitucionais, possa ter subsistência, ou seja, deve-se preterir a interpretação que leve à inconstitucionalidade da norma. Decorre que, entre várias interpretações possíveis segundo os demais critérios, sempre deve obter preferência aquela que melhor concorde a norma com os princípios da Constituição.

3.5 Os princípios de interpretação especificamente constitucional

Princípios são premissas éticas, estabelecidas em consonância com a consciência do povo, em determinada sociedade e em determinada época. Os princípios gerais de cada sistema jurídico permitem ao legislador a criação de novos institutos e, ao intérprete, dar o entendimento dos institutos vigentes. Os princípios, no fundo, são os valores de uma comunidade, construídos pela tradição dessa sociedade.

Segundo a teoria desenvolvida por Ronald Dworkin (1987, p. 115), a diferença entre regras e princípios é que as regras são válidas ou inválidas. Já os princípios não passam por esse teste de validade. Os princípios podem variar em grau de importância, mas são sempre válidos. Assim, a diferença entre regras e princípios é qualitativa. As regras jurídicas, não comportando exceções, são aplicadas de modo completo ou não são, enquanto os princípios possuem uma dimensão de importância ou peso que não comparece nas regras jurídicas.

"É que, diferentemente das regras — que determinam consequências precisas e reciprocamente excludentes —, os princípios não se apresentam como imperativos categóricos, mas apenas enunciam motivos para decidir num certo sentido. (...) Sem impor ao seu intérprete-aplicador uma única decisão concreta, eles admitem convivência e conciliação com outros princípios eventualmente concorrentes, num complexo sistema de freios e contrapesos muito semelhante ao que, nos regimes democráticos, regula a distribuição de funções entre os Poderes do Estado" (COELHO, 1997, p. 82).

Tratando-se de princípios constitucionais, estes podem ser entendidos como o conjunto de normas que espelham a ideologia da Constituição, seus postulados básicos e seus fins.

No geral, em razão do seu alto teor de abstração, não se aplicam diretamente os princípios a situações fáticas concretas, havendo necessidade de intermediação normativa entre o princípio e o fato.

Nem por isso, deixam os princípios constitucionais de produzir relevantes efeitos, quais sejam:

a) são eles os norteadores da elaboração de todo o ordenamento jurídico;

b) não são recepcionadas pela Constituição as normas do ordenamento jurídico anterior que contrariem os princípios;

c) novas leis elaboradas em contrariedade aos princípios devem ser declaradas inconstitucionais;

d) os princípios dão unidade ao texto constitucional e servem de base à interpretação e à integração das normas jurídicas.

Para Celso Antônio Bandeira de Mello (1996, p. 545), "violar um princípio é mais grave do que transgredir uma norma qualquer (...). Isto porque, com ofendê-lo, abatem-se as vigas que o sustêm e alui-se toda a estrutura nela esforçada".

Também no dizer de Sérgio Ferraz (*apud* ATALIBA; BRASILIENSE, 1987, p. 143), os princípios são mais importantes do que as próprias normas. "Os princípios, na verdade, significam faróis que condicionam a edição da norma, e que determinam sua interpretação. E no momento em que contrario um princípio, estou a derrubar toda a pirâmide normativa".

Com efeito, ao se descumprir uma regra, retira-se um tijolo da casa; ao se violar um princípio, abala-se toda a estrutura do prédio.

Segundo Luís Alberto Barroso (1998, p. 141), o ponto de partida do intérprete há que ser sempre os princípios constitucionais:

"Dito de forma sumária, os princípios constitucionais são as normas eleitas pelo constituinte como fundamentos ou qualificações essenciais da ordem jurídica que institui. A atividade de interpretação da Constituição deve começar pela identificação do princípio maior que rege o tema a ser apreciado, descendo do mais genérico ao mais específico, até chegar à formulação da regra concreta que vai reger a espécie".

Os princípios constitucionais, em regra, estão expressos no próprio texto da Lei Maior. Assim, o autor delineia uma tipologia para os princípios constitucionais, classificando-os em (BARROSO, 1998, p. 141):

a) fundamentais;

b) gerais; e

c) setoriais.

Enquadram-se como "princípios fundamentais" as decisões políticas essenciais do legislador constituinte, no sentido de organizar o Estado, como o princípio republicano (artigo 1º, *caput*), o princípio federativo (artigo 1º, *caput*), o princípio do Estado democrático de direito (artigo 1º, *caput*), o princípio da separação de Poderes (artigo 2º), o princípio presidencialista (artigo 76) e o princípio da livre iniciativa (artigo 1º, inciso IV).

Os "princípios gerais" são aqueles limitativos (e não organizativos) do poder do Estado, buscando resguardar situações individuais. São princípios gerais, entre outros, os seguintes: princípio da legalidade (artigo 5º, inciso II), princípio da liberdade (artigo 5º, incisos II, IV, VI, IX, XIII etc.), princípio da isonomia (artigo 5º, *caput*, e inciso I), princípio da autonomia estadual e municipal (artigo 18), princípio do acesso ao Judiciário (artigo 5º, inciso XXXV), princípio da segurança jurídica (artigo 5º, inciso XXXVI), princípio do juiz natural (artigo 5º, incisos XXXVII e LIII) e princípio do devido processo legal (artigo 5º, inciso LIV).

Os "princípios setoriais" ou especiais distribuem-se por diferentes títulos da Constituição e aplicam-se a determinada área de atuação, como por exemplo: Administração Pública (princípios da legalidade, da impessoalidade, da moralidade, da publicidade, da eficiência, do concurso público e da prestação de contas — artigos 37 e 70); Tributação e Orçamento (princípio da capacidade contributiva, princípio da legalidade tributária, princípio da isonomia tributária, princípio da anterioridade da lei tributária etc. — artigos 145 e 15); Ordem Econômica (princípio da garantia da propriedade privada; princípio da função social da propriedade, princípio da livre concorrência e outros — artigo 170).

A par disso, há outros princípios que, embora presentes em todas as Cartas Políticas modernas, não constam, de forma expressa, do texto constitucional. São os denominados, pela doutrina, "princípios constitucionais implícitos", que assumem essencial importância na tarefa de interpretação de normas constitucionais. São eles:

a) princípio da supremacia da Constituição;
b) princípio da unidade da Constituição;
c) princípio da presunção de constitucionalidade das leis e dos atos do Poder Público;
d) princípio da interpretação conforme a Constituição;
e) princípios da razoabilidade e da proporcionalidade;
f) princípio da efetividade;
g) princípio da concordância prática.

3.5.1 Princípio da supremacia da Constituição

A Constituição está no ápice do ordenamento jurídico do país e com ela todas as leis devem-se compatibilizar.

Logo, a supremacia da Constituição é o primeiro princípio a ser levado em conta no processo intelectivo da interpretação constitucional.

"Toda interpretação constitucional se assenta no pressuposto da superioridade jurídica da Constituição sobre os demais atos normativos no âmbito do Estado. Por força da supremacia constitucional, nenhum ato jurídico, nenhuma manifestação de vontade pode subsistir validamente se for incompatível com a Lei Fundamental" (BARROSO, 1998, p. 150).

3.5.2 Princípio da presunção de constitucionalidade das leis

O ato normativo, em sua essência, é presumidamente constitucional. A lei presume-se legítima, uma vez que editada por órgão competente que, por dever de ofício, busca o interesse público. Essa presunção é válida até que, por meio dos remédios previstos, obtenha-se sua exclusão do mundo jurídico.

Assevera Michel Temer (1995, p. 41) que os atos normativos "são presumidamente constitucionais, até que, por meio de fórmulas previstas constitucionalmente, se obtenha a declaração de inconstitucionalidade e a retirada de eficácia daquele ato".

A Constituição é a norma fundamental, fonte de validade de todo o ordenamento jurídico. A lei presume-se constitucional e o ato administrativo presume-se legítimo.

A esse respeito, doutrina Lúcio Bittencourt (*apud* FIGUEIREDO, 1994, p. 169):

"É princípio assente entre os autores, reproduzindo a orientação pacífica da jurisprudência, que milita sempre em favor dos atos do Congresso a presunção de constitucionalidade. É que ao parlamento, tanto quanto ao judiciário, cabe a interpretação do texto constitucional, de sorte que, quando uma lei é posta em vigor, já o problema de sua conformidade com o Estatuto político foi objeto de exame e apreciação, devendo-se presumir boa e válida a resolução adotada".

Idêntico entendimento vem sendo expresso pelo Supremo Tribunal Federal, a exemplo do seguinte julgado:

Supremo Tribunal Federal

Habeas Corpus – HC 69.657

Relator: Ministro Marco Aurélio de Mello

Diário de Justiça de 18.6.93

Voto do Ministro Francisco Rezek:

Também aqui parece-me que o raciocínio do relator é o mais percuciente e sensato, mas não somos uma casa legislativa. Não temos a autoridade que tem o legislador para estabelecer a melhor disciplina. Nosso foro é corretivo e só podemos extirpar do trabalho do legislador ordinário — bem ou mal avisado, primoroso ou desastrado — aquilo que não pode coexistir com a Constituição.

Permaneço fiel à velha tese do Ministro Luís Gallotti: a inconstitucionalidade não se presume, a inconstitucionalidade há de representar uma afronta manifesta do texto ordinário ao texto maior.

3.5.3 Princípio da unidade da Constituição

A Constituição não é um amontoado de normas, devendo ser sempre interpretada sistematicamente.

Na clássica lição de Canotilho (1993, p. 190), "o intérprete deve sempre considerar as normas constitucionais, não como normas isoladas e dispersas, mas sim, como preceitos integrados num sistema interno unitário de regras e princípios".

Dessa forma, não se pode fazer uma interpretação isolada da norma constitucional, mas sim considerando-a inserida num contexto sistematizado.

O princípio da unidade da Constituição é uma especificação da interpretação sistemática e impõe ao intérprete a tarefa de harmonizar as tensões e contradições existentes entre normas. Deverá fazê-lo guiado pela grande bússola da interpretação constitucional: os princípios fundamentais, gerais e setoriais inscritos ou decorrentes da Lei Maior (BARROSO, 1998, p. 182).

3.5.4 Princípio da concordância prática

O princípio da concordância prática, também denominado "princípio da harmonização", é uma decorrência lógica do princípio da unidade da Constituição.

Significa que, se a leitura das normas constitucionais levar à existência de conflito ou concorrência entre os bens constitucionalmente protegidos, a interpretação deve ser no sentido de não implicar sacrifício de um ou de outro.

O papel desse princípio é o de reconhecer as contradições e tensões — reais ou imaginárias — que existem entre normas constitucionais e delimitar a força vinculante e o alcance de cada uma delas. Cabe, portanto, ao intérprete, o papel de harmonização ou de "otimização" das normas, na medida em que há de se produzir um equilíbrio, sem jamais negar por completo a eficácia de qualquer delas (BARROSO, 1998, p. 18).

Esse princípio interpretativo adquire particular relevância para a solução dos chamados casos difíceis (*hard cases*), em que há colisão de direitos fundamentais. Nessas situações, o trabalho de interpretação deve considerar que cada um dos direitos fundamentais tem um "núcleo essencial", sem o qual ele se descaracteriza. O que o intérprete deve verificar é se determinada linha de interpretação é susceptível de causar lesão ao núcleo essencial do direito fundamental em questão. Ou seja: tanto quanto possível, na hipótese de colisão, deve-se procurar preservar o núcleo essencial dos dois direitos que se colidem.

3.5.5 Princípio da interpretação conforme a Constituição

Esse princípio tem duas vertentes.

A primeira, decorrente dos princípios da supremacia e da unidade da Constituição implica que não se deve efetuar a interpretação da norma constitucional tendo como parâmetro normas infraconstitucionais, visto que seria uma inversão da "pirâmide" de hierarquia das regras jurídicas. As normas inferiores é que devem adequar-se ao texto constitucional, e não o contrário. Significa que não se deve "interpretar a Constituição conforme a lei".

A segunda vertente desse princípio decorre da presunção de constitucionalidade das leis. Considerando que as leis se presumem legítimas, quando houver dúvida sobre a inconstitucionalidade (argumentos de ambos os lados), decide-se pela constitucionalidade. Em resumo: só se declara a inconstitucionalidade quando não paira a menor dúvida sobre isso. Ademais, havendo mais de uma interpretação possível, acolhe-se aquela que melhor adequa a norma aos preceitos constitucionais.

"Na interpretação conforme a Constituição, o órgão jurisdicional declara qual das possíveis interpretações de uma norma legal se revela compatível com a Lei Fundamental. Isso ocorrerá, naturalmente, sempre que um determinado preceito infraconstitucional comportar diversas possibilidades de interpretação, sendo qualquer delas incompatível com a Constituição. Note-se que o texto legal permanece íntegro, mas sua aplicação fica restrita ao sentido declarado pelo tribunal" (BARROSO, 1998, p. 175).

3.5.6 Princípio da efetividade ou da força normativa

Na interpretação constitucional, deve-se dar primazia aos sentidos que emprestem às normas maior eficácia ou efetividade e permanência.

"A ideia de efetividade, conquanto de desenvolvimento relativamente recente, traduz a mais notável preocupação do constitucionalismo nos últimos tempos. Ligada ao fenômeno da juridicização da Constituição e ao reconhecimento e incremento de sua força normativa, a efetividade merece capítulo obrigatório na interpretação constitucional. Os grandes autores da atualidade referem-se à necessidade de dar preferência, nos problemas constitucionais, aos pontos de vista que levem as normas a obter a máxima eficácia ante as circunstâncias de cada caso" (BARROSO, 1998, p. 175).

3.5.7 Princípio da proporcionalidade ou da razoabilidade

Esse princípio é também denominado "excesso do poder legislativo" ou "princípio do devido processo legal substantivo ou material".

São casos em que a interpretação leva à conclusão de que houve um excesso do legislador constituinte derivado ou do legislador ordinário ao estabelecer uma norma restritiva de direitos.

Trata-se do que se convencionou chamar, na doutrina alemã, de "limite do limite", ou seja, à possibilidade do estabelecimento, por meio de lei, de uma restrição ao exercício de um direito fundamental. Se o legislador puder estabelecer restrições ilimitadas, terminará por esvaziar a própria garantia.

Como se está discutindo a relação entre meios e fins, deve-se examinar se a medida proposta é adequada para alcançar os fins perseguidos ("adequação"). O pressuposto é de que não se devem estabelecer restrições inúteis, acarretando ônus desnecessário à comunidade.

Tais questões envolvem, ainda, um eventual conflito entre o interesse público e o direito individual. Faz-se um juízo de "ponderação" entre o grau de lesão que a decisão provoca ao direito individual e a vantagem para a sociedade. Cuida-se, aqui, de verificar a relação custo-benefício da medida, isto é, a ponderação entre os danos causados e os resultados a serem obtidos.

Debate-se, outrossim, se a medida proposta é aquela necessária, ou seja, é a medida exigida para solucionar a questão ("exigibilidade").

O princípio envolve, portanto, a adequação, a proporcionalidade em sentido estrito (ponderação) e a exigibilidade.

3.6 A interpretação constitucional segundo Black

O Ministro da Suprema Corte Americana, Henry Campbell Black (*apud* BULOS, 1997, p. 58-90), em sua obra *Handbook of Construction and Interpretation of Law*, arrolou, ainda no século XIX, uma série de regras básicas para a interpretação constitucional. Tais regras, que se revelam em notável harmonia com os princípios supra, poderiam ser sintetizadas da seguinte forma:

1. Uma Constituição não deve ser interpretada mediante princípios estritos e técnicos, mas também liberalmente, tendo em vista as linhas gerais, de modo que ela possa alcançar os objetivos para os quais foi estabelecida, tornando efetivos os grandes princípios de governo.

2. A Constituição deve ser interpretada de modo a tornar efetiva a intenção do povo, que a adotou, intenção essa que deve ser buscada no próprio Texto Constitucional, nas próprias palavras empregadas, em seu sentido corrente, exceto quando essa interpretação conduzir a absurdos, ambiguidades ou contradições.

3. No caso de ambiguidade, a Constituição deve ser examinada em seu todo, a fim de se determinar o sentido de qualquer de suas partes, dando-se efetividade a todo o instrumento e evitando-se suscitar conflito entre suas partes.

4. Uma Constituição deve ser interpretada com referência à legislação previamente existente no Estado, mas não entendida de modo a limitar-se ou revogar-se por aquela legislação.

5. A norma constitucional não deve ser interpretada com efeito retroativo, salvo disposição constante da própria Constituição, deduzida da intenção irrefragável das palavras empregadas ou do desígnio evidente de seus atores.

6. Os dispositivos de uma Constituição são quase que invariavelmente imperativos. Só em casos extremamente simples, ou sob pressão da necessidade, devem ser considerados meramente permissivos.

7. Tudo quanto for necessário para tornar efetivo qualquer dispositivo constitucional — seja ele proibição, restrição ou concessão de poder — deve ser considerado implícito ou subentendido no próprio dispositivo.

8. O preâmbulo da Constituição e os títulos de seus vários artigos ou seções podem fornecer alguma prova de seu sentido e intenção, embora os argumentos deduzidos daí tenham valor apenas relativo.

9. Não é permitido desobedecer ou interpretar um dispositivo de modo a negar-lhe aplicação, somente porque ele possa parecer injusto, ou conduzir a consequências julgadas nocivas, ou a injustas discriminações. Menor importância, ainda, deve-se atribuir ao argumento baseado em mera inconveniência.

10. Se uma ambiguidade existe, que não possa ser esclarecida pelo exame da própria Constituição, deve-se recorrer a fatos e elementos extrínsecos, tais como, a legislação anterior, o mal a ser remediado, as circunstâncias históricas contemporâneas, e as discussões da Assembleia Constituinte.

11. O valor das disposições transitórias é temporário, como o seu nome indica, devendo ser assim considerado sempre que esse

entendimento seja logicamente possível. Não se deve admitir que as disposições transitórias revoguem, ou contradigam, a parte permanente da Constituição.

12. Uma interpretação judicial, uma vez deliberadamente firmada, a respeito de um certo dispositivo constitucional, não deve ser abandonada sem graves razões.

13. Os preceitos restritivos da liberdade, ou que abrem exceção às regras gerais firmadas pela Constituição, devem interpretar-se restritivamente.

14. Quando a Constituição define as circunstâncias em que um direito pode ser exercido, ou uma pena aplicada, esta especificação importa proibir, implicitamente, que a lei ordinária sujeite o exercício do direito a condições novas ou estenda a outros casos a penalidade.

15. São de muita valia, na interpretação constitucional, a interpretação dada a preceitos de outras Constituições, de caráter semelhante, quando vazados das mesmas palavras.

CAPÍTULO 4

PARÂMETROS DE DIREITO PRIVADO E PÚBLICO IMPORTANTES NA DEFINIÇÃO DO REGIME JURÍDICO DAS ESTATAIS

4.1 O mundo fático e o mundo jurídico

A questão essencial que se coloca é a seguinte: como os fenômenos da vida real são juridicamente avaliados? Como acontece a juridicização dos fatos da vida real? Como acontece o fenômeno jurídico?

Toda ciência trabalha com modelos. São formas de simplificação da realidade, possibilitando uma melhor compreensão dos fenômenos. Na Física é comum desprezar-se a força do atrito. Para os economistas, existe o *ceteris paribus* ("se tudo o mais permanecer constante").

Para o estudo das relações jurídicas, adota-se, por sua consistência lógica, o modelo utilizado por Pontes de Miranda, em seu *Tratado de direito privado* (1999, p. 14-103). "Quando se trata de direito privado contemporâneo, poucos são os que se dão conta de que há mais de dois mil anos se vem elaborando toda a doutrina de que desfrutamos. Em verdade, foi como se, através desses milênios, estivesse o homem a descobrir o que seria melhor — ou é melhor — para regular as relações inter-humanas" (MIRANDA, 1999, p. 22-23).

Segundo esse modelo, existe um discrímen entre o "mundo fático" e o "mundo jurídico".

O "mundo dos fatos" é onde ocorrem todos os fatos da vida real.

O "mundo jurídico" é onde os fatos e relações jurídicas vão ser reconhecidos juridicamente e produzir eficácia, ou seja, vão acarretar efeitos jurídicos. A eficácia jurídica é justamente a irradiação de direitos subjetivos. A eficácia jurídica caracteriza-se pela possibilidade de exercício dos direitos subjetivos decorrentes do fato ou ato jurídico. Eficácia jurídica é o que se produz no mundo do direito como decorrência dos fatos jurídicos (MIRANDA, 1999, p. 50).

"A distinção entre mundo fático e mundo jurídico, que é do sistema jurídico, vem à frente e concorre imensamente para clarear os assuntos e para a solução de problemas delicados que perturbavam a ciência europeia" (MIRANDA, 1999, p. 27).

O mundo compõe-se de fatos. O mundo jurídico compõe-se de fatos jurídicos. Os fatos que se passam no mundo jurídico passam-se no mundo; portanto, são. O mundo jurídico está no conjunto a que se chama o mundo. O mundo concorre com fatos seus para que se construa o mundo jurídico (MIRANDA, 1999, p. 51-52).

Quando se fala de fatos, alude-se a algo que ocorreu, ou ocorre, ou vai ocorrer. O mundo mesmo, em que acontecem os fatos, é a soma de todos os fatos que ocorreram e o campo em que os fatos futuros ir-se-ão dar. Por isso mesmo, só se vê o fato como *novum* no mundo. Tem-se, porém, no trato do direito, de discernir o mundo jurídico o que, no mundo, não é jurídico (MIRANDA, 1999, p. 50).

Como acontece o fenômeno jurídico?

Fatos estão ocorrendo o tempo todo no mundo dos fatos. Nem todos são relevantes para o direito. A maioria dos fatos que ocorre no dia a dia não tem relevância para o direito. É a norma jurídica — genérica e abstrata — que vai definir quais fatos são relevantes juridicamente.

Os fatos do mundo ou interessam ao direito, ou não interessam. Se interessam, entram no subconjunto do mundo a que se chama mundo jurídico e se tornam fatos jurídicos, pela incidência das regras jurídicas, que assim os assinalam (MIRANDA, 1999, p. 52).

"Os sistemas jurídicos são *sistemas lógicos*, compostos de proposições que se referem a situações da vida, criadas pelos interesses mais diversos. Essas proposições, regras jurídicas, preveem (ou veem) que tais situações ocorrem, e incidem sobre elas, como se as marcassem. Em verdade, para quem está no mundo em que elas operam, as regras jurídicas marcam, dizem o que se há de considerar jurídico e, por exclusão, o que se não há de considerar jurídico. Donde ser útil pensar em termos de topologia: o que entra e o que não entra no mundo jurídico" (1999, p. 13).

Supõe-se, por exemplo, que nasça uma criança do sexo masculino com vida. No exato instante em que a criança respirou, a norma jurídica alcança esse fato. Acontece o fenômeno da incidência: a norma incide sobre o fato ou, em outras palavras, o fato subsome-se à norma (há a subsunção do fato à norma).

A incidência da norma colore o fato com as cores do direito e o transporta para o mundo jurídico. "Para que os fatos sejam jurídicos, é preciso que regras jurídicas — isto é, normas abstratas — *incidam* sobre eles, desçam e encontrem os fatos, colorindo-os, fazendo-os 'jurídicos. Algo como a prancha da máquina de impressão, incidindo sobre fatos que se passam no mundo, posto que aí os classifique segundo discriminações conceptuais" (MIRANDA, 1999, p. 52).

Assim, para o direito, ao nascer com vida, deixa-se de ser simplesmente homem e passa-se a ser, também, uma pessoa. Passa-se a ter direitos subjetivos: à vida, ao nome, à paternidade e muitos outros.

"À lei é essencial colorir os fatos, tornando-os fatos do mundo jurídico e determinando-lhes os efeitos (eficácia deles)" (MIRANDA, 1999, p. 52-53).

Imagine-se, a título de exemplo, que três amigos, maiores de 18 anos, estão em um bar, bebendo cerveja. Esse fato, em si, não apresenta qualquer relevância para o direito. Todavia, se, depois de ingerir uma quantidade razoável de álcool, um deles resolve dirigir seu carro, colocando em risco a vida de outras pessoas, o fato adquire relevância jurídica.

Um cumprimento, pela manhã, em regra, não é relevante para o direito. Porém, se se tratar de militares e houver uma relação de hierarquia entre eles, um mero cumprimento passa a ter relevância jurídica.

Observa-se, portanto, que há significativas diferenças entre o mundo dos fatos e o mundo jurídico.

Suponha-se que uma pessoa tenha acordado no dia do seu aniversário de 21 anos de idade: ganhou parabéns, presentes, cartões etc. Trata-se faticamente de uma pessoa diferente daquela da véspera? Pensa e age de forma diferente? Suas ideias, seu comportamento mudaram? Obviamente que não. No entanto, juridicamente é uma pessoa totalmente diferente daquela da véspera. Passou a ser uma pessoa plenamente capaz. No dia anterior, essa pessoa não podia praticar nenhum ato jurídico (por exemplo, assinar um contrato) sem a assistência dos pais. Agora, pode exercer pessoalmente todos os atos da vida civil. No mundo dos fatos, não existe praticamente diferença nenhuma entre um ser humano de 20 anos, 11 meses e 29 dias daquele de 21 anos. No mundo jurídico, as diferenças são enormes.

Repare-se mais um exemplo. Dois amigos, Antônio, de 17 anos de idade, e José, de 18 anos, resolvem matar um inimigo comum. Os dois seguram juntos a faca e a cravam no coração da vítima, que morre instantaneamente. No mundo dos fatos, aconteceu apenas um fato. Já, no mundo jurídico, aconteceram dois fatos jurídicos, totalmente diferentes, com consequências diversas. José cometeu um crime, estando sujeito a uma pena de 12 a 30 anos de reclusão, a ser cumprida na penitenciária. Antônio cometeu um ato infracional, estando sujeito a uma pena de internação de até 3 anos a ser cumprida em um centro de internação de menores.

Segundo Hartmut Maurer (2001, p. 46), "a aplicação do direito resulta, assim em quatro graus

- primeiro, o fato real deve ser averiguado e comprovado;
- então, segundo, deve ser examinado se e qual tipo legal entra em consideração e o que ele indica;
- a seguir, terceiro, deve ser examinado se o fato se ajusta sob o tipo legal; e,
- finalmente, se for o caso, deve ser tirada a consequência jurídica determinante no caso concreto".

Os graus determinantes da aplicação do direito, portanto, são: averiguação do fato; invocação e interpretação do tipo legal; subsunção do fato sob o tipo legal; e comprovação da consequência jurídica disso resultante. "No caso concreto, esses procedimentos — esquematicamente apresentados — passam, naturalmente, um em outro. O fato deve, com vista a um determinado tipo legal, ser averiguado; na interpretação das leis o fato concreto e sua realidade, que o circunda, devem ser considerados juntos. Aplicação do direito não é somente conclusão lógica, mas também um procedimento de entendimento valorativo. Contudo, é conveniente ter presente esse esquema da aplicação do direito" (MAURER, 2001, p. 46).

4.2 Relação jurídica, fato jurídico e suporte fático

O vocábulo "relação" significa vínculo, maneira de ligar duas variáveis, ou seja, dois objetos, duas pessoas ou uma pessoa e um objeto. Têm-se, assim, as relações matemáticas ($x = y$, que é uma relação de igualdade; $a > b$, que é relação de superioridade), as relações físicas ($F = m \times a$, ou seja, força é igual à massa multiplicada pela aceleração), as relações afetivas, as relações de amizade. Entre o livro e a biblioteca, há uma relação de pertinência (o livro faz parte da biblioteca).

No mundo dos fatos, existem as relações fáticas. No mundo jurídico, existem as relações jurídicas. Para que as relações fáticas convertam-se em relações jurídicas, são imprescindíveis duas características:

- que sejam entre pessoas (intersubjetivas);
- que sejam relevantes para o direito.

No mundo fático, os fatos que ocorrem dão origem a relações fáticas. No mundo jurídico, os fatos jurídicos dão origem a relações jurídicas.

O "suporte fático", denominado por muitos de "substrato material", são os elementos do mundo dos fatos, eleitos pela norma jurídica como necessários para que se caracterize, no mundo jurídico, um ser, um ente, um instituto, um fato ou uma relação jurídica. Para o Direito Penal, nas situações caracterizadoras de crimes, o suporte fático é denominado "fato típico". No Direito Tributário, na configuração do surgimento da obrigação tributária, o suporte fático é denominado "fato gerador".

Para a caracterização, no mundo jurídico, da existência de uma pessoa natural, é necessário e suficiente que, no mundo fático, ocorra a convergência de três elementos: ser humano, nascimento e vida. O suporte fático de pessoa natural é, portanto, ser humano, nascimento e vida.

"O suporte fático (*Tatbestand*) da regra jurídica, isto é, aquele fato, ou grupo de fatos que o compõe, e sobre o qual a regra jurídica incide, pode ser da mais variada natureza: por exemplo, a) o nascimento do homem, b) o fato físico do mundo inorgânico, c) a doença, d) o ferimento, e) a entrada em terrenos, f) a passagem por um caminho, g) a goteira do telhado, h) a palavra do orador, i) os movimentos do pastor diante do altar, j) a colheita de frutos, k) a simples queda de fruto. É incalculável o número de fatos do mundo que a regra jurídica pode fazer entrar no mundo jurídico — que o mesmo é dizer-se pode tornar fatos jurídicos. Já aí começa a função classificadora da regra jurídica: distribui os fatos do mundo em fatos relevantes e fatos irrelevantes para o direito, em fatos jurídicos e fatos ajurídicos" (MIRANDA, 1999, p. 66).

O fato é jurídico quando contém todos os elementos do suporte fático que o direito considerou relevantes para que aquele fato pertencesse ao mundo jurídico.

4.3 Os planos de existência, de validade e de eficácia

Outra conceituação importante para a compreensão do fenômeno jurídico é a distinção entre o plano da existência, o plano da validade e o plano da eficácia (MIRANDA, 1999, p. 27).

O "plano da existência" é onde se verifica se o fato contém todos os elementos do suporte fático, exigidos pela norma para que se faça jurídico. Se ausente algum pressuposto de fato para que o ato se faça jurídico, diz-se que é juridicamente inexistente. O fato ou ato é inexistente quando falta pelo menos um pressuposto material de fato para a sua constituição.

No exemplo anterior, no caso de nascimento de um ser humano sem vida, evidentemente que juridicamente não terá existido uma pessoa, visto que faltou um elemento do suporte fático, ou seja, a vida. O mesmo ocorre quando nasce um animal com vida, pois encontra-se ausente o elemento "ser humano".

"O ser juridicamente e o não-ser juridicamente separam os acontecimentos em fatos do mundo jurídico e fatos estranhos ao mundo jurídico. Assente que todo fato jurídico provém da incidência da regra jurídica em suporte fático suficiente, ser é resultar dessa incidência" (MIRANDA, 2000, p. 42).

O "plano de validade" é a "porta de entrada" para o mundo jurídico, onde é verificado se os atos e negócios jurídicos atendem aos requisitos de validade para entrar para o mundo jurídico, ou seja, para produzir efeitos jurídicos. "Para que o ato jurídico possa *valer*, é preciso que o mundo jurídico, em que se lhe deu entrada, o tenha por apto a nele atuar e permanecer" (MIRANDA, 2000, p. 4).

Imagine-se que duas pessoas "A" e "B" estão negociando o aluguel de uma bicicleta. No exato momento em que o negócio é fechado, incide sobre esse fato a norma jurídica, uma vez que foi firmado um contrato de locação entre duas pessoas (Código Civil de 2002, arts. 565 a 578). Tratando-se de negócio jurídico, antes de entrar para o mundo jurídico, faz-se necessário avaliar se o ato cumpriu todos os requisitos necessários para a validade do negócio, como por exemplo, se os agentes eram capazes, se o objeto era lícito e possível etc.

O exame de validade é efetuado, analisando-se o fato à luz de normas jurídicas elaboradas anteriormente (preestabelecidas).

O "plano da eficácia" é onde os entes, institutos, relações e fatos jurídicos vão ser reconhecidos juridicamente e produzir eficácia, ou seja, vão acarretar efeitos jurídicos. A eficácia jurídica caracteriza-se pela possibilidade de exercício dos direitos subjetivos decorrentes do fato ou ato jurídico. Conforme já asseverado, eficácia jurídica é o que se produz no mundo do direito como decorrência dos fatos jurídicos (MIRANDA, 1999, p. 50). A eficácia do contrato de locação supra, por exemplo, é o fato de "A" estar na condição de receber o aluguel e "B", de fazer uso da bicicleta.

Quando se trata de saber quais são os atos e negócios jurídicos válidos, o que importa é arrolarem-se os pressupostos de validade, que o mesmo é dizer-se de não ocorrência de causas de nulidade ou anulabilidade. A questão da eficácia e da ineficácia é estranha ao assunto (MIRANDA, 2000b, p. 36).

Os fatos jurídicos, inclusive atos jurídicos, podem existir e ser válidos sem serem eficazes. O testamento, antes da morte do testador, é existente e válido; no entanto, nenhuma outra eficácia tem ainda. Por sua vez, os atos jurídicos nulos são, em regra, ineficazes; mas, mesmo nesse caso, podem produzir efeitos jurídicos (MIRANDA, 2000b, p. 39).

Embora anulável ou mesmo nulo, se contraído de boa-fé por ambos os cônjuges, o casamento, em relação a estes como aos filhos, produz todos os efeitos até o dia da sentença anulatória. E se um dos cônjuges estava de boa-fé ao celebrar o casamento, os seus efeitos civis só a ele e aos filhos aproveitarão (Código Civil de 2002, art. 1.561, *caput* e §1º).

4.4 A concepção de natureza jurídica

Investigar a natureza jurídica de um instituto significa classificá-lo, segundo as suas características, dentro de uma das categorias jurídicas existentes. Isso é trabalho meramente acadêmico e visa apenas a facilitar o estudo e a compreensão de cada instituto. No entanto, o enquadramento em uma ou outra categoria possui consequências práticas importantes.

Características são os sinais de individualização da coisa, são os elementos particulares que a diferenciam de outras da mesma espécie.

As relações jurídicas são conjuntos (feixes) de vínculos. Há um ou alguns que é mais importante, que tem maior realce, e por isso dá o nome (o rótulo) à relação jurídica, ficando os demais vínculos como secundários. Ressalte-se que a ênfase em um ou outro vínculo vai depender de quem analisa o instituto, da corrente jurídica a que se filia o analista, e mesmo, do local e da época em que é feita a análise.

Cita-se o seguinte exemplo: entrega-se um cavalo de raça premiado para uma pessoa guardar, podendo essa pessoa, enquanto guarda, fazer uso normal do cavalo (em exposições e corridas etc.). Se a ênfase está na guarda do bem, diz-se que se trata de um "contrato de depósito"; se a ênfase está na utilização do bem, diz-se que se trata de um "contrato de comodato". O comodato se dá no interesse daquele que recebe o bem; já o depósito se dá no interesse de quem o deposita. Observe-se que é um critério tipicamente subjetivo: distingue-se um instituto do outro pela intenção do agente. Não há elemento objetivo diferenciador dos dois institutos. Acrescente-se que a avaliação da intenção do agente varia de uma época para outra. Nos dias de hoje, é mais interessante para o credor dar ênfase na guarda, pela simples razão de que a Constituição permite a prisão do depositário infiel. Assim, o credor tem uma garantia a mais — e que garantia — do cumprimento da obrigação.

Dessa forma, a dificuldade de caracterização dos institutos (de se definir a sua natureza jurídica) está justamente na complexidade da transposição para o plano jurídico (plano da eficácia) dos vínculos que se formam na vida prática (mundo dos fatos).

Nesse "processo de juridicização", peculiar ao direito, a norma jurídica adjetiva os fatos para que sejam jurídicos (MIRANDA, 1999, p. 52); em outras palavras, vai-se definindo a natureza jurídica de cada ente, instituto, relação ou fato jurídico. Tal processo envolve um complexo trabalho de interpretação de normas e, também, de interpretação de fatos.

O sistema jurídico contém regras jurídicas; e essas se formulam com os conceitos jurídicos. Tem-se de estar o fático, isto é, as relações humanas e os fatos a que elas se referem, para se saber qual o *suporte fático*, isto é, aquilo sobre que elas incidem. "Aí é que se exerce a função esclarecedora, discriminativa, crítica, retocadora, da pesquisa jurídica" (MIRANDA, 1999, p. 15).

Dessarte, fixar a natureza jurídica das empresas estatais é situá-las, de maneira precisa, nos quadros do sistema jurídico, colocando-as, primeiro, na área do direito público ou do direito privado e, depois, procurar enquadra-las entre as categorias personativas, obrigacionais, sucessórias, processuais e dominiais (CRETELLA JÚNIOR, 1990, p. 406).

4.5 A concepção de regime jurídico

O termo, originário do latim *regimen*, de *regere* (reger, dirigir, governar), exprime a ação de conduzir ou de governar.

Na linguagem do direito, regime jurídico tem o sentido específico de sistema, conjunto de princípios e de imposições legais que regem um instituto, uma matéria, um assunto, e que lhe dão especificidade. Importa, portanto, no modo regular pelo qual as coisas, instituições ou pessoas se devam conduzir.

O regime jurídico a que se submete determinada pessoa, coisa ou instituto está, portanto, condicionado por sua natureza jurídica.

A natureza jurídica, conforme visto, liga-se ao suporte fático do instituto. O regime jurídico liga-se aos efeitos jurídicos da sua entrada no mundo jurídico.

O exame do regime jurídico de um ente ou instituto inicia-se, portanto, pela fixação da sua natureza jurídica e prossegue mediante a discriminação dos diversos efeitos jurídicos, decorrentes do enquadramento em determinada categoria. De se salientar, todavia, ser usual, na prática, a inversão do processo, ou seja, a utilização dos elementos do regime jurídico para a definição da natureza jurídica do ente ou instituto.

Desse modo, o traçado do regime jurídico das empresas estatais principiará pela determinação da sua natureza jurídica, seguindo-se o exame dos seguintes traços: a forma de criação, extinção e organização, controle administrativo e judicial, regime do pessoal, licitações e contratos, regime contábil, financeiro e orçamentário, regime tributário, responsabilidade civil, regime dos bens, falência e insolvência e relacionamento com o poder judiciário.

4.6 O regime jurídico-administrativo

O regime jurídico-administrativo diz respeito ao conjunto de princípios e de imposições legais que a administração, o governo, a gestão ou a direção que entes e agentes estatais devem cumprir, ou da ordem normativa que se deve seguir. Trata-se do conjunto de regras e princípios a que se deve subsumir a atividade administrativa no atingimento de seus fins (FIGUEIREDO, 2000, p. 61).

Resulta da caracterização normativa de determinados interesses como pertinentes à sociedade e não aos particulares. Juridicamente esta caracterização consiste na atribuição de uma disciplina normativa peculiar que, fundamentalmente, se delineia em função da consagração de dois princípios (MELLO, 1996, p. 24):

a) a supremacia do interesse público sobre o privado;

b) a indisponibilidade, pela Administração, dos interesses públicos.

O regime jurídico-administrativo se constrói, em síntese, sobre esses dois postulados: da supremacia do interesse público sobre o particular e a indisponibilidade do interesse público pela Administração (FIGUEIREDO, 1978, p. 20).

A expressão "regime jurídico-administrativo" tem sido reservada para abranger o conjunto de traços, de conotações, que tipificam o Direito Administrativo, colocando a Administração Pública numa posição privilegiada, vertical, na relação jurídico-administrativa. O regime jurídico-administrativo é, assim, o conjunto de prerrogativas e sujeições inerentes aos entes e institutos de direito administrativo, sendo informado por princípios de direito administrativo. Basicamente, pode-se dizer que o regime administrativo resume-se a duas palavras: prerrogativas e sujeições (DI PIETRO, 2001, p. 64).

O direito administrativo surgiu e desenvolveu-se com base em duas ideias antagônicas: de um lado, a proteção aos direitos individuais ("direitos negativos") frente ao Estado, que conduz às restrições; de outro, a de necessidade de satisfação dos interesses coletivos ("direitos positivos"), que conduz às prerrogativas. Daí a bipolaridade do direito administrativo: liberdade do indivíduo e autoridade da Administração. Para garantir-se a liberdade do indivíduo, sujeita-se a Administração Pública ao princípio da legalidade. A fim de assegurar-se a autoridade da Administração Pública, necessária à consecução de seus fins, são-lhe outorgados prerrogativas e privilégios (DI PIETRO, 2001, p. 65).

Entre os privilégios e prerrogativas enfeixam-se os seguintes: imunidade tributária, foro privilegiado, prazos especiais nos processos judiciais, impenhorabilidade e imprescritibilidade dos seus bens e direitos etc. (FIGUEIREDO, 1978, p. 26).

Por outro lado, são exemplos de restrições: observância da finalidade pública e dos princípios da legalidade, moralidade, publicidade, impessoalidade e eficiência; como consequência desses princípios, a obrigatoriedade de concurso público para admissão de pessoal e a necessidade de licitação para efetivação de compras e contratação de serviços (DI PIETRO, 2001, p. 65-66).

Em suma: o conjunto das prerrogativas e restrições a que está sujeita a Administração e que não se encontra nas relações entre particulares constitui o regime jurídico-administrativo (DI PIETRO, 2001, p. 66).

4.7 Os princípios informativos do Direito Administrativo

O Direito Administrativo é determinado por toda uma série de princípios (MAURER, 2001, p. 45). Tais princípios, informativos do Direito Administrativo, são os postulados fundamentais que inspiram o modo de agir da Administração Pública. "Representam cânones pré-normativos, norteando a conduta do Estado quando no exercício de atividades administrativas" (CARVALHO FILHO, 2000, p. 12).

A Constituição de 1988, no *caput* do artigo 37, deixou expressos alguns princípios que devem ser observados por todas as pessoas administrativas de qualquer dos entes da Federação. São os princípios da legalidade, impessoalidade, moralidade, publicidade e eficiência.

A par desses princípios expressos, a Administração Pública ainda se orienta por outras diretrizes, que também se incluem em sua principiologia e, por isso, adquirem a mesma importância daqueles (CARVALHO FILHO, 2000, p. 17). São princípios da supremacia do interesse público, autotutela da Administração, indisponibilidade dos interesses públicos, continuidade dos serviços públicos, razoabilidade e motivação.

4.7.1 Princípio da Legalidade

O princípio da legalidade é certamente a diretriz básica da conduta dos agentes da Administração. Significa que toda e qualquer atividade administrativa deve ser autorizada por lei. Não o sendo, a atividade é ilícita (CARVALHO FILHO, 2000, p. 12).

Situa-se indubitavelmente no ápice dos princípios administrativos. É formado por dois componentes: a primazia (ou prevalência) da lei e a reserva da lei. A primazia expressa a vinculação da administração às leis existentes. A reserva pede, para tornar-se ativo da administração, um fundamento e autorização legal (MAURER, 2001, p. 45).

"As autoridades administrativas têm, sobretudo, a tarefa de executar as leis. No jogo de conjunto entre a promulgação de leis gerais abstratas pelo parlamento e a execução dessas leis no caso particular pelas autoridades administrativas situa-se uma parte essencial da divisão de poderes, e, com isso, do estado liberal" (MAURER, 2001, p. 45).

A vinculação à lei atua em direção dupla. Ela põe, por um lado, as autoridades administrativas na dependência do parlamento e das leis promulgadas pelo parlamento. Ela submete, por outro lado, as autoridades administrativas ao controle judicial. A administração está, portanto, em um campo de relação e vinculação duplo: ela está entre o elaborador de leis determinante e a jurisdição controladora (MAURER, 2001, p. 46).

O princípio da primazia da lei implica a subordinação do administrador à lei. "Todos os agentes públicos, desde o que lhe ocupe a cúspide até o mais modesto deles, devem ser instrumentos de fiel e dócil realização das finalidades normativas" (MELLO, 1989, p. 57-58). Enquanto os indivíduos no campo do direito privado podem fazer tudo o que a lei não veda, o administrador público só pode atuar onde a lei autoriza (MEIRELLES, 1992, p. 83-84).

O princípio da primazia da lei significa submissão à lei, mas de maneira estrita ou global, não sujeitando o agente público a autorizações específicas para cada tipo de ato ou ação, bastando-lhe estar autorizado por uma lei formal de modo global para a prática de atos inseridos na regra de competência ou atribuições (MUKAI, 1984, p. 204).

Ao passo que a primazia da lei vincula a Administração às leis existentes, o princípio da reserva da lei vai mais longe e pede para a atividade administrativa, no caso concreto, uma autorização legal específica (MAURER, 2001, p. 62). No direito pátrio, tal ocorre, por exemplo, na exigência de que a criação de empresas públicas e sociedades de economia mista seja autorizada em lei específica (Constituição Federal, artigo 37, inciso XIX). Idêntico requisito é previsto no caso de instituição ou aumento de tributos (Constituição Federal, artigo 150, inciso I). Não se permite, outrossim, que o administrador público imponha qualquer obrigação ou restrição de direito ao administrado senão em virtude de lei (FIGUEIREDO, 2000, p. 66).

4.7.2 Os princípios da Impessoalidade e da Igualdade

A impessoalidade na atividade administrativa caracteriza-se pela valoração objetiva dos interesses públicos e privados envolvidos na relação jurídica a se formar, independentemente de qualquer interesse político. Não pode a Administração agir por interesses de grupos nem por interesses de particulares nem por interesses políticos (FIGUEIREDO, 2000, p. 59).

"A ação administrativa deve desenvolver-se tendo em vista os critérios do bom andamento do serviço público, do melhor para o interesse público a tutelar. Favoritismos ou desfavoritismos estão proscritos" (FIGUEIREDO, 2000, p. 59).

O princípio da impessoalidade pode conduzir à realização do princípio da igualdade, mas com este não se confunde.

Afirma Celso Antônio Bandeira de Mello (1978, p. 50) que o princípio da igualdade implica que a Administração não pode conceder tratamento específico, vantajoso ou desvantajoso, em atenção a traços e circunstâncias peculiarizadores de uma categoria de indivíduos se não houver adequação racional entre o elemento diferencial e o regime dispensado aos que se inserem na categoria diferenciada.

Tal conceito coaduna-se com a ideia de "fator de discrímen", ou seja, aquilo que é usado para diferenciar os indivíduos ou categorias de indivíduos. Esse fator não pode ser existente em apenas um indivíduo. Definido o fator de discrímen, há que se dar o tratamento adequado à situação, cabendo à lei selecionar quais as diferenças devem ser consideradas. O tratamento diferenciado justifica-se como uma consequência lógica do fator de discrímen escolhido. Saliente-se que essa teoria vem obtendo abrigo na jurisprudência do Supremo Tribunal Federal, como, por exemplo, no julgamento da Ação Direta de Inconstitucionalidade nº 1.655-5-Amapá e do Recurso Extraordinário nº 203.954-3-Ceará.

Dessarte, pela aplicação do princípio da igualdade, a atividade administrativa há que ser dirigida a todos os administrados, dedicada aos cidadãos em geral, não podendo haver discriminação de pessoas ou categorias de pessoas que se encontrem em idêntica situação jurídica.

É possível haver tratamento igual a determinado grupo (que estaria satisfazendo o princípio da igualdade); porém, se ditado por conveniências pessoais do grupo ou do administrador, estar-se-á infringindo o princípio da impessoalidade. Este princípio implica o estabelecimento de regras de agir objetivas para o administrador, em todos os casos (FIGUEIREDO, 2000, p. 59).

4.7.3 O Princípio da Moralidade

O princípio da moralidade corresponde ao conjunto de regras de conduta da Administração que, em determinada ordem jurídica, são consideradas padrões comportamentais que a sociedade deseja e espera (FIGUEIREDO, 2000, p. 53).

O princípio da moralidade impõe que o administrador não dispense os preceitos éticos que devem estar presentes em sua conduta. Deve o gestor público averiguar o critério de conveniência, oportunidade e justiça em suas ações, mas também distinguir o que é honesto do que é desonesto (CARVALHO FILHO, 2000, p. 14). "O ato e a atividade da Administração Pública devem obedecer não só à lei, mas à própria moral, porque nem tudo que é legal é honesto, conforme afirmavam os romanos" (GASPARINI, 2000, p. 9).

O princípio da moralidade, afirma Celso Antônio Bandeira de Mello (1996, p. 69), compreende os princípios da lealdade e da boa-fé, segundo os quais a Administração "haverá de proceder em relação aos administrados com sinceridade e lhaneza, sendo-lhe interdito qualquer comportamento astucioso, eivado de malícia, produzido de maneira a confundir, dificultar ou minimizar o exercício de direitos por parte dos cidadãos".

4.7.4 O Princípio da Publicidade

O princípio da publicidade indica que os atos da Administração devem merecer a mais ampla divulgação possível entre os administrados, e isso porque constitui fundamento do princípio propiciar-lhes a possibilidade de controlar a legitimidade da conduta dos agentes públicos. Somente com a transparência da conduta poderão os indivíduos aquilatar a legalidade, a moralidade e o grau de eficiência de que se revestem (CARVALHO FILHO, 2000, p. 15).

Para observar esse princípio, os atos administrativos são publicados em órgãos de imprensa e afixados em locais acessíveis das repartições administrativas. Além disso, são fornecidas certidões pela Administração.

Consagra-se, nesse princípio, o dever administrativo de manter plena transparência em seus comportamentos. "Não pode haver em um Estado Democrático de Direito, no qual o poder reside no povo (art. 1º, parágrafo único, da Constituição), ocultamento aos administrados dos assuntos que a todos interessam e muito menos em relação aos sujeitos individualmente afetados por alguma medida" (MELLO, 1996, p. 68).

4.7.5 O Princípio da Eficiência

A Emenda Constitucional nº 19, de 4.6.1998, alterou o *caput* do artigo 37, incluindo o princípio da eficiência como mais um dos princípios da Administração Pública.

A introdução do princípio da eficiência visa a que a Administração busque resultados satisfatórios na sua atividade, com o menor custo possível. Seria a relação custo-benefício, na atividade administrativa, ou seja, a análise da produtividade e da qualidade do serviço prestado à população, com o menor custo possível (economicidade), além do respeito ao orçamento, à lei de defesa do usuário e ao ordenamento jurídico (VITTA, 1999, p. 107).

Conhecido entre os italianos como "dever de boa administração", o princípio da eficiência impõe à Administração Pública direta e indireta a obrigação de realizar suas atribuições com rapidez, perfeição e rendimento (GASPARINI, 2000, p. 19).

O desempenho deve ser rápido e oferecido de forma a satisfazer os interesses dos administrados em particular e da coletividade em geral. Não se justifica que haja procrastinação. As atribuições devem ser executadas com perfeição, valendo-se das técnicas e conhecimentos necessários a tornar a execução a melhor possível. Por fim, tais competências devem ser praticadas com rendimento, isto é, com resultados positivos para o serviço público e satisfatórios para o interesse da coletividade. Em suma: deve-se procurar maximizar os resultados em todas as intervenções da Administração Pública, ou seja, é a relação custo-benefício que deve presidir as ações públicas (GASPARINI, 2000, p. 19-20).

Por exemplo, não se deve estender rede de energia elétrica ou de esgoto por ruas onde não haja edificações ocupadas nem implantar rede de iluminação pública em ruas não utilizadas. A execução dessas obras não traria resultados positivos, pois toda a comunidade arcaria com os custos, sem qualquer benefício (GASPARINI, 2000, p. 20).

Segundo, Heraldo Garcia Vitta (1999, p. 107-108), a dimensão de endereçar recursos públicos para as necessidades básicas do cidadão, mesmo havendo, sob o prisma estritamente econômico, gastos excessivos, não correspondendo à relação custo-benefício, tem respaldo no princípio da eficiência, porquanto tal princípio não pode ser entendido apenas no sentido da economicidade, mas também do aspecto valorativo das necessidades humanas, "sobretudo num país ávido por empregos e salários justos".

4.7.6 O Princípio da Supremacia do Interesse Público

As atividades administrativas são desenvolvidas pelo Estado para benefício da coletividade. O fim último da atuação estatal deve ser voltado para o interesse público. Trata-se do primado do interesse coletivo. O indivíduo tem que ser visto como integrante da sociedade, não podendo os seus direitos serem equiparados aos direitos sociais (CARVALHO FILHO, 2000, p. 17).

No embate entre o interesse público e o particular, há de prevalecer o interesse público (GASPARINI, 2000, p. 18). Se é o interesse público que está em jogo — portanto, de toda a coletividade —, é lógico que deva ele prevalecer sobre o privado (FIGUEIREDO, 2000, p. 63).

"O princípio da supremacia do interesse público sobre o interesse privado é princípio geral de direito inerente a qualquer sociedade. É a própria condição de sua existência. Assim, não se radica em dispositivo específico algum da Constituição, ainda que inúmeros aludam ou impliquem manifestações concretas dele, como, por exemplo, os princípios da função social da propriedade, da defesa do consumidor ou do meio ambiente (art. 170, incisos III, V e VI) ou em tantos outros. Afinal, o princípio em causa é um pressuposto lógico do convívio social" (MELLO, 1996, 53).

4.7.7 O Princípio da Indisponibilidade do Interesse Público

Os bens e interesses públicos não pertencem à Administração nem a seus agentes. Cabe-lhes apenas geri-los, conservá-los e por eles velar em prol da coletividade, esta sim, a verdadeira titular dos direitos e interesses públicos. A Administração não tem a livre disposição dos bens e interesses públicos, porque atual em nome de terceiros (CARVALHO FILHO, 2000, p. 18)

O próprio órgão administrativo que os representa não tem disponibilidade sobre eles, incumbindo-lhe apenas curá-los — o que é também um dever — na estrita conformidade com a norma legal (MELLO, 1996, p. 31).

Em suma, a administração dos bens e interesses públicos não se acha entregue à livre disposição da vontade do administrador, que tem, isso sim, o dever de velá-los nos termos da finalidade a que estão adstritos. Somente a ordem legal dispõe sobre eles (MELLO, 1996, p. 31).

4.7.8 O Princípio da Autotutela Administrativa

A Administração Pública está obrigada a policiar, em relação ao mérito e à legalidade, os atos administrativos que pratica. Compete-lhe, portanto, retirar do ordenamento jurídico os atos inconvenientes e inoportunos, por meio de revogação, e os ilegítimos, por via da invalidação (GASPARINI, 2000, p. 17).

Não se trata apenas de uma faculdade, mas também de um dever, vez que não se admite que, diante de situações irregulares, a Administração permaneça inerte e desinteressada. Assim, a Administração não necessita ser provocada para o fim de rever seus atos. Pode faze-lo de ofício (CARVALHO FILHO, 2000, p. 17).

A capacidade de autotutela da Administração foi consagrada nas Súmulas nºs 346[1] e 473[2] do Supremo Tribunal Federal e no artigo 53 da Lei nº 9.784, de 29.1.1999, com o seguinte teor:

---

[1] Súmula nº 346 do STF: "A Administração Pública pode declarar a nulidade dos seus próprios atos".

[2] Súmula nº 473 do STF: "A Administração pode anular seus próprios atos, quando eivados de vícios que os tornem ilegais, porque deles não se originam direitos, ou revogá-los, por motivo de conveniência ou oportunidade, repeitados os direitos adquiridos e ressalvada, em todos os casos, a apreciação judicial".

Art. 53. A administração deve anular seus próprios atos, quando eivados de vício de legalidade, e pode revogá-los por motivo de conveniência ou oportunidade, respeitados os direitos adquiridos.

4.7.9 O Princípio da Continuidade dos Serviços Públicos

Os serviços públicos têm a função de atender às necessidades da população em diversos setores sociais. São necessidades, frequentemente, prementes e inadiáveis. A consequência lógica dessa situação é de que não podem os serviços públicos ser interrompidos, devendo, ao contrário, ter normal continuidade (CARVALHO FILHO, 2000, p. 18-19).

Desse modo, não se admite, por exemplo, a paralisação dos serviços de segurança pública, de distribuição de justiça, de saúde, de transporte, de combate a incêndios etc. (GASPARINI, 2000, p. 14).

Exemplo de aplicação do princípio encontra-se no artigo 37, inciso VII, da Constituição, com a redação dada pela Emenda Constitucional nº 19/98, que procura estabelecer limites para o exercício do direito de greve dos servidores públicos.[3] Outro exemplo é o dos contratos administrativos, em que, com o intuito de evitar a paralisação das obras e serviços, é vedado ao particular, dentro de certos limites, opor em face da Administração a exceção de contrato não cumprido — *exceptio non adimplenti contractus* (CARVALHO FILHO, 2000, p. 19).

Segundo Celso Antônio Bandeira de Mello (1996, p. 38), "uma vez que a Administração é curadora de determinados interesses que a lei define como públicos e considerando que a defesa, e prosseguimento deles, é, para ela, obrigatória, verdadeiro dever, a continuidade da atividade administrativa é princípio que se impõe e prevalece em quaisquer circunstâncias".

4.7.10 O Princípio da Razoabilidade

Por fim, não há como conceber uma Administração Pública moderna, sem incluir o princípio da razoabilidade.

Razoabilidade é a qualidade do que é razoável, daquilo que se situa dentro de padrões e limites aceitáveis (CARVALHO FILHO, 2000, p. 20). A razoabilidade vai se vincular à congruência lógica entre as situações postas e as decisões administrativas (FIGUEIREDO, 2000, p. 48).

---

[3] CF/88, art. 37, inc. I: "O direito de greve será exercido nos termos e nos limites definidos em lei específica".

O "princípio da razoabilidade" exige sempre relação, proporção, adequação entre meios e fins (DI PIETRO, 1999, p. 246). Assim, conforme já examinado no capítulo anterior, deve-se analisar se a medida proposta é adequada para alcançar os fins perseguidos (*adequação*). Envolvem, ainda, um eventual conflito entre o interesse público e o direito individual. Faz-se um juízo de *ponderação* entre o grau de lesão que a decisão provoca ao direito individual e a vantagem para a sociedade. Cuida-se, aqui, de verificar a relação custo-benefício da medida, isto é, a ponderação entre os danos causados e os resultados a serem obtidos. Debate-se, outrossim, se a medida proposta é aquela necessária, ou seja, se é a medida exigida para solucionar a questão (*exigibilidade*).

Assevera Celso Antônio Bandeira de Mello (1996, p. 64) que o princípio da razoabilidade se fundamenta nos princípios da legalidade e da finalidade, não se podendo imaginar que a correção judicial fundada na razoabilidade vá invadir o mérito do ato administrativo, isto é, o campo de liberdade conferido pela lei à Administração para decidir-se segundo critérios de conveniência e oportunidade, visto que essa liberdade se dá dentro da lei, ante as possibilidades nela estabelecidas, não se podendo ter como dentro da lei uma medida desarrazoada.

4.7.11 O Princípio da Motivação

Os atos administrativos necessitam ser motivados. Significa dizer que devem ser expressas as razões de fato e de direito que levaram o administrador público a proceder deste ou daquele modo (GASPARINI, 2000, p. 21).

Na Administração Pública Federal, o princípio da motivação está hoje previsto na Lei nº 9.784, de 29.1.1999, que estabelece normas sobre o processo administrativo nessa esfera governamental.

De acordo com o artigo 50 dessa lei, os atos administrativos deverão ser motivados, com indicação dos fatos e dos fundamentos jurídicos, quando: I - neguem, limitem ou afetem direitos ou interesses; II - imponham ou agravem deveres, encargos ou sanções; III - decidam processos administrativos de concurso ou seleção pública; IV - dispensem ou declarem a inexigibilidade de processo licitatório; V - decidam recursos administrativos; VI - decorram de reexame de ofício; VII - deixem de aplicar jurisprudência firmada sobre a questão ou discrepem de pareceres, laudos, propostas e relatórios oficiais; VIII - importem anulação, revogação, suspensão ou convalidação de ato administrativo.

A motivação, segundo a lei, deve ser explícita, clara e congruente, podendo consistir em declaração de concordância com fundamentos de anteriores pareceres, informações, decisões ou propostas, que, neste caso, serão parte integrante do ato (Lei nº 9.784/99, artigo 53, §1º).

O ato administrativo é de motivação obrigatória. "Uma vez motivado claramente, uma vez demonstrada essa motivação, é uma mera operação, às vezes fácil, às vezes difícil, de interpretação, portanto, uma operação intelectiva, saber se houve adequação entre o motivo declarado, a finalidade realizada e o fim atingido" (FERRAZ *apud* ATALIBA; BRASILIENSE, 1987, p. 162).

4.8 Os regimes público e privado na Administração Pública

A Administração Pública pode submeter-se a regime jurídico de direito privado ou a regime jurídico de direito público, sendo que a opção por um regime ou outro é feita, em regra, pela Constituição ou pela lei (DI PIETRO, 2001, p. 63).

O artigo 173, §1º, da Constituição, determina que as empresas públicas, as sociedades de economia mista e suas subsidiárias que explorem atividade econômica de produção ou comercialização de bens ou de prestação de serviços, sujeitam-se ao regime jurídico próprio das empresas privadas, inclusive quanto aos direitos e obrigações civis, comerciais, trabalhistas e tributários. Observe-se que, nesse caso, a Constituição não deixou margem de discricionariedade à Administração Pública nem ao legislador. Essas entidades devem obrigatoriamente submeter-se ao regime jurídico das empresas privadas.

Por outro lado, o artigo 175 outorga ao Poder Público a incumbência de prestar serviços públicos, podendo fazê-lo diretamente ou sob regime de concessão ou permissão. Se a opção for no sentido da prestação do serviço por meio de órgão da administração direta ou autarquia ou fundação pública, o regime adotado será de direito público. Se a Administração optar por prestar o serviço por meio de empresa particular concessionária ou permissionária, o regime jurídico será de direito privado.

Sobressai na Administração Pública contemporânea a circunstância de o estado lançar mão, com frequência cada vez maior, de modelos do direito privado para a efetivação de suas atribuições. A essa atual tendência de adoção de formas do direito privado para a realização de atividades públicas, os administrativistas alemães denominaram de "Direito Privado Administrativo" (COUTO E SILVA; VELLOSO *apud* ATALIBA; BRASILIENSE, 1987, p. 146, 151). Um exemplo usual é aquele em que o Estado precisa de uma repartição para instalar um serviço e procura um imóvel para alocar, como qualquer particular o faria (COUTO E SILVA *apud* ATALIBA; BRASILIENSE, 1987, p. 146).

Não há como se estabelecer, *a priori*, todas as hipóteses em que a Administração pode atuar sob regime de direito privado. Em geral, a opção é feita pelo próprio legislador, como ocorre com as pessoas jurídicas, contratos e bens de domínio privado do Estado (DI PIETRO, 2001, p. 64).

Saliente-se, entretanto, que, ainda que a Administração empregue modelos de Direito Privado na execução de suas atividades, nunca é completa a sua subsunção ao direito privado (DI PIETRO, 2001, p. 64). Mesmo naquelas situações em que o Estado atua por meio de entidades estatais constituídas na forma do direito privado, há submissão a determinados princípios e normas do direito público.

A instituição das empresas públicas, por exemplo, obedeceu ao molde de direito privado, mas a simples participação nelas e a posição que nelas desempenha o Poder Público foram paulatinamente transfigurando essa conceituação, e com norma de direito público derrogando disposições do direito comum (VENÂNCIO FILHO, 1968, p. 404).

A atuação do Estado sob forma empresarial não apaga o que lhe é essencial: que ali está presente o Estado. O Estado é uma instituição destinada à consecução de serviços de interesse público, custeados com recursos públicos. Trata-se, na essência, da aplicação de recursos produzidos pelos cidadãos, em decorrência de interesses confiados ao Estado (FERRAZ *apud* ATALIBA; BRASILIENSE, 1987, p. 143).

Quanto a esse aspecto, analisa Celso Antônio Bandeira de Mello (1984, p. 111):

> As entidades constituídas à sombra do Estado para produzir utilidade coletiva e que manejam recursos captados total ou majoritariamente de fontes públicas tem que estar submetidas a regras cautelares, defensivas quer da lisura e propriedade no dispêndio destes recursos, quer de sua correção na busca de objetivos estatais.
>
> Assim, embora dotadas de personalidade de direito privado, é natural que sofram o influxo de princípios e normas armados ao propósito de proteger certos interesses e valores dos quais o Estado não se pode evadir, quer atue diretamente, quer atue por interpostas pessoas. Exigências provenientes, explícita ou implicitamente, da própria noção de Estado de Direito, bem como as que procedem da natureza dos encargos estatais, impõem o afluxo de cânones especificamente adaptados às missões

estatais. Pouco importando, quanto a isto, esteja o Poder Público operando por si mesmo ou mediante pessoas que o coadjuvam em seus misteres.

As entidades referidas são, como se disse, acima de tudo, meros instrumentos de atuação do Estado; simples figuras técnico-jurídicas, concebidas para melhor desenvolver objetivos que transcendem interesses privados.

Como assevera Sérgio Ferraz (*apud* ATALIBA; BRASILIENSE, 1987, p. 145):

> É preciso que não nos esqueçamos de que tal como o Rei Midas, que transformava em ouro tudo o que tocava, o Estado publiciza tudo aquilo em que encosta. Por isso, a empresa estatal jamais será pura e simplesmente uma empresa privada. Ela será uma entidade privada matizada, em maior ou menor grau, de profundos traços de Direito Público.

A circunstância de essas entidades serem denominadas "empresas" não muda a essência das coisas. O fato de a atividade ter sido deslocada para entidades constituídas na forma do Direito Privado foi com o objetivo de tornar a sua atuação mais flexível. O certo é que a natureza das coisas não será modificada (VELLOSO *apud* ATALIBA; BRASILIENSE, 1987, p. 152).

CAPÍTULO 5

O TRAÇADO DO NOVO REGIME JURÍDICO DAS ESTATAIS À LUZ DA EMENDA CONSTITUCIONAL Nº 19/1998

5.1 Breves considerações sobre o surgimento e desenvolvimento do Estado empresário

O fenômeno da criação de empresas pelo Estado como forma de descentralização administrativa e de exercício de atividade econômica não é antigo. Todavia, surge mais fortemente como integrante do contexto de intervenção estatal no domínio econômico, a partir da Primeira Guerra Mundial (FERREIRA, 1979a, p. 70).

Os antecedentes históricos são apontados como os monopólios estatais da Antiguidade (FERREIRA, 1979a, p. 70).

E as empresas constituídas pelo Estado, visando a um fim econômico, têm como origem histórica as companhias holandesas e portuguesas, que nos séculos XV e XVI corporificavam investimentos da Coroa destinados a alcançar, através da conquista dos mares e terras desconhecidos, novas fontes de suprimento para os mercados europeus (TÁCITO, 1973, p. 55).

Foi, todavia, o fenômeno da intervenção do Estado no domínio econômico que realçou o problema dos serviços industriais e comerciais do Estado e de sua estrutura jurídica, inspirada nos paradigmas do direito privado.

Ampliando a atividade administrativa, antes reservada a campos tradicionais, o Estado passou a invadir, em nome de interesses públicos relevantes, uma esfera tradicionalmente ocupada pela iniciativa privada.

O Estado se converte em um produtor de bens e um prestador de serviços, socializando, no todo ou em parte, categorias de produção e de comércio.

Começaram a nascer, por essa forma, novas pessoas jurídicas administrativas, nas quais a forma é privada, mas o substrato é público.

Public corporations, no direito inglês, *government corporations* ou *authorities*, nos Estados Unidos, *enti pubblici economici*, na Itália, *établissement publique industriel et comercial*, na França, são variações de um mesmo tema (TÁCITO, 1973, p. 55).

No Brasil, aponta-se como a mais antiga empresa estatal o Banco do Brasil, criado pelo Alvará de 12.10.1808, sendo certo que a Lei nº 59, de 8.10.1833, criou o novo Banco do Brasil (FERREIRA, 1979a, p. 70).

Mas o grande impulso das empresas estatais deu-se a partir de 1939, com a criação pela União, dentre outras empresas, do Instituto de Resseguros do Brasil (1939), da Companhia Siderúrgica Nacional – CSN (1941), da Companhia Vale do Rio Doce (1942), da Companhia Nacional de Álcalis (1943), da Companhia Hidrelétrica do São Francisco (1945), da Fábrica Nacional de Motores – FNM (1946), do Banco de Crédito da Amazônia (1950), ao que se seguiram inúmeras outras, dentre as quais a Petróleo Brasileiro S/A – Petrobras (1953), a Companhia Urbanizadora da Nova Capital do Brasil – Novacap (1956), a Rede Ferroviária Federal – RFFSA (1957), e a Elétricas Brasileiras S/A – Eletrobrás (1961) (TÁCITO, 1994, p. 3).

Até mesmo estabelecimento hospitalar — Hospital das Clínicas de Porto Alegre (1971) — e estabelecimento destinado à pesquisa agropecuária — Empresa Brasileira de Pesquisa Agropecuária – Embrapa (1975) — assumiram a forma empresarial.

Os governos estaduais e municipais também têm criado empresas governamentais, com as finalidades as mais diversas possíveis.

No processo de estatização, dois fenômenos puderam ser observados. Em primeiro lugar, a tendência para a transformação de órgãos da Administração Direta e autarquias em empresas governamentais, como ocorreu com a Empresa Brasileira de Correios e Telégrafos – ECT, antigo Departamento de Correios e Telégrafos (1969), e com a Caixa Econômica Federal – CEF, resultante da fusão das autarquias do mesmo nome (1969). Em segundo lugar, a tendência para criação de empresas por autarquias: a Comissão Nacional de Energia Nuclear foi autorizada a constituir a Companhia Brasileira de Tecnologia Nuclear.

Do mesmo modo que a concepção dessas entidades correspondeu a um fenômeno mundial, também suas deformações ocorreram em escala internacional. O Estado não foi bem-sucedido empresário na maioria dos casos. As dificuldades começaram a ser notadas por toda parte (PEREIRA JÚNIOR, 1998, p. 8720). Tal decorreu em parte porque a forma de gerir o Estado projetou-se para as empresas estatais, terminando por neutralizar muitas das vantagens apontadas para a sua instituição: competitividade, eficácia, rentabilidade, economicidade. Ademais, essas entidades foram contaminadas por vícios como o subsídio das tarifas, o nepotismo, a politização dos dirigentes etc.

Nesse contexto, a Emenda Constitucional nº 19 propõe as bases de uma revisão do regime de atuação das empresas estatais brasileiras (PEREIRA JÚNIOR, 1998, p. 872).

5.2 As inovações da Emenda Constitucional nº 19/1998

A Constituição de 1988 continha originariamente a seguinte redação para o artigo 22, inciso XXVII, o artigo 37, inciso XIX, o artigo 70, parágrafo único, e o artigo 173, §1º:

> Art. 22. Compete privativamente à União legislar sobre: (...)
>
> XXVII - normas gerais de licitação e contratação, em todas as modalidades, para a administração pública, direta e indireta, incluídas as fundações instituídas e mantidas pelo Poder Público, nas diversas esferas de governo, e empresas sob seu controle (...)
>
> Art. 37, XIX - somente por lei específica poderão ser criadas empresa pública, sociedade de economia mista, autarquia ou fundação pública (...)
>
> Art. 70, Parágrafo Único. Prestará contas qualquer pessoa física ou entidade pública que utilize, arrecade, guarde, gerencie ou administre dinheiros, bens e valores públicos ou pelos quais a União responda, ou que, em nome desta, assuma obrigações de natureza pecuniária. (...)
>
> Art. 173, §1º A empresa pública, a sociedade de economia mista e outras entidades que explorem atividade econômica sujeitam-se ao regime jurídico próprio das empresas privadas, inclusive quanto às obrigações trabalhistas e tributárias.

Com o advento da Emenda Constitucional nº 19, de 4.6.1988, aprovada no decorrer da reforma administrativa, os dispositivos mencionados passaram a ter as seguintes redações:

> Art. 22. Compete privativamente à União legislar sobre: (...)
>
> XXVII - normas gerais de licitação e contratação, em todas as modalidades, para as administrações públicas diretas, autárquicas e fundacionais da União, Estados, Distrito Federal e Municípios, obedecido o disposto

no art. 37, XXI, e para as empresas públicas e sociedades de economia mista, nos termos do art. 173, §1º, III (...)

Art. 37, XIX - somente por lei específica poderá ser criada autarquia e autorizada a instituição de empresa pública, de sociedade de economia mista e de fundação, cabendo à lei complementar, neste último caso, definir as áreas de sua atuação (...)

Art. 70, Parágrafo Único. Prestará contas qualquer pessoa física ou jurídica, pública ou privada que utilize, arrecade, guarde, gerencie ou administre dinheiros, bens e valores públicos ou pelos quais a União responda, ou que, em nome desta, assuma obrigações de natureza pecuniária. (...)

Art. 173, §1º A lei estabelecerá o estatuto jurídico da empresa pública, da sociedade de economia mista e de suas subsidiárias que explorem atividade econômica de produção ou comercialização de bens ou de prestação de serviços, dispondo sobre:

I - sua função social e formas de fiscalização pelo Estado e pela sociedade;

II - a sujeição ao regime jurídico próprio das empresas privadas, inclusive quanto aos direitos e obrigações civis, comerciais, trabalhistas e tributários;

III - licitação e contratação de obras, serviços, compras e alienações, observados os princípios da administração pública;

IV - a constituição e o funcionamento dos conselhos de administração e fiscal, com a participação de acionistas minoritários;

V - os mandatos, a avaliação de desempenho e a responsabilidade dos administradores.

Ademais, foi alterado o teor do artigo 37, §3º, passando a dispor sobre a denominada "lei de proteção aos usuários dos serviços públicos".

5.3 O alcance da expressão "empresas estatais"

A expressão "empresa estatal ou governamental" é comumente utilizada para designar genericamente as sociedades, civis ou empresárias,[1] de que o Estado tenha o controle acionário, abrangendo a empresa pública, a sociedade de economia mista e outras empresas que não tenham essa natureza e às quais a Constituição faz referência, em vários dispositivos (artigos 71, II, 165, §5º, III, e 173, §1º), como

---

[1] As sociedades comerciais passaram a se denominar sociedades empresárias, nos termos do Código Civil, Lei nº 10.406/2002, com vigência a partir de janeiro de 2003.

categoria à parte (DI PIETRO, 2001, p. 374). As empresas estatais são, portanto, formas de atuação da Administração Pública, quer para prestação de serviços públicos, quando expressamente autorizadas por lei, quer para intervenção na atividade econômica, nesse último caso, nos estritos termos do artigo 173 da Constituição Federal (FIGUEIREDO, 2000, p. 103).

Convém salientar que tais entidades apresentam uma notável semelhança na disciplina jurídica a que se submetem (MELLO, 1996, p. 100). Assim, embora sejam de categorias jurídicas diversas, as empresas públicas e as sociedades de economia mista podem ser analisadas em conjunto, tantos são os pontos comuns que nelas aparecem. Essas entidades são dotadas de personalidade jurídica de direito privado e delas se vale o Estado para possibilitar a execução de alguma atividade de seu interesse com maior flexibilidade, sem os empecilhos dos procedimentos burocratizados, indissociáveis das pessoas jurídicas de direito público (CARVALHO FILHO, 2000, p. 350).

Sociedades de economia mista e empresas públicas andam de mãos dadas, assemelham-se em seu perfil e irmanam-se nos objetivos colimados pelo Estado. Logo, não é difícil verificar que não há praticamente nenhum elemento tão marcante que possa levar a Administração Pública a optar por uma ou por outra espécie. A ideia básica que traduzem continua sendo a do Estado empresário, que intenta aliar uma atividade econômica com outras de interesse coletivo (CARVALHO FILHO, 2000, p. 351).

5.4 Distinção básica entre empresa pública e sociedade de economia mista

Empresa pública é uma das formas de atuação da União, dos Estados, do Distrito Federal e dos Municípios, com vistas à prestação de serviços públicos ou à intervenção na ordem econômica, dentro dos limites constitucionais, sendo instituída na forma do direito privado, mas submissa, em boa parte, ao regime jurídico da Administração Pública (FIGUEIREDO, 2000, p. 104). As empresas públicas têm personalidade jurídica própria e são integrantes da Administração Indireta do Estado, criadas mediante autorização legal, a fim de que o Estado exerça atividades gerais de caráter econômico ou execute a prestação de serviços públicos (CARVALHO FILHO, 2000, p. 351-352).

Podem-se citar como exemplos de empresas públicas federais, entre tantas, a Empresa Brasileira de Correios e Telégrafos – ECT; a

FINEP – Financiadora de Estudos e Projetos; a Casa da Moeda do Brasil; a Caixa Econômica Federal; o BNDES – Banco Nacional de Desenvolvimento Econômico e Social; o SERPRO – Serviço Federal de Processamento de Dados; a Empresa Brasileira de Pesquisa Agropecuária – EMBRAPA; a Empresa Brasil de Comunicação – EBC etc. Inúmeras outras empresas públicas estão vinculadas aos Estados, ao Distrito Federal e aos Municípios, o que certamente estará fixado na lei ou nos decretos organizacionais dessas pessoas.

Por sua vez, sociedade de economia mista é um cometimento estatal, personalizado, e associado a capitais particulares, para a consecução de fins públicos, revestindo-se da forma de sociedade anônima, mas submissa, também, em certos aspectos, ao regime jurídico-administrativo (FIGUEIREDO, 1978, p. 38). As sociedades de economia mista são pessoas jurídicas de direito privado, integrantes da Administração Indireta do Estado, criadas por autorização legal, sendo o controle acionário pertencente ao Poder Público e tendo por objetivo a exploração de atividades de caráter econômico ou a prestação de serviços públicos (CARVALHO FILHO, 2000, p. 352).

Citam-se, como exemplos de sociedades de economia mista, também no plano federal, o Banco do Brasil S.A., o Banco da Amazônia S.A., o Instituto de Resseguros do Brasil, a Petrobras – Petróleo Brasileiro S.A., e outras tantas vinculadas a administrações estaduais e municipais.

Como sócio, como diretor ou simultaneamente como participante da diretoria e do corpo de acionistas, o Estado penetra na empresa, intervindo de vários modos na execução de atividades de importância vital para a coletividade. Se a inserção do Estado é total, ter-se-á uma empresa pública. Se a inserção é parcial, ter-se-á uma sociedade de economia mista. Cuida-se, aqui, de um Estado empresário, que pretende ser mais dinâmico e atuante do que o Estado clássico contemplativo, uma vez que, ao se despir de parcela de suas prerrogativas e privilégios, o Estado tem possibilidades maiores de locomover-se, de desenvolver atividades no setor comercial ou industrial (CRETELLA JÚNIOR, 1990, p. 310-311, 378).

As empresas públicas e sociedades de economia mista são, fundamentalmente e acima de tudo, instrumentos de ação do Estado. Como as finalidades estatais são distintas dos objetivos privados, pois que almejam o bem-estar coletivo e não o proveito individual, singular (que é perseguido pelos particulares), é compreensível que exista um *discrimen* entre as entidades que o Estado criou para secundá-lo e as demais pessoas de direito privado, das quais tomou por empréstimo a forma jurídica (MELLO, 1996, p. 101).

O certo é que, embora juridicamente o seu perfil não se encontre suficientemente delineado, quer no Brasil quer no direito comparado, as empresas públicas, as sociedades de economia mista e suas subsidiárias constituem uma realidade fática, insuscetível de ser afastada (FIGUEIREDO, 1978, p. 2).

5.5 A distinção entre serviços públicos e atividades econômicas do Estado

A distinção entre atividade privada e pública não resulta, em princípio, da natureza das coisas. Salvo raras exceções, situadas nos extremos da escala, não há atividades intrinsecamente privadas nem intrinsecamente públicas. A definição de determinada atividade como serviço púbico decorre de um ato que expressa a vontade estatal: atividades de serviço público são aquelas que as autoridades competentes, num dado momento histórico, decidem eleger como tais. Se o Estado, em algum momento, por intermédio de autoridades políticas ou administrativas, decide que tal atividade é serviço público, isto significa colocá-la sob a tutela do Estado e submetê-la a um regime jurídico de direito público, derrogatório e exorbitante do direito comum. Considerar uma atividade como serviço público corresponde à vontade estatal de assumir esta atividade segundo regime jurídico diverso daquele aplicável às atividades próprias dos particulares (CRETELLA JÚNIOR, 1990, p. 328-329).

Pode-se dizer, portanto, que o serviço público é decorrente de uma necessidade pública, assim erigida pelo legislador. No sentido jurídico da expressão, o serviço público somente aparece quando o legislador o eleva a tal *status*; até então, o que há é apenas um serviço público potencial. Assim, todas as atividades de interesse geral e que visem suprir necessidades essenciais da coletividade, desde que assumidas legalmente pela Administração, devem ser consideradas serviços públicos (MUKAI, 1995, p. 4).

Dessarte, os serviços públicos são prestações consistentes no oferecimento, aos administrados em geral, de utilidades ou comodidades materiais (como água, luz, gás, telefone, transporte coletivo, limpeza pública etc.) que o Estado assume como próprias, por serem tidas por imprescindíveis, necessárias, ou tão somente correspondentes a conveniências básicas da sociedade, em dado momento histórico (MELLO, 1996, p. 407).

A essencialidade do serviço para a população é elemento determinante para a opção do legislador, mas não o único. A atividade de distribuição de alimentos, por exemplo, vital para a sociedade, visto que pode afetar a própria sobrevivência das pessoas, não foi alçada à condição de serviço público. Acrescente-se que, nas diversas Constituições brasileiras, há significativas divergências sobre os serviços considerados públicos.

A enumeração dos serviços públicos pelo texto constitucional não é exaustiva, podendo o Poder Legislativo qualificar como públicos outros serviços, afora os mencionados na Constituição, desde que não sejam ultrapassadas as fronteiras delineadas pelas normas atinentes à ordem econômica, que são garantidoras da livre iniciativa (MELLO, 1996, p. 415-416). Significa dizer que não pode a lei ordinária definir como serviço público qualquer indústria, serviço ou atividade, ante os requisitos firmados: a competência estatal firmada no seu ordenamento constitucional e a vedação prevista no artigo 173 da Constituição Federal (MOREIRA NETO, 1993, p. 324).

Enfim, o que se pode afirmar é que existem certas atividades que, em princípio, não podem e não devem estar à livre disposição e exploração dos particulares: é o que se tem denominado de serviços públicos (MUKAI, 1995, p. 5). De outro lado, alguns serviços públicos, por sua própria natureza, são indelegáveis, sob pena da própria falência do Estado, como, por exemplo, o exercício do poder de polícia e a tarefa de distribuição de justiça (CRETELLA JÚNIOR, 1990, p. 335).

A atividade econômica, por sua vez, é regra geral, impulsionada pelo lucro, sendo este a força motriz da iniciativa dos particulares. A atividade econômica é puro e inequívoco serviço privado, comércio ou indústria, a não ser no caso, todo especial, em que se identifica com o serviço público, pois que tais noções, às vezes, não são excludentes (CRETELLA JÚNIOR, 2000, p. 290).

No sistema constitucional vigente, a exploração da atividade econômica e o desempenho de serviços pertinentes a essa esfera assiste aos particulares e não ao Estado. Este, apenas em caráter excepcional, poderá desempenhá-los, nos termos do artigo 173 da Carta de 1988 (MELLO, 1996, p. 416).

A Constituição faz nítida distinção entre serviço público e atividade econômica. Essa, quando explorada pelo Estado (e só pode sê-lo em duas hipóteses: segurança nacional e motivo de relevante interesse coletivo, consoante artigo 173, *caput*), haverá de ser levada a efeito por meio de sociedade de economia mista, empresa pública, ou suas subsidiárias, sujeitando-se todas ao regime jurídico próprio das empresas privadas (§1º do artigo 173). O serviço público — diz a Carta Magna — incumbe ao Poder Público, na forma da lei, prestá-lo diretamente ou sob o regime de concessão ou permissão, sempre através de licitação, nos termos do artigo 175, *caput* (MUKAI, 1995, p. 6).

Portanto, a natureza de serviço público atribuída a uma atividade é pressuposto do estabelecimento da competência administrativa. Infere-se daí que há um círculo vicioso entre a natureza da própria atividade e o regime jurídico a que se acha submetida, porquanto se, em alguns casos, a atividade condiciona o regime jurídico, em outros casos, é o regime jurídico que vai determinar a própria transmutação da natureza da atividade, uma vez que, quando o Estado opta por este ou aquele regime jurídico, é porque atribuiu à atividade esta ou aquela natureza, incluindo-a ou não entre aquelas que considera relevantes para a coletividade num dado momento histórico (CRETELLA JÚNIOR, 2000, p. 301-302).

O Estado tanto pode desempenhar serviços privados como serviços públicos. O particular também pode prestar os dois tipos de serviços. Em suma, o Estado pode prestar diretamente à sociedade os serviços erigidos pela Constituição ou pela lei como públicos, cumprindo tarefa de rotina, ou transferir sua missão a pessoas de direito privado, estatais ou não (empresas públicas, sociedades de economia mista, concessionárias e permissionárias), ou a pessoas de direito público (autarquias e fundações públicas).

A par disso, pode o Estado intervir na atividade econômica, em caráter excepcional, nos termos previstos no artigo 173 da Constituição, por meio de empresas públicas, sociedades de economia mista e suas subsidiárias.

5.6 As funções essenciais das empresas estatais

São identificáveis, para as empresas estatais, as seguintes funções essenciais (CRETELLA JÚNIOR, 1990, p. 316):

a) a exploração de atividades econômicas, que são atividades praticadas, por excelência e regra geral, por particulares; e

b) a prestação de serviços públicos, que também são atividades que não lhes competem, por serem prestados, regra geral, por entes de direito público.

Distinguem, portanto, as empresas públicas e as sociedades de economia mista prestadoras de serviço público daquelas outras que são constituídas para o fim de exploração, pelo Estado, da atividade econômica. Ademais, é possível estabelecer, para ambas, regimes jurídicos com certas distinções (VELLOSO, 1997, p. 518).

A respeito, enfatiza Celso Antônio Bandeira de Mello (1996, p. 104-105):

> Através destes sujeitos auxiliares do Estado realiza cometimentos de dupla natureza:
>
> (a) explora atividades econômicas que, em princípio, competem às empresas privadas e apenas suplementarmente, por razões de subida importância, é que o Estado pode vir ser chamado a protagonizá-las (art. 173 da Constituição);
>
> (b) presta serviços públicos ou coordena a execução de obras públicas, ambas atividades induvidosamente pertinentes à esfera do Estado.

Em outra oportunidade, já havia afirmado o autor (MELLO, 1984, p. 112):

> Há, portanto, dois tipos fundamentais de empresas públicas e sociedades de economia mista: exploradoras de atividade econômica e prestadoras de serviços públicos ou coordenadoras de obras públicas. Seus regimes jurídicos não são, nem podem ser, idênticos (...).
>
> No primeiro caso, é compreensível que o regime jurídico de tais pessoas seja o mais próximo possível daquele aplicável à generalidade das pessoas de direito privado. Seja pela natureza do objeto de sua ação, seja para prevenir que desfrutem de situação vantajosa em relação às empresas privadas, — a quem cabe a senhoria preferencial no campo econômico — compreende-se que estejam submissas à disciplina jurídica equivalente à dos particulares. Daí haver o Texto Constitucional estabelecido que em tais hipóteses regular-se-ão pelo regime próprio das empresas privadas (...).
>
> No segundo caso, quando concebidas para prestar serviços públicos ou desenvolver quaisquer atividades de índole pública propriamente, quais a realização de obras públicas, é natural que sofram mais acentuada influência de princípios e regras ajustados ao resguardo de interesses desta natureza.

Apesar de o legislador ordinário brasileiro não haver expressamente se preocupado em fazer uma diferenciação mais precisa entre as empresas que executam atividade econômica de natureza privada e aquelas que prestam serviço público, a própria Constituição de 1988 permite fazer uma distinção, quanto ao regime jurídico, entre esses dois tipos de empresas (DI PIETRO, 2001, p. 374).

O artigo 173, §1º, da Carta contém disposições atinentes apenas às empresas públicas, sociedades de economia mista e suas subsidiárias que explorem atividades econômicas. Todavia, pode-se inferir de outros dispositivos constitucionais, como os artigos 37, §6º, e o artigo 175, a possibilidade de o Estado prestar serviços públicos, por meio de empresas públicas e sociedades de economia mista. Note-se, por exemplo, o §6º do artigo 37 da Constituição Federal. Com efeito, se respondem objetivamente pelos danos causados a terceiros as empresas privadas prestadoras de serviços públicos, é natural admitir-se que possam ser instituídas com essa finalidade (GASPARINI, 2000, p. 344-355).

Sendo identificadas duas espécies básicas de empresas públicas e sociedades de economia mista, quanto à função que exercem na sociedade, não se pode pretender igualar o regime jurídico das prestadoras de serviços públicos (artigo 175 da Constituição) com o das exploradoras de atividade econômica a título de intervenção no domínio econômico (artigo 173, §1º, da Constituição). No primeiro caso, trata-se de serviço público no sentido estrito do termo (atividade assumida pelo Poder Público para assegurar utilidades de interesse da coletividade, sob regime jurídico total ou parcialmente público). No segundo caso, cuida-se de atividade própria da iniciativa privada que o Estado só pode desempenhar quando necessário "aos imperativos da segurança nacional ou a relevante interesse coletivo, conforme definidos em lei", nos expressos termos do artigo 173, *caput*, da Constituição (DI PIETRO, 1999, p. 60).

Acrescente-se que, ao julgar a Ação Direta de Inconstitucionalidade nº 83-MG, em 24.4.1991, o Supremo Tribunal Federal reconheceu expressamente a distinção, nos termos do voto do Ministro Sepúlveda Pertence:

> O que verdadeiramente diferencia, no particular, os dois tipos de empresas estatais é a atividade desempenhada: as últimas, embora o façam na persecução de fins públicos, desenvolvem atividade econômica, mediante relações jurídicas de Direito Privado. Já as empresas estatais de serviço público desempenham, por isso mediante delegação, atividade estatal, sujeita, por isso, ao estatuto do serviço público prestado, que é matéria de Direito Administrativo. (BRASIL, 1991, p. 975)

Na Sessão de 3.12.1992, o STF, de igual modo, reconheceu a dicotomia, explícita no voto do Ministro Relator Paulo Brossard:

> É verdade que a Constituição, nos artigos 173 e 175, parece conceber duas ordens diversas concernentes às empresas estatais. (...) Diante desses dois dispositivos constitucionais, pode-se concluir que, quanto ao tipo de atividade e ao regime jurídico, existem duas modalidades de empresas estatais no direito brasileiro: as que desempenham atividades

econômicas, com base no art. 173 e que se submetem ao regime próprio das empresas privadas, com as derrogações da própria constituição; e as que desempenham serviços públicos e que se submetem ao art. 175. (BRASIL, 1993, p. 146)

E na Sessão de 16.11.2000, a Suprema Corte voltou a se manifestar sobre a matéria, consoante voto do Ministro Maurício Correa:

> O tema da atuação do Estado no domínio econômico exige prévia distinção entre serviços públicos, especialmente os de conteúdo econômico e social, e atividades econômicas. Enquanto a atividade econômica se desenvolve no regime da livre iniciativa sob a orientação de administradores privados, o serviço público, dada sua natureza estatal, sujeita-se ao regime jurídico do direito público. (BRASIL, 2000, p. 4)

Saliente-se que o legislador, quando estabelece normas sobre empresas estatais, não leva em conta a distinção. Isso poderia ser feito, por exemplo, quando elabora normas sobre falência, sobre contratos, sobre seleção de pessoal, sobre direito de greve, sobre dispensa de licitação para o Poder Público contratar com suas empresas, sobre processos de execução e tantas outras matérias em que a diversidade de tratamento se impõe. Na ausência dessa distinção pela lei, cabe ao intérprete fazê-la (DI PIETRO, 1999, p. 60).

5.7 Empresas estatais e concessão de serviço público

Faz-se necessário efetuar a distinção entre concessão de serviços públicos e prestação de serviços públicos por empresas estatais.

A concessão de serviços públicos propriamente dita caracteriza-se quando o Estado transfere o desempenho de serviço público para terceiro, pessoa desvinculada do concedente e que organizará os fatores da produção segundo critérios de racionalidade econômica, escolhidos pelo concessionário. Cada uma das partes tem seus interesses peculiares na avença, cabendo ao concessionário desempenhar os serviços por conta e risco próprios (JUSTEN FILHO, 1997, p. 77).

Consoante assevera Maria Sylvia Zanella Di Pietro (1999, p. 234), os autores franceses Georges Vedel e Pierre Delvové (1984, p. 1139) realçam um dado fundamental para o entendimento de vários aspectos da concessão de serviços públicos. Observam eles:

"A concessão de serviço público se constrói sobre duas ideias antitéticas cujo equilíbrio constitui toda a teoria do contrato de concessão; trata-se:

(a) de um lado, de um serviço público que deve funcionar no interesse geral e sob a autoridade da Administração;

(b) de outro lado, de uma empresa capitalista que comporta, no pensamento daquele que está a sua testa, o máximo de proveito possível".

Aliás, o objetivo do lucro é lícito ao concessionário: o lucro é permitido visto que é objetivo da iniciativa privada (FIGUEIREDO, 2000, p. 115). Assim, a oposição entre os interesses do concessionário e os do Estado é flagrante, uma vez que o concessionário pretende a obtenção de lucros mediante a cobrança de tarifas, ao passo que a Administração objetiva o melhor e mais eficiente desempenho do serviço concedido. Daí emerge um conflito contínuo: de um lado, as iniciativas reiteradas do concessionário para o aumento da tarifa, que esbarram na resistência do Estado; de outro lado, a resistência do particular à fiscalização permanente do Estado sobre o funcionamento do serviço (CRETELLA JÚNIOR, 1990, p. 459).

Habitualmente, as empresas estatais prestadoras de serviços públicos são reputadas concessionárias. Tal suposição nem sempre é exata. Com efeito, parece forçado considerá-las como concessionárias, quando formadas exclusivamente por recursos oriundos da mesma esfera governamental que as criou com o propósito de incumbi-las da prestação de serviço público de sua própria alçada (MELLO, 1996, p. 105). Observe-se que, nesse caso, sequer está presente, em tese, o conflito de interesses referido no parágrafo anterior.

Não se pode confundir a prestação de serviços públicos por empresas estatais com a concessão de serviços públicos. Haverá uma concessão de serviço público, nos termos do artigo 175 da Constituição, quando o Poder Público decidir pela prestação de serviços públicos de maneira indireta, conferindo sua execução a uma terceira pessoa, que não seja mero prolongamento personalizado do próprio concedente. Por outro lado, não haverá concessão de serviço público quando o Estado criar uma entidade para funcionar especificamente como instrumento de sua ação, para desincumbir-se precipuamente de prestar um serviço cuja execução cabe ao próprio Estado, criador dessa entidade. Uma coisa é a transferência feita por lei e outra coisa, bastante distinta, é a transferência feita por um ajuste, por uma avença, por um acordo ou por um contrato entre o Estado e uma terceira pessoa dele totalmente independente. Somente neste último caso poderá haver uma concessão de serviço público (DALLARI, 1984, p. 103-104).

Desse modo, a concessão de serviço público, de um lado, e as empresas públicas e sociedades de economia mista, de outro, correspondem a formas diversas de descentralização de serviços públicos. Na primeira situação, a transferência é feita por meio de contrato, sendo que o Poder Público repassa apenas a execução do serviço, conservando a sua titularidade; em decorrência disso, mantém a plena disponibilidade sobre ele, alterando as cláusulas regulamentares, retomando a execução do serviço por meio de encampação, fiscalizando e punindo, administrativamente, o concessionário em caso de inadimplemento. Na segunda situação, a transferência é efetuada por lei, sendo que as empresas públicas e as sociedades de economia mista criadas para essa finalidade adquirem o direito à prestação do serviço, direito esse oponível até mesmo à pessoa jurídica que as criou, pois esta somente pode interferir na vida da empresa nos limites previstos em lei (DI PIETRO, 1999, p. 59).

É evidente que carece de sentido, por exemplo, a União outorgar uma concessão a uma empresa estatal federal, que é um mero um prolongamento personalizado da própria União (DALLARI, 1984, p. 105). Deveras, não teria qualquer justificativa, seria um absurdo jurídico, criar-se uma estatal com finalidade de prestação de determinado serviço público, e, depois, ter-se necessidade de firmar contrato de concessão com essa entidade exatamente para tal fim (FIGUEIREDO, 2000, p. 115-116).

Note-se, por exemplo, o caso dos serviços de correios, cuja mantença é de competência da União (CF, artigo 21, inciso X). A prestação dos serviços foi entregue por lei à Empresa Brasileira de Correios e Telégrafos – ECT, empresa pública federal. Não há aí aplicação do instituto da concessão de serviço público. A ECT não é concessionária de serviço público. Não houve ato de concessão, não houve licitação (nem era exigível), não houve vontade da ECT de contratar com a União. Houve simplesmente delegação legal à ECT para prestar um serviço público (ATALIBA, 1989, p. 87).

Quanto a esse aspecto, o Supremo Tribunal Federal já afirmou que empresa pública, desempenhando serviço público, não pode ser concessionária, conforme precisado pelo Relator, em observações sobre a INFRAERO:

> Caracteriza-se, portanto, a concessão por ser um acordo, um ajuste de direito público, precedido de autorização legislativa, no qual se observam os requisitos comuns ao contrato: realização *intuitu personae*, bilateralidade (ainda que haja cláusulas de interesse público, regulamentares, modificáveis unilateralmente), a onerosidade (presente na remuneração feita pelo usuário por meio de tarifas), a comutatividade. A estes pressupostos não se subordina a criação da empresa pública, o

que torna impertinente e imprópria a equiparação feita pelo Acórdão recorrido, ao afirmar que a INFRAERO exerce concessão a título exclusivo, por isso que de concessão não se trata. (BRASIL, 1985, p. 675-676)

Orientação semelhante o STF revelou ao tratar da Casa da Moeda (também empresa pública federal delegada de serviço público). Também aí se reconheceu que não pode ter regime jurídico idêntico aos dos meros concessionários (BRASIL, 1986, p. 116-117). Criada pela União, exercendo serviço público de competência da União, a Casa da Moeda é delegada e não concessionária.

Para haver concessão, portanto, faz-se necessário um concessionário particular, não integrante da Administração Pública concedente.

Por outro lado, caberá falar em concessão de serviço público, envolvendo estatais, quando houver, na formação da empresa, a predominância de capitais provenientes de esfera governamental diversa da órbita da pessoa a quem assiste a competência constitucional para prestá-lo, significando dizer que o controle da estatal pertence a ente federativo distinto daquele competente para prestar o serviço.

Os serviços de energia elétrica, por exemplo, são, constitucionalmente, serviços públicos da alçada da União (artigo 21, inciso XII, alínea "b"). Várias sociedades de economia mista, criadas pelos Estados federados, surgiram precisamente para desempenhá-los na qualidade de concessionárias do poder federal (MELLO, 1996, p. 15).

Para retratar o quadro referido, pode-se dizer o seguinte: dentre as empresas públicas e sociedades de economia mista federais, não serão concessionárias aquelas controladas pela União, instituídas para a prestação de serviços públicos de competência federal. Por outro lado, serão concessionárias as empresas públicas e sociedades de economia mista controladas pelos Estados, pelo Distrito Federal ou pelos Municípios, quando incumbidas da prestação de serviços públicos de competência da União. Nesse caso, a concessão somente pode dar-se mediante licitação prévia, nos termos do artigo 175 da Constituição (CUNHA, p. 3-4).

Em termos fáticos, acompanhando a tendência verificada em outros países, tem-se utilizado, no Brasil, o instituto da concessão para delegar o serviço a empresas estatais sob o controle acionário do poder público. Isso se deu por diferentes formas (DI PIETRO, 2009, p. 53-55):

a) O serviço público federal foi repassado, por concessão, a empresa sob controle acionário de Estado-Membro. Foi o caso dos serviços de energia elétrica, de navegação aérea, de telecomunicações, concedidos a empresas sob o controle acionário do Estado de São Paulo, como a CESP, a ELETROPAULO e a SABESP. Nessas hipóteses, encontra-se bastante presente a natureza contratual da delegação do serviço.

b) O ente político (União, Estado-Membro, Distrito Federal ou Município) criou a pessoa jurídica e a ela transferiu, por lei, a execução de um serviço público comercial ou industrial, dando-lhe, no entanto, tratamento idêntico ao das empresas concessionárias. Misturaram-se duas formas diversas de descentralização, ou seja, a descentralização por serviços (por meio de lei) e a descentralização por colaboração (por meio de contrato). No Município de São Paulo, a CMTC – Companhia Municipal de Transporte Coletivo, foi criada como sociedade anônima, com natureza de sociedade de economia mista, com a qual o Município foi autorizado a celebrar contrato de concessão para explorar, com exclusividade, o serviço público de transporte coletivo de passageiros (Lei nº 8.242/1976). A hipótese é mencionada apenas como exemplo, uma vez que, atualmente, essa situação está alterada.

c) O ente político criou, por lei, a pessoa jurídica (em regra, sociedade de economia mista) e a ela transferiu a execução de determinado serviço público. A transferência de atribuições deu-se pela descentralização por serviços (por meio de lei) e não pela descentralização por colaboração (por meio de contrato), como seria próprio da concessão. Exemplos desse tipo de outorga existem inúmeros no direito brasileiro, podendo-se citar a EMBRATEL e a TELEBRÁS, na esfera federal, e a DERSA – Desenvolvimento Rodoviário S/A, empresa de economia mista fundada em 1969, sendo seu principal acionista o Governo do Estado de São Paulo.

As entidades da Administração Indireta podem, portanto, receber o encargo de prestação de serviços públicos, sem que tal caracterize intervenção no domínio econômico nem concessão. Cabe à pessoa política titular do serviço a competência para, ao delinear a estruturação dos órgãos administrativos, escolher a solução que se configurar como mais adequada. Os serviços podem ser prestados diretamente pela própria pessoa política. Mas é-lhe facultada competência para, ao invés de prestá-los diretamente, promover a prestação através de entidades diretamente sob seu controle. Não há obstáculo à atribuição dos serviços a autarquias ou outras entidades da Administração Indireta. Quando atribuir os serviços a entidades da Administração Indireta, a pessoa política não os estará concedendo, mas apenas exercendo o poder de auto-organização (JUSTEN FILHO, 1997, p. 78).

É necessário acrescentar que a atribuição do serviço público a entidade da Administração Indireta não se sujeita ao princípio da isonomia com os particulares, exercentes de atividade econômica. As regras do artigo 173, *caput*, e §§1º e 2º, da CF/88, apenas aplicam-se excepcionalmente às hipóteses de serviços públicos. Somente seria possível imaginar incidência das regras do art. 173, §§1º e 2º, quando o serviço público fosse objeto de prestação por pluralidade de pessoas privadas e, cumulativamente, por entidade integrante da Administração Indireta, em situação de competição. Isso se passa em alguns Municípios, no tocante a serviços de transporte urbano. Poderia imaginar-se situação similar relativamente à navegação aérea. Em todos esses casos, há serviço público e existe pluralidade de agentes em competição (efetiva ou potencial) com os particulares, não admitir-se-á qualquer distinção ou privilégio jurídico. O regime aplicável para as empresas privadas será estendido às entidades da Administração Indireta (JUSTEN FILHO, 1997, p. 78-79).

Em suma, quando há prestação de serviço público mediante entidade da Administração Indireta, não há exercício de atividade econômica em sentido estrito, nem há concessão, nem se aplica (de regra) a obrigatoriedade da submissão da atividade ao regime de direito privado (JUSTEN FILHO, 1997, p. 79).

5.8 Diretrizes hermenêuticas para o delineamento do novo regime jurídico

Cumpre estabelecer, neste tópico, em harmonia com os temas examinados nos capítulos quarto e quinto deste trabalho, as diretrizes básicas para a interpretação das normas constitucionais, legais e regulamentares, necessárias para o delineamento do regime jurídico das estatais, após a Emenda Constitucional nº 19/98.

O artigo 173, §1º, da Constituição, remete as empresas públicas e sociedades de economia mista exploradoras de atividade econômica ao mesmo regime jurídico aplicável às empresas particulares.

No entanto, o próprio texto constitucional vigente (como, aliás, já acontecia no anterior) cuida de submeter as empresas públicas e as sociedades de economia mista, sejam elas exploradoras de atividade econômica ou prestadoras de serviço público, a uma série de disposições que não vigoram para as demais pessoas de direito privado (e que nem fariam sentido algum em relação a elas). Evidencia-se, assim, que o regime jurídico disciplinador dessas entidades da administração indireta, já por força das normas contidas na Constituição Federal, é, certamente, peculiar, não sendo idêntico ao das empresas privadas em geral (MELLO, 1996, p. 104,108).

Deve-se salientar, ademais, que a Constituição de 1988, mesmo com a Emenda nº 19/98, inseriu as empresas públicas e as sociedades de economia mista no capítulo atinente à Administração Pública. O artigo 37, *caput*, declara expressamente que essas entidades, em todas as esferas e níveis de governo, estão submissas aos princípios da legalidade, impessoalidade, moralidade, publicidade e eficiência. Infere-se daí que os princípios da Administração Pública, expressos e implícitos, aplicam-se *in totum* às empresas estatais (FIGUEIREDO, 2000, p. 103).

O artigo 173 da Constituição determina que, ressalvados os casos previstos, "a exploração direta de atividade econômica pelo Estado só será permitida quando necessária aos imperativos da segurança nacional ou a relevante interesse coletivo, conforme definidos em lei". Houve aí uma ampliação da possibilidade de atuação do Estado no domínio econômico: a Constituição de 1969, no artigo 170, §2º, somente a permitia para subsidiar a iniciativa privada, enquanto a atual permite, genericamente, para fins de segurança nacional ou relevante interesse coletivo, deixando ao legislador ordinário a tarefa de definir o alcance dessas expressões (DI PIETRO, 2001, p. 374).

Todavia, a grande inovação da Emenda Constitucional nº 19/98, no que concerne às estatais, foi, sem dúvida, a previsão de lei específica para a disciplina do regime jurídico dessas entidades (CARVALHO FILHO, 2000, p. 358-359).

O §1º do artigo 173, com a redação dada pela Emenda Constitucional nº 19/98, preceitua que

> A lei estabelecerá o estatuto jurídico da empresa pública, da sociedade de economia mista e de suas subsidiárias que explorem atividade econômica de produção ou comercialização de bens ou de prestação de serviços, dispondo sobre:
>
> I - sua função social e formas de fiscalização pelo Estado e pela sociedade;
>
> II - a sujeição ao regime jurídico próprio das empresas privadas, inclusive quanto aos direitos e obrigações civis, comerciais, trabalhistas e tributários;
>
> III - licitação e contratação de obras, serviços, compras e alienações, observados os princípios da administração pública;
>
> IV - a constituição e o funcionamento dos conselhos de administração e fiscal, com a participação de acionistas minoritários;

V - os mandatos, a avaliação de desempenho e a responsabilidade dos administradores.

Maria Sylvia Zanella Di Pietro (2001, p. 375) interpreta, da seguinte maneira, tais dispositivos:

> Uma primeira ilação que se tira do artigo 173, §1º, é a de que, quando o Estado, por intermédio dessas empresas, exerce atividade econômica, reservada preferencialmente ao particular pelo *caput* do dispositivo, ele obedece, no silêncio da lei, a normas de direito privado. Estas normas são a regra; o direito público é exceção e, como tal, deve ser interpretado restritivamente.
>
> Outra conclusão é a de que, se a própria Constituição estabelece o regime jurídico de direito privado, as derrogações a esse regime somente são admissíveis quando delas decorrem implícita ou explicitamente. A lei ordinária não pode derrogar o direito comum se não admitida essa possibilidade pela Constituição.
>
> Tais conclusões, repita-se, somente se aplicam quando as empresas governamentais sejam instituídas para atuar na área da iniciativa privada.
>
> Isto porque, como o artigo 173 cuida especificamente da atividade de natureza privada, exercida excepcionalmente pelo Estado por razões de segurança nacional ou interesse coletivo relevante, há que se concluir que as normas dos §§1º e 2º só incidem nessa hipótese. Se a atividade for econômica (comercial ou industrial) mas assumida pelo Estado como serviço público, tais normas não têm aplicação, incidindo, então, o artigo 175 da Constituição, segundo o qual incumbe ao poder público, na forma da lei, *diretamente* ou sob o regime de *concessão* ou *permissão*, sempre através de licitação, a prestação de serviços públicos (...).
>
> Essa distinção tem sido feita no âmbito doutrinário, por autores como José Cretella Júnior (1973, p. 257-258), Celso Antônio Bandeira de Mello (1975, p. 119), Eros Roberto Grau (1981, p. 103), Toshio Mukai (1984, p. 160).

A distinção é da maior relevância, uma vez que não se pode pura e simplesmente aplicar para a empresa estatal prestadora de serviço público exatamente os mesmos preceitos impostos à empresa que exerce atividade econômica com fundamento no artigo 173 da Constituição. Ao intérprete cabe levar em conta a distinção, de tal modo que (DI PIETRO, 1999, p. 233):

a) em se tratando de empresa que exerça atividade econômica, aplica-se, no silêncio da lei, o regime jurídico de direito privado, imposto pelo referido dispositivo constitucional; e

b) em se tratando de empresa prestadora de serviço público, aplicam-se, no silêncio da lei, os princípios de direito público, inerentes ao regime jurídico-administrativo.

Nem poderia ser de outra forma, uma vez que alguns dos princípios inerentes ao regime administrativo são inseparáveis da noção de serviço público, tais como o da predominância do interesse público sobre o particular, o da continuidade do serviço público e, como consequência, o da proibição de greve, o da obrigatoriedade de sua execução pelo Estado, ainda que por meio de concessionários e permissionários, daí resultando o direito do usuário à prestação dos serviço (DI PIETRO, 1999, p. 233).

Saliente-se que o legislador, quando estabelece normas sobre empresas estatais, nem sempre tem levado em conta a distinção. Caberá, portanto, ao intérprete, ao aplicar as leis, procurar a exegese que as torne compatíveis com os parâmetros que decorrem dos artigos 173 e 175 da Constituição (DI PIETRO, 2001, p. 376).

Na ausência dessa distinção pela lei, cabe ao intérprete fazê-la, mediante a aplicação, às empresas prestadoras de serviços públicos, no que não contrariar dispositivos expressos de lei, dos mesmos princípios e normas que regem as empresas concessionárias de serviços públicos (DI PIETRO, 2009, p. 56).

Isso autoriza a distinção entre os dois tipos de atividades a cargo do Poder Público: a atividade econômica (em caráter subsidiário da iniciativa privada), prevista no art. 173 da CF, e o serviço público disciplinado pelo art. 175 da Carta Magna.

5.9 Os fundamentos do novo regime jurídico

Concebida no rastro da onda liberalizante, a reforma administrativa, empreendida pelo Estado brasileiro, no período de 1996 a 1999, trouxe mudanças no regime jurídico das empresas estatais, criando, em consequência, inovações na forma de relacionamento entre estas entidades, o Estado e a sociedade.

De acordo com o entendimento doutrinário e jurisprudencial, as empresas estatais vêm-se submetendo a um regime jurídico híbrido, nem de Direito Público, nem de Direito Privado. Chega-se mesmo a afirmar que se está diante de um terceiro regime (FIGUEIREDO, 2000, p. 112).

Com efeito, as sociedades de economia mista e as empresas públicas exibem dois aspectos inerentes à sua condição jurídica: de um lado, são pessoas jurídicas de direito privado e, de outro, são pessoas sob o controle do Estado. Esses dois aspectos demonstram, nitidamente, que nem estão sujeitas integralmente ao regime de direito privado, nem inteiramente ao de direito público. Na verdade, pode dizer-se que seu regime tem natureza peculiar, uma vez que sofrem o influxo de normas de direito privado em alguns setores de sua atuação e de normas de direito público em outros setores. Nem poderia ser de outra forma, ante o seu revestimento jurídico de direito privado e a sua vinculação com o Estado (CARVALHO FILHO, 2000, p. 357).

Em síntese, quer se trate de empresa pública ou sociedade de economia mista, que objetive a exploração de atividades econômicas ou que tenha por finalidade a prestação de serviços públicos, o regime jurídico privado, em ambos os casos, em razão da presença estatal, sofre derrogações, para mais e para menos, ora colocando-se a entidade em situação privilegiada, diante de outras pessoas privadas, ora colocando-se a entidade em situação de submissão, diante de órgãos estatais controladores (CRETELLA JÚNIOR, 1990, p. 417).

Torna-se necessário, todavia, examinar os aspectos de sua atuação. Quando se trata do exercício em si da atividade econômica, predominam as normas de direito privado, o que se ajusta bem à condição dessas entidades como instrumentos do Estado empresário. É comum, portanto, a incidência de normas de direito civil ou de direito empresarial,[2] reguladoras que são das relações econômicas de direito privado. Ao contrário, naqueles aspectos ligados ao controle administrativo e à sua vinculação à pessoa federativa, incidem as normas de direito público (CARVALHO FILHO, 2000, p. 357).

Assim, quanto às estatais prestadoras de serviço público, não adianta querer tratá-las da mesma forma que as pessoas de direito público, porque isso não são, embora, também, não sejam de direito privado (FIGUEIREDO, 2000, p. 112). De modo semelhante, não adianta querer tratar as estatais exploradoras de atividade econômica como empresas particulares, porquanto efetivamente não o são.

O que interessa é o regime jurídico predominante: regime jurídico de direito público com derrogações de direito privado ou regime jurídico de direito privado com derrogações de direito público (CRETELLA JÚNIOR, 1990, p. 292).

---

[2] O Direito Comercial passou a denominar-se Direito Empresarial, segundo o Código Civil, Lei nº 10.406/2002, com vigência a partir de janeiro de 2003.

Na hipótese de empresa pública ou sociedade de economia mista, cujo objetivo é a prestação de atividades econômicas (industriais e comerciais) o regime jurídico aplicável é o de direito privado, civil e empresarial, com distorções, desvios, derrogações e exorbitâncias, em razão da presença governamental na entidade. Por outro lado, se o objetivo da entidade é a prestação de serviços públicos (correios e telégrafos, por exemplo), configurando-se, aqui, a descentralização, nesse caso, o regime jurídico aplicável é acentuadamente mais público do que o anterior, ou seja, com mais prerrogativas, mas também com mais sujeições (CRETELLA JÚNIOR, 1990, p. 292).

Conclui-se que o regime jurídico decorre não só da pessoa, pública ou privada, que desempenha a atividade, mas também da função da empresa pública ou sociedade de economia mista na sociedade, isto é, se é destinada ao exercício de atividade econômica ou à prestação de serviço público. Se o particular exerce, num dado momento, serviços públicos, fica sua atividade sob um certo impacto do regime jurídico de direito público. Por outro lado, se o Estado exerce atividades privadas, fica submetido, em regra, às disposições do regime jurídico de direito privado (CRETELLA JÚNIOR, 1990, p. 327).

Nos tópicos seguintes, são examinados, mediante critérios técnicos e científicos, à luz da doutrina e da jurisprudência, a natureza e o alcance das mudanças introduzidas pela Emenda Constitucional nº 19/98, no que concerne, especificamente a:

a) gênese das empresas estatais;
b) tipologia das estatais brasileiras;
c) controle administrativo;
d) regime jurídico do pessoal;
e) licitações e contratos;
f) responsabilidade civil das estatais e de seus agentes;
g) regime dos bens;
h) sujeição à falência; e
i) relacionamento com o poder judiciário.

5.10 A gênese das empresas estatais

A instituição ou nascimento das empresas estatais envolve o exame de vários aspectos, a saber:

a) o modo de criação e de extinção;
b) a personalidade jurídica;
c) a forma de organização; e
d) a composição do capital.

5.10.1 O modo de criação e de extinção

Já foi mencionado que as sociedades de economia mista e as empresas públicas só podem ser criadas mediante autorização em lei específica, conforme a linguagem constitucional (artigo 37, inciso XIX).

Daí se extrai que o Legislativo não pode conferir autorização genérica ao Executivo para instituir tais pessoas. É preciso que a lei designe nomeadamente qual entidade pretende gerar, que objetivo deverá por ela ser alcançado e quais as atribuições que para tanto lhe confere (MELLO, 1996, p. 109).

A exigência de criação por lei consta do artigo 5º, incisos II e III, do Decreto-Lei nº 200, de 25.2.1967. Com relação às sociedades de economia mista, foi repetida no artigo 236 da Lei das Sociedades por Ações (Lei nº 6.404, de 15.12.1976). Ademais, o artigo 37, inciso XIX, da Constituição de 1988, exige autorização em lei específica para a instituição de empresa pública e sociedade de economia mista.

Observa-se que a Emenda Constitucional nº 19, de 1998, veio corrigir uma falha do artigo 37, inciso XIX, da Constituição, que exigia lei específica para a criação de empresa pública e sociedade de economia mista. O dispositivo era alvo de críticas porque, em se tratando de entidades de direito privado, a lei, na realidade, não cria a entidade, tal como o faz com a autarquia, mas apenas autoriza a criação, que se processa efetivamente pela inscrição ou arquivamento dos atos constitutivos no registro público competente (DI PIETRO, 2001, p. 376).

Quanto ao aspecto da criação da pessoa jurídica, o regime adotado é o de direito privado, ou seja, deve o Estado providenciar a prática do ato que contenha o estatuto ou dos próprios atos constitutivos da entidade, para que sejam inscritos ou arquivados no registro próprio, fato que dá início à existência legal da pessoa jurídica, como, aliás, está claro no artigo 45 do Código Civil brasileiro (Lei nº. 10.406/2022) e no artigo 119 da Lei de Registros Públicos (Lei nº 6.015, de 31.12.1973). "Embora se tenha conhecimento de um ou outro procedimento anômalo, mais por conta da desorganização e do despreparo de alguns setores da Administração, é aquele o procedimento correto a ser adotado, o que é reconhecido pela doutrina especializada" (CARVALHO FILHO, 2000, p. 354).

A lei tanto pode autorizar a criação de empresa pública como a transformação de órgão ou entidade governamental (órgão da Administração Direta, autarquia, fundação pública, sociedade de economia mista) em empresa pública, devendo a expressão, portanto, ser interpretada em sentido amplo. Exemplo disso ocorreu com a Caixa Econômica

Federal: era autarquia federal; hoje é empresa pública, ou seja, a lei não autorizou a criação, apenas a transformação (GASPARINI, 2000, p. 345).

O surgimento da entidade pode resultar, ainda, da desapropriação de ações de sociedade privada, da subscrição de ações de uma sociedade anônima já constituída por capital particular, da herança jacente, da execução fiscal etc. Nesse caso, o importante é que da lei resulte a clara intenção do Estado de fazer da entidade instrumento de sua ação (DI PIETRO, 2001, p. 377).

O inciso XX do artigo 37 da Constituição exige autorização legislativa, em cada caso, para a criação de subsidiárias das empresas públicas e sociedades de economia mista, assim como para a participação de qualquer delas em empresa privada.

Problema que tem sido suscitado com frequência é o que diz respeito à natureza jurídica das subsidiárias das empresas públicas e das sociedades de economia mista.

Sabe-se que as sociedades de economia mista e as empresas públicas produziram filhotes, às vezes, com uma capacidade de proliferar semelhante à dos coelhos: "uma gera outra, e outra, e rapidamente vão surgindo as de segunda, terceira e quarta geração" (MELLO *apud* ATALIBA; BRASILIENSE, 1987, p. 163).

Para que a companhia cujas ações passaram às mãos do Estado se torne realmente sociedade de economia mista é indispensável a promulgação de lei que autorize a transformação, de forma a regular a participação do Estado não apenas no capital social, mas também na gestão da sociedade (CRETELLA JÚNIOR, 1990, p. 454).

A exigência de autorização legislativa incorporou-se de tal forma ao conceito de sociedade de economia mista que a doutrina e a jurisprudência vêm entendendo que, se não houve autorização legislativa, não existe esse tipo de entidade, mas apenas uma empresa estatal sob controle acionário do Estado (DI PIETRO, 2001, p. 377). Os Tribunais, inclusive o Supremo Tribunal Federal têm decidido que, mesmo quando o Poder Público passa, por qualquer fato jurídico, a deter a maioria do capital da empresa, esta não poderá ser considerada como sociedade de economia mista, porque lhe faltará elemento indispensável a essa configuração: a autorização legal (*RDA*, 157/222 *apud* CARVALHO FILHO, 2000, p. 354). Considera-se que esse entendimento foi consagrado pelo legislador constituinte, pela referência, em vários dispositivos, a esse tipo de empresa, como categoria à parte (DI PIETRO, 2001, p. 377).

Desse modo, o fato de o Estado tornar-se acionista majoritário de sociedade anônima é insuficiente para outorgar a essa o atributo de sociedade de economia mista. Mesmo se o Estado se faz titular de mais da metade, ou de mais de dois terços, ou da quase totalidade das ações de sociedade por ações, ou tem quota superior à de qualquer dos quotistas, a sociedade não se torna, por isso, de economia mista (CRETELLA JÚNIOR, 1990, p. 455-456).

Por isso mesmo Gastão Leães observou ser absurdo considerar como sociedades de economia mista as empresas cuja participação estatal advenha de razões fortuitas, haja vista as hipóteses de herança jacente, penhora, compra *appott* isolado, obrigação fiscal etc. (1965, p. 2). Só é sociedade de economia mista a pessoa de cujos capitais o Estado participe deliberadamente com a intenção de assumi-la para atender à finalidade em que se revele interessado (MELLO, 1973, p. 99). Em suma, o Estado pode adquirir ações de uma sociedade empresária comum, ou pode ainda decretar a desapropriação de ações de sociedade anônima, no todo ou em parte. Se decreta a desapropriação total das ações, ter-se-á uma empresa *sui generis*, 100% "do Estado", ou estatal "de fato"; se decreta a desapropriação de parte ou da maioria, ter-se-á, ainda, uma sociedade privada com participação estatal. Entretanto, nem no primeiro caso existe uma empresa pública, nem no segundo caso existe uma sociedade de economia mista (CRETELLA JÚNIOR, 1990, p. 456-457).

No que concerne à necessidade de autorização legislativa para a criação de subsidiárias das sociedades de economia mista e das empresas públicas, não havia tal exigência na legislação anterior à atual Constituição. Como essas subsidiárias não eram criadas por lei, não eram consideradas sociedades de economia mista. O artigo 235, §2º, da Lei das Sociedades por Ações já determinava que "as companhias de que participarem, majoritária ou minoritariamente, as sociedades de economia mista estão sujeitas ao disposto nesta lei, sem as exceções previstas neste capítulo", significando dizer que a elas não se aplicariam as normas da Lei das Sociedades por Ações, referentes às sociedades de economia mista, sendo tratadas como outra sociedade anônima qualquer, de capital privado (DI PIETRO, 2001, p. 377).

Essa conclusão tem, na realidade, alcance mais amplo, pois a todas as sociedades em que o Estado tenha participação acionária, sem, no entanto, a natureza de sociedade de economia mista, somente se aplicam as normas constitucionais, legais ou regulamentares referentes a esta última entidade, quando abrangidas expressamente pela norma.

Assinale-se que surgiram dúvidas sobre os limites do enunciado do inciso XX do art. 37 da Constituição Federal, notadamente no que concerne à expressão "em cada caso" ("depende de autorização legislativa, em cada caso, a criação de subsidiárias das entidades mencionadas no inciso anterior, assim como a participação de qualquer delas em empresa privada").

Vislumbravam-se duas posições: a) a autorização legislativa seria necessária para todo caso em que a empresa pública ou a sociedade de economia mista desejasse participar de empresa particular; e 2) havendo previsão no estatuto de constituição da empresa, admitindo genericamente tal participação para uma dada finalidade, esta seria deferida, independentemente de qualquer autorização legislativa.

O Supremo Tribunal Federal já deliberou sobre a questão, entendendo pela desnecessidade da autorização legislativa:

> Autorização à Petrobras para constituir subsidiárias. Ofensa aos arts. 2º e 37, XIX e XX, da CF. Inexistência. Alegação improcedente. A Lei nº 9.478/1997 não autorizou a instituição de empresa de economia mista, mas sim a criação de subsidiárias distintas da sociedade-matriz, em consonância com o inciso XX, e não com o XIX do art. 37 da CF. É dispensável a autorização legislativa para a criação de empresas subsidiárias, desde que haja previsão para esse fim na própria lei que instituiu a empresa de economia mista matriz, tendo em vista que a lei criadora é a própria medida autorizadora. (ADI nº 1.649, Plenário, Rel. Min. Maurício Corrêa, julgamento em 24.3.2004, *DJ*, 28 maio 2004)

Nesse sentido, consolidou-se o entendimento de que as empresas públicas podem participar de empresas particulares, independentemente de autorização legislativa, caso haja previsão legislativa ou no estatuto da empresa com tal finalidade.

No que concerne à criação de empresas estatais pelos demais entes da federação, não há qualquer vedação constitucional quanto à instituição de empresas públicas e sociedades de economia mista estaduais, distritais e municipais. Se aos Estados-Membros, ao Distrito Federal e aos Municípios se atribui competência para organizar e prestar serviços de sua alçada, é natural que se admita que essa execução possa ser por intermédio de empresa pública. Logo, podem se constituir essas empresas para organizar e explorar, nos respectivos campos de atuação, os serviços públicos que estão a seu cargo e, também, para intervir no domínio econômico, nos termos do artigo 173, *caput*, da Constituição (GASPARINI, 2000, p. 353-365).

A exigência de criação mediante autorização legal tem como consequência, ainda, a vinculação da empresa aos fins definidos na lei instituidora, traço comum a todas as entidades da Administração Indireta e que diz respeito ao princípio da especialização e ao próprio princípio da legalidade. Se a lei autorizou a sua criação, fixou-lhes determinado objetivo, destinou-lhes um patrimônio afetado a esse objetivo, não pode a entidade, por sua própria vontade, usar esse patrimônio para atender a finalidade diversa. Com relação às sociedades de economia mista, existe norma expressa nesse sentido no artigo 237 da Lei das Sociedades anônimas: "a companhia de economia mista somente poderá explorar os empreendimentos ou exercer atividades previstas na lei que autorizou a sua constituição. Somente por outra lei é que poderão ser alterados esses objetivos" (DI PIETRO, 2001, p. 379).

Quanto à forma de extinção, uma vez que empresas públicas e sociedades de economia mista são criadas por lei, simetricamente, só podem ser extintas por lei ou na forma da lei, que pode conferir ao Executivo autorização específica para a dissolução de determinada empresa ou de determinadas empresas (MELLO, 1996, p. 111). De fato, o que foi criado mediante prévia autorização legal, somente por outra igual pode ser extinto, ou seja, o que foi criado por lei só por lei pode ser desfeito (GASPARINI, 2000, p. 345-346).

5.10.2 A personalidade jurídica

Quanto à personalidade jurídica das empresas públicas e sociedades de economia mista, as controvérsias doutrinárias se pacificaram consideravelmente a partir de 1967: de um lado, porque a Constituição, no artigo 170, §2º, determinava a sua submissão ao direito privado; de outro, tendo em vista o conceito contido no artigo 5º, incisos II e III, do Decreto-Lei nº 200/67 (DI PIETRO, 2001, p. 378).

No que tange às estatais exploradoras de atividades econômicas, o artigo 173, §1º, inciso II, da Constituição de 1988, estabelece que as empresas públicas, as sociedades de economia mista e suas subsidiárias que explorem atividade econômica de produção ou comercialização de bens ou de prestação de serviços, sujeitam-se ao regime jurídico próprio das empresas privadas. Na esfera federal, também o artigo 5º, em seus incisos II e III, do Decreto-Lei nº 200/67, ainda vigente, deixa claro que as empresas públicas e as sociedades de economia mista, criadas por lei para a exploração de atividade econômica, têm personalidade jurídica de direito privado. Não há, portanto, qualquer dúvida quanto à personalidade jurídica das empresas públicas e sociedades de economia mista exploradoras de atividade econômica.

Resta examinar, em tese, a possibilidade de ser criada empresa pública ou sociedade de economia mista com a finalidade de prestação de serviços públicos, não obrigatoriamente regida pelo direito privado, vez que não voltada às atividades citadas no §1º do artigo 173. Exigindo o dispositivo que a entidade exploradora de atividade econômica sujeite-se ao regime de direito privado, permitir-se-ia, a contrário senso, que uma empresa pública ou sociedade de economia não destinada à exploração de atividade econômica fosse regida pelo direito público. Essa hipótese, no entanto, não pode ser aceita. A própria Constituição enumera as espécies de entidades sujeitas ao regime jurídico de direito público: as autarquias e as fundações públicas, a teor, por exemplo, dos artigos 37, inciso XI, 38, 40 e 150, §§2º e 3º. Assim, estar-se-ia criando um novo tipo de entidade de direito público não previsto constitucionalmente. Ademais, no regime capitalista, a forma empresarial é típica do direito privado, incompatível com o regime de direito público, carecendo de qualquer sentido prático ou lógico a Administração Pública utilizar-se dessa figura jurídica mais flexível, ou sujeitá-la completamente aos entraves burocráticos do regime jurídico-administrativo.

Há, ainda, uma razão de ordem técnico-funcional, ligada à própria origem desse tipo de entidade; ela foi idealizada, entre outros motivos, principalmente por fornecer ao poder público instrumento adequado para o desempenho de atividades de natureza comercial e industrial; foi precisamente a forma de funcionamento e organização das empresas privadas que atraiu o poder público. Daí a sua personalidade jurídica de direito privado (DI PIETRO, 2001, p. 378). Com efeito, ao constituir tais entidades, o Estado não pretende outra coisa senão — e precisamente — acolher um regime operacional ágil como o das empresas privadas (MELLO, 1973, p. 96).

Acrescente-se a isso o fato de que a personalidade jurídica da empresa pública e da sociedade de economia mista é inequívoca em toda a doutrina universal: pessoa jurídica de direito privado. Não é a presença do Estado, nem os fins em mira, que determinaram o tipo de personalidade, de que se revestiu a entidade. Foi o próprio Estado que adotou o molde privado, aceitando o esquema privatístico para a consecução de seus fins (CRETELLA JÚNIOR, 1990, p. 313-314).

De se concluir, pois, que tanto as empresas públicas e sociedades de economia mista exploradoras de atividade econômica ou prestadoras de serviço público têm personalidade jurídica de direito privado.

5.10.3 A forma de organização

Ao examinar a forma de organização dessas entidades, faz-se necessária a separação entre empresas públicas e sociedades de economia mista.

CAPÍTULO 5
O TRAÇADO DO NOVO REGIME JURÍDICO DAS ESTATAIS À LUZ DA EMENDA CONSTITUCIONAL Nº 19/1998 | 129

Relativamente às empresas públicas, a lei brasileira estabeleceu, em 1967, que essas entidades poderiam revestir-se de qualquer das formas admitidas em direito. Observa-se que o legislador exorbitou porque, pela própria conceituação restrita que lhe dera o Decreto-Lei nº 200/67 — empresa pública como entidade com patrimônio próprio e capital exclusivo da União ou de suas entidades da administração indireta —, a única forma jurídica possível seria a de empresa unipessoal da União ou de empresa unipessoal pertencente a entidade da administração indireta (CRETELLA JÚNIOR, 1990, p. 381).

A empresa pública, tal como a delineara o Decreto-Lei nº 200/67, era a empresa pública unipessoal que, por isso mesmo, não poderia revestir-se da multiplicidade de formas que o legislador lhe facultara. Daí a incompatibilidade entre as pretensas formas que a entidade poderia idealmente assumir e as formas reais que o direito civil e empresarial permitiam (CRETELLA JÚNIOR, 1990, p. 381-382).

O artigo 5º do Decreto-Lei nº 900, de 29.9.1969, veio alterar esse quadro, ao estabelecer que, desde que a maioria do capital votante permanecesse de propriedade da União, seria admitida, no capital de empresa pública, a participação de outras pessoas jurídicas de direito público interno, bem como de entidades da administração indireta da União, dos Estados do Distrito Federal e dos Municípios. Com essa modificação, foi aberta a possibilidade da criação de empresas públicas pluripessoais (CRETELLA JÚNIOR, 1990, p. 384).

O Decreto-Lei nº 900, como se pode observar, deu a essa categoria de pessoas maior amplitude para fazer-se presente na ordem jurídica: pelo permissivo legal, podem as empresas públicas ser "unipessoais", quando o capital pertence exclusivamente à pessoa instituidora, ou "pluripessoais", quando, além do capital dominante da pessoa criadora, associam-se recursos de outras pessoas administrativas (CARVALHO FILHO, 2000, p. 357).

A empresa pública unipessoal, quer pelo Decreto-Lei nº 200/67, quer pelo Decreto-Lei nº 900/69, não pode revestir-se de qualquer das formas oferecidas pelo direito civil e empresarial, exatamente pelo fato de ser unipessoal. Também à empresa pública pluripessoal não será possível a adoção de todas as formas admitidas em direito, visto que algumas não são compatíveis com a sua natureza estatal (CRETELLA JÚNIOR, 1990, p. 389).

De acordo com o Código Civil vigente, Lei nº 10.406/2002, com vigência a partir de janeiro de 2003, são as seguintes as formas societárias: sociedades em comum, sociedades em conta de participação, sociedades em comandita simples e por ações, sociedades em nome coletivo, sociedades limitadas, sociedades anônimas, sociedades coligadas e sociedades cooperativas.

Nesse contexto, a expressão "qualquer das formas admitidas em direito" vem sendo interpretada no sentido de que a ela poder-se-á dar a estrutura de sociedade civil ou de sociedade comercial já disciplinada pelo direito, ou ainda, forma inédita prevista na lei singular que a instituiu (DI PIETRO, 2001, p. 380).

Na esfera federal têm sido criadas empresas públicas com formas inéditas; Sérgio de Andréa Ferreira (1979a, p. 74-75) indica três tipos:

a) a empresa unipessoal;

b) a sociedade civil ou empresária, unipessoal;

c) a sociedade, civil ou empresária, pluripessoal.

A empresa pública unipessoal corresponde à empresa individual do direito privado, com a diferença de que a empresa pública tem personalidade jurídica e a constituição de empresa individual, no direito privado, não acarreta a criação de pessoa jurídica. Assim, a empresa pública unipessoal é produto da personalização de uma empresa individual. O Estado é, no entanto, o verdadeiro empresário, pois que comanda a empresa, escolhendo os seus administradores (FERREIRA, 1979b, p. 76).

Exemplo típico foi o que se deu com os serviços de correios e telégrafos. Originariamente, a atividade era exercida por um órgão da Administração Direta. Porém, resolveu a União personalizar o serviço e a massa de bens vinculados aos serviços tornou-se o capital da nova pessoa jurídica. Personificou-se, portanto, aquela organização, que passou a ser titular de direitos e obrigações (FERREIRA, 1979a, p. 13).

Outro exemplo de empresa pública unipessoal é Caixa Econômica Federal, cujo capital, uno, pertence integralmente à União. Seus órgãos são a Diretoria (Presidente e sete Diretores nomeados e exoneráveis *ad nutum* pelo Presidente da República) e Conselho Fiscal (membros nomeados pelo Ministro da Fazenda). Não há assembleia ou órgão da empresa através do qual se manifeste a detentora do capital, dentro da entidade. A participação da União, como verdadeira empresária, dá-se através de seus designados e por meio dos instrumentos da tutela administrativa (FERREIRA, 1979a, p. 13-14).

Diversa é a situação da sociedade unipessoal — de um único sócio — que, como sociedade, tem de ter o órgão necessário nesse tipo de pessoa jurídica, que é assembleia geral.

Como exemplo, cita-se a Companhia de Desenvolvimento do Vale do São Francisco – CODEVASF, cujo capital pertence inteiramente à União; não obstante ter um único "sócio", dispõe de assembleia geral, conselho diretor, diretoria executiva e conselho fiscal; a justificativa para a existência da assembleia geral (órgão pelo qual se manifesta a vontade dos sócios) seria o fato de que seu capital foi dividido em 300 milhões de ações, com a previsão de participação, em futuros aumentos de capital, de outras pessoas jurídicas de direito público, desde que a maioria permaneça de propriedade da União (FERREIRA, 1979a, p. 77).

Ressalte-se, contudo, que, no âmbito federal, sociedade anônima tem sido a forma jurídica preferencialmente adotada para a instituição de empresas públicas quer unipessoais, quer pluripessoais. Pode-se citar, como exemplo de empresa pública unipessoal, constituída sob a forma de sociedade por ações, a Empresa Brasil de Comunicação – EBC.

A sociedade, civil ou empresária, pluripessoal é formada com o capital pertencente à União (sócia majoritária) e de outras pessoas políticas ou administrativas, conforme artigo 5º do Decreto-Lei nº 900, de 29.9.69 (FERREIRA, 1979b, p. 74-75).

A empresa pública federal, unipessoal ou pluripessoal, pode revestir-se da forma de sociedade anônima e "com qualquer número de sócios", até mesmo um. Neste último caso, ter-se-á a "sociedade unipessoal", a sociedade de um único sócio (CRETELLA JÚNIOR, 1990, p. 391). No âmbito federal, isso é possível, porque, sendo a empresa pública criada mediante autorização legal específica, aplica-se o princípio hermenêutico contido no artigo 2º, §2º, do Decreto-Lei nº 4.657, de 4.9.1942 (Lei de Introdução ao Código Civil), segundo o qual, havendo aparente antinomia entre a lei geral e a lei especial, ocorre a prevalência desta última. Assim, sendo ambas leis federais, a lei que autoriza a criação afastaria a incidência da disposição contida no artigo 80, inciso I, da Lei nº 6.404/76, que exigiria, na hipótese, o requisito de dois sócios para a constituição da companhia.

Resta examinar se as mesmas possibilidades são extensíveis aos outros entes da federação, ou seja, aos Estados, ao Distrito Federal e aos Municípios.

A rigor, os conceitos do Decreto-Lei nº 200/67 são aplicáveis na esfera federal, já que ele limita-se a estabelecer normas sobre a organização da Administração Federal. Ocorre que as características mencionadas nos referidos conceitos, com algumas ressalvas, são reconhecidas pela doutrina e pela jurisprudência como próprias desses tipos de entidades (DI PIETRO, 2001, p. 380).

Dessarte, é possível a constituição de sociedades de economia mista e empresas públicas nas esferas estadual, distrital e municipal, pois tal fato não representa derrogação das normas do direito empresarial, mas, apenas, a incorporação de algumas dessas regras pelo direito administrativo (FIGUEIREDO, 1978, p. 84).

Todavia, entende-se que empresa pública unipessoal não poderia ser criada pelos Estados, pelo Distrito Federal ou pelos Municípios, em razão de obstáculos de natureza formal e material. De natureza formal, porque só a União pode, por meio de lei federal específica, afastar a aplicabilidade de dispositivos da lei federal geral. De natureza material, porque os Estados, o Distrito Federal e os Municípios não têm competência para legislar sobre direito empresarial ou direito civil, reservada exclusivamente à União (artigo 22, inciso I, da Constituição Federal). Se os Estados, o Distrito Federal ou os Municípios pedem emprestados ao direito mercantil esquemas jurídicos rígidos, para a criação de empresas públicas, devem amoldar-se aos modelos clássicos existentes, introduzidos no mundo do direito privado por lei federal. Ora, se o direito civil ou empresarial, genericamente aplicável, não reconhece a empresa ou sociedade unipessoal, modalidade só admitida no plano federal, não seria possível aos demais entes da federação adotarem essa forma de instituição.

A título de anotação, menciona-se o entendimento de José Cretella Júnior (1990, p. 399), de que "empresa pública unipessoal, cuja finalidade seja a exploração de serviço administrativo propriamente dito, entretanto, pode ser criada no âmbito estadual e municipal, porque o conteúdo da entidade é administrativo, nada tendo a ver com a estrutura, pedida emprestada ao direito mercantil". Segundo o autor, tratando-se de empresa pública estadual e municipal que objetive a prestação de serviços administrativos, a própria natureza administrativa da entidade dispensaria a sujeição da empresa às formas impostas pela lei reguladora das sociedades mercantis. Insere-se na competência dos Estados-Membros e dos Municípios a faculdade de editar normas de direito administrativo, nas esferas de sua respectiva competência. Haveria, pois, possibilidades de empresas públicas brasileiras serem utilizadas para o processo de descentralização. Desse modo, empresas públicas federais, estaduais e municipais, prestadoras de serviços públicos, não seriam limitadas por barreira alguma, quer de conteúdo, quer de forma (CRETELLA JÚNIOR, 1990, p. 364, 367).

Em outra ocasião, Celso Antônio Bandeira de Mello já defendeu que, no âmbito dos Estados, do Distrito Federal e dos Municípios somente haveria lugar para empresas públicas e sociedades de economia mista prestadoras de serviços públicos propriamente ditos. Tal posicionamento era decorrente das disposições contidas nos artigos 170 e 163 da Constituição de 1969 que atribuía apenas à União a competência para intervir no domínio econômico (MELLO, 1973, p. 106-108). Todavia, esse posicionamento está atualmente ultrapassado, consoante do voto do Ministro Sepúlveda Pertence, do Supremo Tribunal Federal, na Ação Direta de Inconstitucionalidade nº 83-MG: "parece superada, com efeito, a velha tese de Celso Antônio (MELLO, 1973, p. 101, 134), segundo a qual empresas estatais 'que não sejam prestadoras de serviço público só podem existir no plano federal'".

No que diz respeito às sociedades de economia mista, o artigo 5º, inciso III, do Decreto-Lei nº 200/67, que dispõe sobre a organização administrativa federal, determina que esta espécie de empresa estatal seja sempre organizada sob a forma de sociedade anônima. Hoje, o modo de organização da sociedade de economia mista é imposição que consta de lei de âmbito nacional, a saber, a Lei das Sociedades por Ações (Lei nº 6.404/76), que tem um capítulo dedicado a essas entidades. Embora não contenha um conceito, o artigo 235 determina que "as sociedades de economia mista estão sujeitas a esta lei, sem prejuízo das disposições especiais de lei federal" (DI PIETRO, 2001, p. 380).

Infere-se que, apesar de o Decreto-Lei nº 200/67 ser aplicável somente na esfera federal, os Estados, o Distrito Federal e os Municípios, por força do disposto na Lei nº 6.404/76, não têm a liberdade de adotar outra forma de organização para as sociedades de economia mista que instituírem, visto que não dispõem de competência para legislar sobre direito civil e comercial (DI PIETRO, 2001, p. 380).

No que tange à natureza do objeto dessas entidades, o artigo 5º, incisos II e III, do Decreto-Lei nº 200, de 25.2.1967, determina que a sociedade de economia mista seja estruturada sob a forma de sociedade anônima e a empresa pública, sob qualquer das formas admitidas em direito, disso decorre que a primeira é sempre sociedade comercial, ao passo que a segunda pode ter natureza civil ou comercial (DI PIETRO, 2001, p. 380). Nos termos do artigo 2º, §1º, da Lei nº 6.404/76, as empresas públicas constituídas sob a forma de sociedade por ações terão a natureza comercial, qualquer que seja o seu objeto, salvo disposição legal específica em contrário.

Deve-se acrescentar que, pelo direito privado brasileiro, a instituição da empresa pública ou sociedade de economia mista não se completa com a publicação da lei autorizativa, mas com a inscrição de seus atos constitutivos nos competentes registros (artigo 18 do Código Civil e artigo 119 da Lei nº 6.015/76). Portanto, tais atos devem ser arquivados no Registro do Comércio, se a empresa pública tiver sido constituída sob o regime de uma das sociedades mercantis, ou no Registro Civil de Pessoas Jurídicas, se instituída como sociedade civil.

As empresas públicas constituídas sob a forma de sociedade por ação e todas as sociedades de economia mista, qualquer que seja o seu objeto, são mercantis e regem-se pelas leis e usos comerciais (Lei n° 6.404/76, artigo 2º, §1º), devendo ter seus atos constitutivos arquivados no Registro do Comércio. Após esses arquivamentos, devem ser promovidas as competentes inscrições e registros nos órgãos públicos federais, estaduais, distritais e municipais. Só após o atendimento dessas exigências a empresa estará em condições de funcionar, isto é, de desempenhar suas atividades (GASPARINI, 2000, p. 345).

5.10.4 A composição do capital

Com relação à composição do capital, a distinção básica é de que a sociedade de economia mista seria constituída por capital público e privado, ao passo que a empresa pública teria capital exclusivamente público.

Nas sociedades de economia mista, o capital é formado da conjugação de recursos oriundos das pessoas de direito público ou de outras pessoas administrativas, de um lado, e de recursos da iniciativa privada, de outro. Significa dizer que as parcelas do capital, representadas por ações, são distribuídas entre a entidade governamental e os particulares (CARVALHO FILHO, 2000, p. 360). Evidentemente, para que a empresa se mantenha ajustada às diretrizes da entidade instituidora, é a esta que deve pertencer a maioria das ações com direito a voto.

Por outro lado, na composição do capital das empresas públicas só é admissível que participem pessoas administrativas, seja qual for seu nível federativo ou sua natureza jurídica (pública ou privada). Os sócios ou acionistas terão que ser pessoas integrantes da Administração Pública. Em consequência, estão impedidas de participar diretamente do capital as pessoas da iniciativa privada, sejam elas físicas ou jurídicas. Inicialmente, o Decreto-Lei n° 200/67 previa que o capital fosse exclusivo da União (artigo 5º, inciso II). Posteriormente, o Decreto-Lei n° 900/69 alterou o dispositivo, passando a dispor que "desde que a maioria do capital votante permaneça de propriedade da União, será admitida, no capital da Empresa Pública (art. 5º, II, do Dec.-Lei n° 200/67), a participação de outras pessoas jurídicas de direito público interno, bem como de entidades da Administração Indireta da União, dos Estados, Distrito Federal e Municípios" (CARVALHO FILHO, 2000, p. 361). Com isso, passou a admitir-se a participação de pessoas jurídicas de direito privado que integrem a administração indireta, inclusive de sociedades de economia mista, em que o capital é parcialmente privado (DI PIETRO, 2001, p. 382).

Em resumo: o capital das empresas públicas é constituído por recursos integralmente provenientes de pessoas de direito público ou de entidades de suas administrações indiretas; nas sociedades de economia mista, há conjugação de recursos particulares com recursos provenientes de pessoas de direito público ou de entidades de suas administrações indiretas, com prevalência acionária votante da esfera governamental (MELLO, 1996, p. 100).

5.11 Uma tipologia para as empresas estatais brasileiras

Em trabalho publicado na *Revista do Tribunal de Contas do Distrito Federal* (n. 10, p. 145 *et seq.*), Antônio Carlos Cintra do Amaral (1996, p. 21-22) propõe a seguinte classificação das empresas estatais, de acordo com sua função:

I - empresas que exercem serviço público:
   a) empresas que exercem serviço público da esfera da pessoa jurídica de direito público interno que controla seu capital;
   b) empresas que exercem serviço público da esfera de pessoa jurídica de direito público interno diversa da que controla seu capital;

II - empresas que exercem atividade própria da iniciativa privada:
   a) empresas que exercem atividade privada em caráter monopolístico, excludente, pois, da iniciativa privada;
   b) empresas que exercem atividade privada em caráter suplementar à iniciativa privada, sob regime de competição; e

III - empresas auxiliares do Poder Público.

No momento, já se dispõem de elementos suficientes para, ampliando a classificação alvitrada por Antônio Carlos Cintra do Amaral, estabelecer uma tipologia para as estatais brasileiras, segundo critérios que permitam, sobretudo, identificar especificidades no regime jurídico aplicável a cada uma das espécies:

A) Quanto à denominação jurídica:
I - empresas públicas;
II - sociedades de economia mista;
III - subsidiárias das empresas públicas e sociedades de economia mista;
B) Quanto à atividade que exercem:

I - empresas estatais prestadoras de serviço público:

a) empresas que prestam serviço público da esfera da pessoa jurídica de direito público interno que controla seu capital:

a.1) em regime de exclusividade;

a.2) em regime de concorrência com empresas privadas ou outras estatais;

b) empresas que exercem serviço público da esfera de pessoa jurídica de direito público interno diversa da que controla seu capital:

b.1) em regime de exclusividade;

b.2) em regime de concorrência com empresas privadas ou outras estatais;

II - empresas estatais exploradoras de atividade econômica, própria da iniciativa privada:

a) empresas que exploram atividade econômica em caráter monopolístico, excludente, pois, da iniciativa privada;

b) empresas que exploram atividade econômica em caráter suplementar à iniciativa privada, sob regime de competição.

As empresas públicas podem, ainda, ser classificadas segundo os seguintes critérios:

C) Quanto à forma de constituição:

I - empresas públicas constituídas sob a forma de sociedades por ações;

II - empresas públicas constituídas sob outras formas jurídicas; Observação: as sociedades de economia mista são sempre constituídas sob a forma de sociedades por ações.

D) Quanto ao número de sócios ou acionistas:

I - empresas públicas unipessoais;

II - empresas públicas pluripessoais. Observação: as sociedades de economia mista são sempre pluripessoais.

E) Quanto à natureza do seu objeto:

I - empresas públicas de natureza civil;

II - empresas públicas de natureza empresarial. Observação: as sociedades de economia mista têm sempre a natureza comercial, por força do disposto no artigo 2º, §1º, da Lei nº 6.404/76.

A seguir, são examinadas as consequências básicas, em termos de regime jurídico, para cada uma das espécies supra.

5.11.1 Empresas públicas, sociedades de economia mista e subsidiárias

As empresas públicas e sociedades de economia mista apresentam grande similitude no regime jurídico a que se submetem. Diferenças vão ocorrer quanto à forma de constituição e ao número de sócios ou acionistas. Outra diferença diz respeito ao fato de que, na esfera federal, as empresas públicas, por força do artigo 109, incisos I e IV, da Constituição, têm foro privilegiado na Justiça Federal, enquanto as sociedades de economia mista têm foro na Justiça Estadual, como se verá adiante.

Já as subsidiárias apresentam regime jurídico com divergências mais marcantes, visto que muitas delas não foram criadas por lei específica, não fazendo parte da Administração Indireta, segundo jurisprudência predominante, inclusive do Supremo Tribunal Federal. A elas somente se aplicam as normas constitucionais, legais e regulamentares referentes às empresas públicas e sociedades de economia mista quando abrangidas expressamente pela norma, desde que não contrarie disposição constitucional.

5.11.2 Estatais exploradoras de atividade econômica e prestadoras de serviços públicos

Consoante asseverado em diversas ocasiões, as empresas estatais exploradoras de atividade econômica e as prestadoras de serviço público apresentam profundas divergências no regime jurídico ao qual se submetem. As que exploram atividades econômicas sujeitam-se ao regime próprio das empresas privadas, inclusive quanto aos direitos e obrigações civis, comerciais, trabalhistas e tributários, nos precisos termos do artigo 173, §1º, da Constituição, sendo-lhes aplicáveis algumas normas de direito público, somente por expressa disposição do texto constitucional. As prestadoras que serviço público subsomem-se ao artigo 175 da Constituição, estando sujeitas ao um regime jurídico bem mais próximo do direito público.

5.11.3 Empresas estatais que prestam serviços públicos na mesma esfera de governo que controla o seu capital e empresas estatais que prestam serviços públicos em esfera de governo diversa daquela que controla o seu capital

Quando a prestadora de serviço público for controlada pela pessoa jurídica titular da competência para prestar o serviço e houver sido constituída precisamente para prestar esse serviço, não se considera que haja concessão, mas apenas descentralização decorrente do poder de auto-organização que tem o Estado. Nesse caso, não há necessidade de licitação prévia nem de contrato de concessão para atribuição do serviço.

Na situação em que a prestadora de serviço público for controlada por pessoa jurídica diversa daquela titular da competência para prestar o serviço, a hipótese é de concessão de serviço público, que deverá ser feita por contrato, mediante prévia licitação, nos termos do artigo 175 da Constituição.

5.11.4 Prestação de serviço público em regime de exclusividade e em regime de concorrência

No caso de prestação de serviço público em regime de exclusividade, ante a ausência de concorrência, podem ser atribuídos à empresa estatal privilégios, inclusive tributários. Se a prestação do serviço se der em regime de concorrência, só se podem atribuir privilégios, se idênticas vantagens forem atribuídas às empresas concorrentes, inclusive as particulares.

5.11.5 Exploração de atividade econômica em caráter monopolístico e em regime de competição

Tratando-se de exploração de atividade econômica em regime de monopólio, legal ou natural, diante da falta de competição, o artigo 173 da Constituição não se aplica integralmente, podendo haver vantagens ou incentivos.

No julgamento do Recurso Extraordinário nº 172.816, o Pleno do Supremo Tribunal Federal, dele não conhecendo, declarou que a norma do artigo 173, §1º, da Constituição, aplica-se às empresas públicas que exercem atividade econômica em regime de concorrência, não tendo aplicação às sociedades de economia mista ou empresas públicas que, embora exercendo atividade econômica, gozam de exclusividade. O preceito completa-se com o do §2º e visa a assegurar a livre concorrência, de modo que as entidades públicas que exercem ou venham a exercer atividade econômica não se beneficiem de tratamento privilegiado em relação a entidades privadas que se dediquem à atividade econômica na mesma área ou em área semelhante (MELO, 1999, p. 125).

A respeito, transcreve-se, ainda, o seguinte acórdão do STF:

> CONSTITUCIONAL. EMPRESAS PÚBLICAS E SOCIEDADES DE ECONOMIA MISTA – REGIME PRÓPRIO DAS EMPRESAS PRIVADAS.
>
> As empresas públicas, as sociedades de economia mista e outras entidades que explorem atividade econômica em sentido estrito, sem monopólio, estão sujeitas ao regime próprio das empresas privadas, inclusive quanto às obrigações trabalhistas e tributárias. CF, art. 173, §1º. (BRASIL, 1998a, p. 2)

Quando se tratar de exploração de atividade econômica em regime de concorrência, deve haver subsunção total do regime jurídico da empresa estatal às disposições do artigo 173 da Carta Magna, somente com as exceções previstas na própria Constituição. Qualquer norma infraconstitucional que conferir privilégio à empresa, seja na esfera civil, comercial, trabalhista ou tributária, há que ser considerada inconstitucional.

5.11.6 Empresa pública constituída sob a forma de sociedade por ações e empresa pública constituída por outra forma jurídica

As empresas públicas constituídas sob a forma de sociedade por ações, seja para a exploração de atividade econômica ou para a prestação de serviços públicos, devem observar as disposições da Lei nº 6.404/76, no que lhe for aplicável. As empresas públicas constituídas por outras formas jurídicas regem-se pela lei que autorizou a sua criação e pelos seus estatutos e demais atos constitutivos, não se lhes aplicando as disposições da Lei das Sociedades por Ações.

5.11.7 Empresa pública unipessoal e empresa pública pluripessoal

As empresas públicas unipessoais somente podem ser constituídas na esfera federal, em face da ausência de previsão no direito privado dessa forma jurídica e da falta de competência dos Estados, do Distrito Federal e dos Municípios de legislar sobre a matéria. As empresas públicas pluripessoais podem ser instituídas em qualquer esfera de governo.

5.11.8 Empresa pública de natureza civil e de natureza comercial

As empresas públicas de natureza civil, em razão do exercício de atividades civis, devem ser registradas no Registro Civil de Pessoas Jurídicas. As de natureza comercial devem ser registradas no Registro do Comércio, submetendo-se às leis e usos comerciais. Saliente-se que as empresas públicas constituídas sob a forma de sociedades por ações são sempre empresárias (salvo se, na esfera federal, a lei que lhe autorizar a criação, atribuir-lhe expressamente a natureza civil).

5.12 Elementos essenciais do regime jurídico

5.12.1 Controle administrativo e judicial

De acordo com os artigos 49, inciso X, 70, 71 e 74, da Constituição Federal, as empresas do Estado submetem-se ao controle administrativo estatal, que abrange controle interno, a cargo do próprio Poder Executivo, e ao controle externo, exercido pelo Poder Legislativo. Os atos praticados pelos gestores dessas entidades sujeitam-se, ainda, ao controle judicial, além do controle pelos administrados.

O controle interno é exercido no âmbito da própria empresa, pelos seus órgãos de auditoria, controle *interna corporis*, como também da pessoa jurídica criadora da empresa, como se pode inferir do artigo 74, §1º, do Texto Constitucional (FIGUEIREDO, 2000, p. 117).

As empresas estatais, consoante estabelece o artigo 19 do Decreto-Lei nº 200/67, estão sujeitas à supervisão do Ministro a cuja pasta estejam vinculadas, que deverá, diretamente ou através dos órgãos superiores do Ministério, orientá-las, coordená-las e controlá-las, nos termos desse mesmo diploma. São objetivos precípuos da supervisão, conforme disposto no artigo 26, assegurar a realização dos objetivos básicos em vista dos quais foi constituída a entidade, promover a harmonização de seu comportamento com a política e a programação do Governo no setor em que atua, promover a eficiência administrativa e garantir sua autonomia administrativa, financeira e operacional (MELLO,1996, p. 113).

CAPÍTULO 5
O TRAÇADO DO NOVO REGIME JURÍDICO DAS ESTATAIS À LUZ DA EMENDA CONSTITUCIONAL Nº 19/1998 | 141

Acrescente-se que os titulares dessas pastas são os responsáveis pelo controle das empresas públicas e sociedades de economia mista, na medida em que indicam ou nomeiam seus dirigentes recebem relatórios, boletins, balanços, balancetes e outras informações e dados que lhes permitem avaliar o desempenho dessas pessoas e acompanhar a execução dos planos de atividades e dos programas de governo. Ao lado disso, cabe-lhes aprovar as contas, os relatórios e balanços, a fixação das despesas de pessoal, de administração e publicidade. Esse controle amplo, como se vê, permite-lhes, ainda, a realização de auditoria periódica, avaliação do procedimento e produtividade da empresa e a intervenção, se for do interesse público, consoante dispõe o artigo 26, incisos e parágrafo, do Decreto-Lei nº 200/67 (GASPARINI, 2000, p. 351).

Com a Constituição de 1988, cresceu em importância o controle interno, em razão de sua função de apoiar o controle externo no exercício de sua missão institucional (artigo 74, inciso IV), uma vez que foram significativamente ampliadas as competências dos Tribunais de Contas (FIGUEIREDO, 2000, p. 118).

Além desse controle efetuado na esfera do próprio Poder Executivo, as empresas estatais submetem-se ao controle externo (MELLO, 1996, p. 113).

O artigo 49, inciso X, da Constituição, submete à fiscalização e controle do Congresso Nacional os atos do Poder Executivo, incluídos os da administração indireta (MELLO, 1996, p. 107).

O controle externo compreende a fiscalização contábil, financeira, orçamentária, operacional e patrimonial e, com relação à Administração Indireta, está previsto de forma muito clara na atual Constituição. Exercido com o auxílio do Tribunal de Contas, abrange o julgamento das contas dos administradores e demais responsáveis por dinheiros, bens e valores da administração direta e indireta, inclusive das fundações e sociedades instituídas e mantidas pelo poder público (artigo 71, inciso II); alcança, pois, todas as empresas de que a União participe, majoritária ou minoritariamente (DI PIETRO, 1998, p. 338). Assim, o controle pelos Tribunais de Contas deve ser exercido não apenas sobre a legalidade, mas também sobre a legitimidade e economicidade (artigo 70 da Constituição Federal); e, atualmente, com a inclusão do princípio da eficiência, o controle tende a ser o mais amplo possível (FIGUEIREDO, 2000, p. 120).

O controle externo compreende ainda a apreciação, pelos Tribunais de Contas, para fins de registro, da legalidade dos atos de admissão pessoal, a qualquer título, na administração direta e indireta, excetuadas as nomeações para cargo de provimento em comissão, além da realização de inspeções e auditorias de natureza contábil, financeira, orçamentária, operacional e patrimonial, inclusive quando requeridas pela Câmara dos Deputados, Senado Federal e por iniciativa de comissão técnica ou de inquérito nas unidades administrativas das referidas entidades, nos termos do artigo 71, incisos III e IV, da CF (DI PIETRO, 2001, p. 383).

Ressalte-se que, por força do artigo 75 da Constituição Federal, tais normas aplicam-se, no que couber, nas esferas estaduais e municipais e do Distrito Federal, no que concerne ao âmbito fiscalizatório dos respectivos Tribunais ou Conselhos de Contas (MELLO, 1996, p. 107).

No âmbito do TCU, embora tenham sido editados normativos para privilegiar os princípios da racionalização e da simplificação e a necessidade de estabelecer critérios de seletividade para a formalização e instrução dos processos, foi mantida, no art. 2º da Instrução Normativa nº 63/2010, disposição expressa sobre a sujeição à apresentação de relatório de gestão e à constituição de processo de contas, anualmente, dos responsáveis pelas seguintes unidades jurisdicionadas:

I - órgãos e entidades da administração pública federal direta e indireta, incluídas as fundações e empresas estatais, bem como suas unidades internas;

II - fundos cujo controle se enquadre como competência do Tribunal;

III - serviços sociais autônomos;

IV - contas nacionais das empresas supranacionais de cujo capital social a União participe, de forma direta ou indireta, nos termos do respectivo tratado constitutivo;

V - empresas encampadas, sob intervenção federal, ou que, de qualquer modo, venham a integrar, provisória ou permanentemente, o patrimônio da União ou de entidade pública federal;

VI - entidades cujos gestores, em razão de previsão legal, devam prestar contas ao Tribunal;

VII - programas de governo constantes do Plano Plurianual previsto no inciso I do art. 165 da Constituição Federal.

A instauração, pela autoridade competente, de tomada de contas especial, na ocorrência de desfalque ou desvio de dinheiros, bens ou valores públicos, ou da prática de qualquer ato ilegal, ilegítimo ou antieconômico de que resulte dano ao Erário, é outro importante instrumento posto à disposição do controle externo, consoante artigo 8º da Lei nº 8.443/92. É entendimento do Tribunal de Contas da União que esse dispositivo abrange as empresas públicas, sociedades de economia mista, bem como suas subsidiárias ou controladas, sejam exploradoras de atividade econômica ou prestadoras de serviços públicos (BRASIL, 1997c, p. 4757).

Outra forma de controle sobre essas entidades é o controle judicial, que se vem ampliando nos últimos anos. O inciso XXXV do artigo 5º é bastante claro: qualquer lesão ou ameaça de lesão pode ser submetida à apreciação do Judiciário. Abrem-se, pois, completamente as portas do Judiciário. Se toda e qualquer ameaça pode ser conhecida pelo Judiciário, as medidas acautelatórias defluem diretamente do texto constitucional (FIGUEIREDO, 2000, p. 121).

Por fim, o administrado exercer ele próprio o controle sobre as empresas estatais pelo direito de petição que se encontra no artigo 5º, inciso XXXIV, alínea "a", do Texto Constitucional. Ademais, a Constituição de 1988 coloca à disposição dos administrados vários instrumentos, que podem ser usados como meio de controle dos atos dos administradores públicos, tais como: ação popular, mandado de segurança, mandado de injunção, *habeas data*.

5.12.2 Regime de pessoal

O regime jurídico do pessoal varia conforme se trate dos dirigentes ou dos demais empregados da empresa pública ou sociedade de economia mista (CRETELLA JÚNIOR, 1990, p. 426).

Quanto aos "dirigentes da pessoa jurídica, investidos em decorrência de providências governamentais exercidas em nome da supervisão ministerial, na forma do artigo 26, parágrafo único, alínea "a", do Decreto-Lei nº 200/67, exercem mandatos, e cumulam a dupla função de agentes da empresa estatal e representantes da entidade que a supervisiona. Nada importa se foram diretamente designados ou se foram eleitos com o patrocínio governamental. Não são empregados das pessoas regidos pela Consolidação das Leis do Trabalho, salvo se já mantinham com ela vínculos desta natureza (MELLO, 1996, p. 117-118). São demissíveis *ad nutum*, quer se trate de nomeação sem prazo fixado, quer se trate de nomeação como termo *ad quem* determinado (CRETELLA JÚNIOR, 1990, p. 426).

No que tange aos demais empregados, esses submetem-se ao regime da Consolidação das Leis do Trabalho – CLT, sendo comumente denominados de empregados públicos (MELLO, 1996, p. 117-118).

Nas entidades que exercem atividade econômica, a submissão ao regime da CLT decorre da própria disposição contida no artigo 173, §1º, inciso II, da Constituição, que impõe a sujeição às normas trabalhistas aos empregados das empresas públicas, sociedades de economia mista e suas subsidiárias que explorem atividade econômica de produção ou comercialização de bens ou de prestação de serviços. Quando se trata de empresa prestadora de serviços industriais, a previsão consta, outrossim, do artigo 182 do Decreto-Lei nº 200/67.

Não há, portanto, qualquer dúvida quanto ao regime de pessoal das empresas públicas e sociedades de economia mista e suas subsidiárias exploradoras de atividade econômica.

As empresas públicas e sociedades de economia mista prestadoras de serviços públicos constituídas até o momento adotam, sem exceção, o regime trabalhista para os seus empregados.

Resta examinar, em tese, se haveria a possibilidade de ser criada empresa pública ou sociedade de economia mista com a finalidade de prestação de serviços públicos que adotasse, com relação aos seus empregados, regime jurídico diverso do estabelecido na CLT, a contrário senso do artigo 173, §1º, inciso II, da Constituição.

Essa hipótese não merece acolhida. Na ausência de uma terceira espécie de regime de pessoal, o regime a ser adotado haveria de ser, certamente, o estatutário, submetendo-se, na íntegra, às normas dos artigos 37, 38, 39 e 40 da Constituição. Ora, assente que tais entidades têm personalidade jurídica de direito privado, estar-se-ia diante de um regime de pessoal incompatível com a natureza jurídica das empresas públicas e sociedades de economia mista.

O Supremo Tribunal Federal, no julgamento da ADIn nº 83-MG, ao apreciar a constitucionalidade de dispositivos da Constituição de Minas Gerais, à luz da Carta Federal de 1988, entendeu que serviço público e exploração de atividade econômica não são termos análogos, reconheceu a dicotomia existente entre as empresas públicas e sociedades de economia mista exploradoras de atividade econômica e prestadoras de serviço público, estando ambas, porém, sujeitas ao regime de direito privado em matéria trabalhista. Em seu voto, afirmou o Ministro Relator Sepúlveda Pertence: "A relação de trabalho com pessoa de direito privado é sempre, no entanto, uma relação de Direito Privado" (BRASIL, 1991, p. 975).

Desse modo, tanto as empresas públicas que exercem atividade econômica quanto as que prestam serviços públicos devem ter seus empregados submetidos ao regime celetista.

Entretanto, a própria Constituição, no capítulo concernente à Administração Pública (artigo 37), revoga parcialmente a legislação trabalhista, ao dispor normas que se aplicam a todos os servidores da Administração Pública direta ou indireta (DI PIETRO, 2001, p. 384).

Na realidade, o regime jurídico da CLT não se aplica, em toda a sua pureza, aos que exercem empregos ou funções em empresas públicas e sociedades de economia mista, sofrendo, ao contrário, algumas derrogações (CRETELLA JÚNIOR, 1990, p. 426).

A primeira delas diz respeito à exigência de que a contratação deve ser precedida de concurso público de provas ou provas e títulos, consoante prevê o artigo 37, inciso II, da Constituição (MELLO, 1996, p. 118). Sem sombra de dúvida, o concurso público é obrigatório para as empresas estatais, excetuando-se, é claro, funções de confiança (equivalentes aos cargos em comissão), bem como os empregos temporários, que, também para a Administração Pública, não necessitam obrigatoriamente de concurso (FIGUEIREDO, 2000, p. 110). Para esse fim é irrelevante saber se são prestadoras de serviço público ou interventoras na atividade econômica (GASPARINI, 2000, p. 347, 358).

Alguns autores defendem que é dispensável o concurso se a entidade apenas explora atividade econômica ou que a exigência constitucional deve ao menos ser atenuada. Lúcia Valle Figueiredo (2000, p. 110), por exemplo, sustenta que as empresas públicas e sociedades de economia mista que se encontram na atividade econômica poderão, desde que aplicados os princípios da Administração Pública, selecionar seus empregados por processo simplificado.

Essa linha de entendimento, contudo, não tem encontrado guarida nem no Tribunal de Contas da União nem no Poder Judiciário, visto que a Constituição não criou qualquer diferença entre esta ou aquela entidade da Administração Indireta, conforme se pode depreender do artigo 37, *caput* e inciso II, do Texto Constitucional. A admissão de pessoal na Administração Direta, Indireta e Fundacional, de acordo com jurisprudência pacificada pelo Tribunal de Contas da União e ratificada pelo Supremo Tribunal Federal, deve ser precedida de concurso público.

O Plenário do Tribunal de Contas da União, na sessão de 16.5.1990, ao julgar o TC-006.658/1989-0, firmou o entendimento de que o artigo 37, inciso II, da Constituição aplica-se às empresas públicas e sociedades de economia mista, inclusive as criadas para exploração de atividade econômica (BRASIL, 1990, p. 10835).

Na Suprema Corte, entre os vários acórdãos, o que parece ferir todos os pontos controvertidos tem a seguinte ementa (BRASIL, 1993, p. 139):

> Ementa: Cargos e empregos públicos. Administração Pública Direta, Indireta e Fundacional. Acessibilidade. Concurso Público.

A acessibilidade aos cargos públicos a todos os brasileiros, nos termos da Lei e mediante concurso público é princípio constitucional explícito, desde 1934, art. 168.

Embora cronicamente sofismado, mercê de expedientes destinados a iludir a regra, não só foi reafirmado pela Constituição, como ampliado, para alcançar os empregos públicos, art. 37, I e II.

Pela vigente ordem constitucional, em regra, o acesso aos empregos públicos opera-se mediante concurso público, que pode não ser de igual conteúdo, mas há de ser público.

As autarquias, empresas públicas e sociedades de economia mista estão sujeitas à regra, que envolve a administração direta, indireta e fundacional, de qualquer dos poderes da União, dos Estados, do Distrito Federal e dos Municípios.

Sociedade de economia mista destinada a explorar atividade econômica está igualmente sujeita a esse princípio, que não colide com o expresso no art. 173, §1º.

Exceções ao princípio, se existem, estão na própria Constituição.

Em seu voto, o Ministro Paulo Brossard asseverou:

> Em outras palavras, a sociedade de economia mista vinculada à exploração de natureza econômica não está desobrigada de observar o preceito constitucional que prescreve o concurso público para o provimento dos empregos públicos, mas está a ele sujeita: este entendimento em nada conflita com o disposto no §1º, do artigo 173, da Constituição, que tem outro endereço e outro alcance, nada interferindo com a forma de provimento dos empregos da entidade. (BRASIL, 1993, p. 147)

A necessidade de concurso público para admissão de pessoal aplica-se às subsidiárias e controladas das empresas estatais. A matéria encontra-se sumulada no Enunciado nº 231 do Tribunal de Contas da União:

> A exigência de concurso público para admissão de pessoal se estende a toda a Administração Indireta, nela compreendidas as Autarquias, as Fundações instituídas e mantidas pelo Poder Público, as Sociedades de Economia Mista, as Empresas Públicas e, ainda, as demais entidades controladas direta ou indiretamente pela União, mesmo que visem a objetivos estritamente econômicos, em regime de competitividade com a iniciativa privada. (BRASIL, 1998, p. 191)

Entre as normas constitucionais aplicáveis às empresas públicas e sociedades de economia mista, derrogatórias de algumas normas inerentes ao regime trabalhista, merece realce, ainda proibição de acumulação de cargos, empregos e funções, com as exceções previstas na própria Constituição (artigo 37, XVII, CF).

O inciso XI do art. 37 da Carta Magna, com a redação dada pela Emenda Constitucional nº 41/2003, trata da remuneração e do subsídio dos ocupantes de cargos, funções e empregos públicos da administração direta, autárquica e fundacional, dos membros de qualquer dos Poderes da União, dos Estados, do Distrito Federal e dos Municípios, dos detentores de mandato eletivo e dos demais agentes políticos e dos proventos, pensões ou outra espécie remuneratória, percebidos cumulativamente ou não, incluídas as vantagens pessoais ou de qualquer outra natureza.

Segundo tal comando constitucional, tais verbas remuneratórias não poderão exceder o subsídio mensal, em espécie, dos Ministros do Supremo Tribunal Federal, aplicando-se como limite, nos Municípios, o subsídio do Prefeito, e nos Estados e no Distrito Federal, o subsídio mensal do Governador no âmbito do Poder Executivo, o subsídio dos Deputados Estaduais e Distritais no âmbito do Poder Legislativo e o subsídio dos Desembargadores do Tribunal de Justiça, limitado a noventa inteiros e vinte e cinco centésimos por cento do subsídio mensal, em espécie, dos Ministros do Supremo Tribunal Federal, no âmbito do Poder Judiciário, aplicável este limite aos membros do Ministério Público, aos Procuradores e aos Defensores Públicos.

Entretanto, há uma ressalva no §9º do mesmo artigo, no sentido de que as disposições retromencionadas são aplicáveis às empresas públicas e às sociedades de economia mista e suas subsidiárias, mas apenas àquelas que receberem recursos da União, dos Estados, do Distrito Federal ou dos Municípios, para pagamento de despesas de pessoal ou de custeio em geral.

Além disso, as entidades da administração indireta estão sujeitas à restrição do artigo 169, §1º (redação da Emenda Constitucional nº 19), segundo o qual "a concessão de qualquer vantagem ou aumento de remuneração, a criação de cargos, empregos e funções ou alteração de estrutura de carreiras, bem como a admissão ou contratação de pessoal, a qualquer título, pelos órgãos da administração direta ou indireta, inclusive fundações instituídas e mantidas pelo poder público, só poderão ser feitas: I - se houver prévia dotação orçamentária suficiente para atender às projeções de despesa de pessoal e aos acréscimos dela decorrentes; II - se houver autorização específica na lei de diretrizes orçamentárias, ressalvadas as empresas públicas e as sociedades de economia mista" (DI PIETRO, 2001, p. 384).

Na legislação ordinária, também se encontram normas que equiparam os empregados das empresas estatais aos servidores da Administração Direta. É o caso do parágrafo único do artigo 327 do Código Penal, que considera funcionário público, para fins criminais, "quem exerce cargo, emprego ou função em entidade paraestatal". Saliente-se que a jurisprudência considera a equiparação apenas no caso de sujeito ativo de crimes próprios dos funcionários públicos. Para Celso Antônio Bandeira de Mello (1996, p. 107), esse dispositivo somente é aplicável aos empregados das empresas governamentais que desempenhem serviço público, ou seja, aos que trabalham em empresas que exercem atividade econômica não é aceitável essa equiparação. Justifica o autor seu posicionamento com os seguintes argumentos: em primeiro lugar, tendo em vista o artigo 173, §1º, da Constituição, que os sujeita ao mesmo regime aplicável aos empregados das empresas particulares, somente se admitindo as derrogações previstas na própria Constituição; em segundo lugar, porque o artigo 327 do Código Penal considera funcionário público, para fins penais, somente aquele que exerce função pública, o que não ocorre com os empregados das empresas que se instituem como forma de intervenção do Estado no domínio econômico.

Os Tribunais, no entanto, não têm levado em conta essa distinção, no julgamento de ações penais envolvendo empregados de empresas estatais, considerando genericamente o conceito de funcionário público (ESTADO DO PARANÁ, 1996). Com efeito, se o escopo da norma penal é a proteção do patrimônio e dos interesses públicos, não há realmente que se efetuar diferenciação, quanto a esse aspecto, entre as estatais prestadoras de serviços públicos e as exploradoras de atividades econômicas.

Outra regra de equiparação aplica-se aos empregados de empresas públicas e sociedades de economia mista: trata-se da hipótese de improbidade administrativa, conforme artigos 1º e 2º da Lei nº 8.429, de 2.6.1992 (CARVALHO FILHO, 2000, p. 364).

Com relação à estabilidade no emprego, essa não abrange os empregados das empresas estatais. Inclusive, o próprio Tribunal Superior do Trabalho já firmou entendimento, negando essa garantia para esses agentes com a edição da Súmula nº 390, de 20.4.2005, que dispõe: "Estabilidade art. 41 CF/1988. Celetista. Administração direta, autárquica ou fundacional. Aplicabilidade. Empregado de empresa pública e sociedade de economia mista. Inaplicável".

No mesmo sentido, decide o STF:

EMENTA: CONSTITUCIONAL. EMPREGADO DE EMPRESA PÚBLICA OU SOCIEDADE DE ECONOMIA MISTA. DISPENSA IMOTIVADA.

POSSIBILIDADE. I - Ambas as Turmas desta Corte possuem entendimento no sentido de que os empregados admitidos por concurso público em empresa pública ou sociedade de economia mista podem ser dispensados sem motivação, porquanto aplicável a essas entidades o art. 7º, I, da Constituição. II - Agravo regimental improvido.

(AI nº 648453 AgR, Primeira Turma, Relator Min. Ricardo Lewandowski, julgado em 20.11.2007, DJe-165 de 18 dez. 2007, publicado em 19.12.2007)

O Tribunal Superior do Trabalho, em razão da ausência de estabilidade do art. 41 da Constituição Federal, reconhece como lícita a dispensa sem motivação, justificando que as empresas públicas, apesar de pertencerem à Administração Pública Indireta, têm personalidade de direito privado, submetendo-se à regra inserta no §1º do artigo 173 da Carta Magna, segundo a qual as empresas públicas e as sociedades de economia mista que exploram atividade econômica estão sujeitas ao regime jurídico próprio das empresas privadas, inclusive quanto às obrigações trabalhistas. Sendo assim, deve a empresa observar as regras para demissão prevista pela CLT, pagando as devidas verbas indenizatórias.

Em outra vertente, assevera Celso Antônio Bandeira de Mello (1996, p. 118), assim como não é livre a admissão de pessoal, também não se pode admitir que os dirigentes das estatais tenham o poder de desligar seus empregados com a mesma liberdade com que o faria o dirigente de uma empresa particular. Para o autor, é preciso que haja uma motivação para o ato, não se admitindo caprichos pessoais, vinganças ou quaisquer decisões movidas por mero subjetivismo e, muito menos, por sectarismo político ou partidário, pois a empresa estatal é entidade preposta a objetivos de interesse de toda a coletividade.

O TST editou a Orientação Jurisprudencial SDI-1 nº 247/01 que estabelece: "Servidor público. Celetista concursado. Despedida imotivada. Empresa pública ou sociedade de economia mista. Possibilidade" (inserida em 20.6.2001).

Todavia, tal Orientação foi alterada, no que diz respeito à situação da Empresa de Correios e Telégrafos. O TST, em 2007, introduziu a ressalva dessa empresa, reconhecendo que, em razão dos privilégios de Fazenda Pública que lhe foram atribuídos, que vão desde a execução por precatório, impenhorabilidade de seus bens, rendas e serviços, passando por foro, prazos e custas processuais, além da imunidade tributária, não pode efetuar demissão sem justa causa como qualquer empresa pública. "A equiparação ampla da empresa à Fazenda Pública deve alcançar, por igual, as restrições à despedida imotivada ou arbitrária".

Assim, o TST publicou, no Diário da Justiça de 13.11.2007, a Resolução nº 143/2007, que altera a OJ nº 247 da SDI-I nos seguintes termos:

> SERVIDOR PÚBLICO. CELETISTA CONCURSADO. DESPEDIDA IMOTIVADA. EMPRESA PÚBLICA OU SOCIEDADE DE ECONOMIA MISTA. POSSIBILIDADE.
>
> 1. A despedida de empregados de empresa pública e de sociedade de economia mista, mesmo admitidos por concurso público, independe de ato motivado para sua validade;
>
> 2. A validade do ato de despedida do empregado da Empresa Brasileira de Correios e Telégrafos (ECT) está condicionada à motivação, por gozar a empresa do mesmo tratamento destinado à Fazenda Pública em relação à imunidade tributária e à execução por precatório, além das prerrogativas de foro, prazos e custas processuais.

Conclui o TST "que a ECT não pode ter tratamento híbrido. Em outras palavras: ou se lhe dá prerrogativa de ente público com ônus de entre público, ou bem se lhe confere *status* de empresa privada e os deveres da atividade privada. Dessa forma, é inevitável afastar o dever de motivação" (TST, Proc. nº 95.418/2003-900-02-00.6/RR, Segunda Turma, *DJ*, 12 maio 2006).

O Supremo Tribunal Federal, enfrentando especificamente a questão da dispensa dos empregados da ECT, reconheceu repercussão geral para o tema em decisão proferida no Recurso Extraordinário, RE nº 589.998, da relatoria do Ministro Ricardo Lewandowski. Eis a ementa:

> EMENTA: DIREITO DO TRABALHO. EMPRESA BRASILEIRA DE CORREIOS E TELÉGRAFOS – ECT. DISPENSA IMOTIVADA DE SEUS EMPREGADOS. IMPOSSIBILIDADE. ITEM II DA ORIENTAÇÃO JURISPRUDENCIAL 247 DA SBDI-1 DO TST. AUSÊNCIA DE MANIFESTAÇÕES SUFICIENTES PARA A RECUSA DO RECURSO EXTRAORDINÁRIO.
>
> (RE nº 589998 RG, Relator Min. Ricardo Lewandowski, julgado em 6.11.2008. *DJe*, 227, divulg. 27.11.2008, public. 28.11.2008)

Quanto ao julgamento de litígios entre as empresas públicas de qualquer nível (federal, estadual, distrital, municipal) e seus empregados, esse cabe, nos termos do artigo 114 da Lei Magna, à Justiça do Trabalho. É irrelevante para a determinação da competência da Justiça do Trabalho saber se a empresa pública é prestadora de serviço público ou interventora no domínio econômico (GASPARINI, 2000, p. 348).

No que concerne ao direito de greve, nas empresas públicas e sociedades de economia mista prestadoras de serviços públicos, uma greve de empregados deverá observar os termos e limites da lei específica prevista no artigo 37, inciso VII, da Constituição, lei essa que ainda não foi editada (GASPARINI, 2000, p. 348).

5.12.3 Licitações e Contratos

As compras e contratações de serviços efetuadas pelas empresas estatais devem, em regra, ser precedidas de processo licitatório.

O artigo 37, inciso XXI, da Constituição, preceitua que, ressalvados casos especificados na legislação, as obras, serviços, compras e alienações serão contratados mediante processo de licitação pública que assegure igualdade de condições a todos os concorrentes. O dispositivo abarca a administração pública direta e indireta de qualquer dos Poderes da União dos Estados, do Distrito Federal e dos Municípios, nos termos do *caput* do artigo.

Todavia, tratando-se de empresas estatais, deve-se levar em conta, relativamente ao regime de licitações e contratos, a natureza da entidade: se prestadora de serviço público ou exploradora de atividades econômicas.

Se a empresa estatal for prestadora de serviço público, suas contratações, nos termos do artigo 37, inciso XXI, da Constituição Federal e do artigo 1º, parágrafo único, da Lei nº 8.666/93, necessitam, em princípio, de prévia licitação para serem legítimas (GASPARINI, 2000, p. 349-350). Logo, os contratos que firmar para atendimento das finalidades a que estiver legalmente preposta são contratos administrativos, devendo ser celebrados em termos e condições bem próximos daqueles travados pela Administração direta (MELLO, 1996, p. 115-116).

Se a entidade for exploradora de atividade econômica, suas relações negociais com terceiros serão regidas, em regra, pelo direito privado, de acordo com o artigo 173, §1º, da Constituição. Assim, os contratos das empresas estatais exploradoras de atividade econômica firmados com terceiros não são, em regra, contratos administrativos. Nem por isso ter-se-á de concluir que, em todo e qualquer caso, as referidas pessoas sejam isentas do dever de licitar. A adoção de procedimento licitatório seria inconveniente com a normalidade de suas atuações na esfera econômica, isto é, não seria exequível em relação aos seus rotineiros procedimentos para operar o cumprimento das atividades negociais em vista das quais foram criadas. As delongas da licitação poderiam inibir seu desempenho expedito e obstar a obtenção do negócio mais vantajoso (MELLO, 1996, p. 114). Desse modo, no caso das estatais exploradoras de atividade econômica, ter-se-á de dar como afastada a exigência licitatória perante as hipóteses em que o uso de tal instituto inviabilizaria o normal desempenho que lhes foi cometido, ou seja, na rotineira aquisição de seus insumos e na rotineira comercialização dos bens ou serviços que colocam no mercado (MELLO, 1998, p. 773).

Entretanto, pode haver hipóteses em que realizá-la não traria inconveniente algum e não contenderia com as razões óbvias pelas quais a Constituição as equiparou às empresas privadas. Trata-se, por exemplo, dos casos em que essas pessoas pretendam construir a fábrica onde instalar-se-ão, o prédio em que funcionarão seus escritórios, ou intentem adquirir a maquinaria para sua produção, ou mesmo os móveis e equipamentos de suas sedes ou filiais (MELLO, 1996, p. 114).

Dessarte, como interventoras no domínio econômico, a aquisição de bens necessários à própria atividade-fim da empresa e a alienação dos bens resultantes desse desempenho não exigem qualquer espécie de procedimento licitatório. Nesses casos, não há por que promover uma licitação para a aquisição de barris de petróleo para refino, nem para a venda dos bens produzidos pela Petrobras. Não fosse assim, haveria conflito entre os fins desejados pela Administração Pública, só alcançáveis por meio da atuação mais desembaraçada, mais pronta, dessas empresas, e a obrigatoriedade de licitar (GASPARINI, 2000, p. 349-350).

O Tribunal de Contas da União, na sessão de 26.8.1998, acolheu esse entendimento, ao deliberar que, nas empresas estatais que exercem atividade econômica, não há necessidade de processo licitatório para a aquisição de bens e contratação de serviços vinculados à atividade-fim da empresa, em que é notória a concorrência com a iniciativa privada (BRASIL, 1998, p. 303-307).

A Emenda Constitucional nº 19/98 trouxe alterações na matéria de licitação e contrato referente às empresas públicas e sociedades de economia mista. Isto porque, ao modificar a redação do artigo 22, inciso XXVII, fez remissão, com relação a tais entidades, ao artigo 173, §1º, inciso III. Segundo esse dispositivo, a lei que definir o estatuto jurídico da empresa pública, da sociedade de economia mista e de suas subsidiárias que explorem atividade econômica de produção ou comercialização de bens ou de prestação de serviços, disporá sobre "licitação e contratação de obras, serviços, compras e alienações, observados os princípios da administração pública". Com essa alteração — afirma Maria Sylvia Zanella Di Pietro (2001, p. 387) — abriu-se ensejo a que se estabeleçam normas sobre licitação e contratos diferenciadas para as empresas estatais.

Nesse contexto, há que se fazer amplo esforço de interpretação para tentar resolver os conflitos que podem ser colocados entre as normas dos artigos 22, inciso XXVII, 37, inciso XXI, e 173, §1º, inciso III, da Constituição. O artigo 37 é referente à Administração Pública "direta e indireta", portanto incluindo-se as empresas estatais que prestam serviços públicos, e que, para isso, não há qualquer empeço constitucional. De outra parte, o artigo 173, que se encontra na ordem econômica, determina que a lei estabelecerá o estatuto jurídico da empresa pública e da sociedade de economia mista e suas subsidiárias que explorem atividade econômica de produção ou comercialização de bens ou de prestação de serviços. Tal estatuto deverá dispor sobre licitação e contratação de obras e serviços, compras e alienações, observados os princípios da Administração Pública. Portanto, uma interpretação razoável é a de que, se as estatais estiverem prestando serviço público, cujo regime tem forte influxo do direito público, dever-se-ão submeter às normas gerais de licitação (atualmente, a Lei nº 8.666/93) e não apenas aos princípios da Administração Pública. Se, entretanto, estiverem na atividade econômica, porque devem ter regime equivalente às empresas privadas, submetem-se apenas aos princípios da Administração Pública (FIGUEIREDO, 2000, p. 108-109).

A regra do artigo 173, §1º, inciso III, significa a eliminação pura e simples de obrigatoriedade de licitações nessas empresas, ou sua realização livre de quaisquer freios. Saliente-se que os princípios da licitação, corporificados atualmente na Lei nº 8.666/93, emanam de princípios constitucionais da Administração Pública, tendo-se aí um norte seguro para o estabelecimento de modalidades especiais de licitações, bem como regras e procedimentos mais flexíveis (BORGES, 1999, p. 11).

Afirmam Maria Sylvia Zanella Di Pietro (2001, p. 387) e Celso Antônio Bandeira de Mello (1999, p. 776) que, enquanto não for estabelecido o estatuto jurídico previsto no artigo 173, §1º, as empresas públicas e sociedades de economia mista persistirão regidas pela Lei nº 8.666, uma vez que o dispositivo constitucional não é autoaplicável. Esse posicionamento foi endossado pelo Tribunal de Contas da União, na sessão de 12.7.2000, ao julgar o processo nº TC-002.646/1997-8 (BRASIL, 2001c).

Todavia, a norma constitucional principiológica, ainda que de eficácia contida, deve ter seus efeitos reconhecidos, em relação ao princípio que contém, como parâmetro de interpretação e integração das normas jurídicas. Nessa linha, há o entendimento de que, a partir da edição da Emenda Constitucional nº 19/98, as empresas públicas, sociedades de economia mista e suas subsidiárias passem a adotar regulamentos próprios de licitação e contratos, submissos somente aos princípios gerais da Administração Pública e aos princípios específicos dos processos licitatórios.

Jessé Torres Pereira Júnior (1998, p. 878) entende que, para se evitar a temporária indefinição normativa, as entidades podem valer-se do permissivo inscrito no artigo 119 da Lei nº 8.666/93 e editarem regulamentos próprios que, mesmo não reproduzindo as disposições da lei geral de licitações, já estarão dando cumprimento ao regime delineado pela Emenda nº 19/98, estabelecendo regras procedimentais harmonizadas com os princípios licitatórios, com as peculiaridades da estrutura organizacional da empresa e com as características dos serviços que presta ou do mercado em que atua. Afirma o autor que o mencionado artigo 119 da Lei de Licitações não teria sido recepcionado pela Emenda nº 19/98, em sua parte final, ficando liberadas aquelas empresas para a adoção de normas internas que se balizem apenas pelo princípios que presidem as licitações e contratações, e não pelas disposições da Lei nº 8.666/93.

Indo um pouco além desse entendimento, assevera peremptoriamente José Calasans Junior (1998, p. 885) que desde a promulgação da Emenda nº 19/98, a Lei nº 8.666/93 já não se aplica às empresas estatais, sendo obrigatória, para as empresas públicas, sociedades de economia mista e suas subsidiárias, a observância apenas dos princípios da administração pública. Acrescenta que as estatais podem, agora, editar seus regulamentos de licitação com procedimentos que mais se ajustem aos seus objetivos e propósitos empresariais.

Toshio Mukai (1999, p. 224), todavia, nega a possibilidade de que as empresas estatais, mesmo as que explorem atividade econômica, possam ter suas licitações e contratos disciplinadas em regulamentos próprios. Para ele, "as empresas estatais que explorem atividade econômica somente poderão efetuar suas licitações e contratações mediante autorizações específicas de lei formal, não de simples regulamento".

Em posição oposta, assevera Alice Gonzalez Borges (1999, p. 11) que Antônio Carlos Cintra do Amaral, em seu voto na comissão designada pelo MARE para a elaboração da lei que disporá sobre o estatuto jurídico das estatais, entendeu que essa lei terá por função estabelecer uma ponte entre a Constituição e os regulamentos próprios, que, assim, teriam seu fundamento de validade na lei, e não diretamente da Constituição, evitando-se a instituição de regulamentos autônomos. Para a autora, a aprovação, pelas empresas estatais, de seus regulamentos próprios, estaria condicionada à edição da lei a que se refere o §1º do artigo 173 da CF.

Algumas leis federais, antecipando-se ao estatuto aludido no §1º do artigo 173, têm autorizado empresas estatais a editarem seus próprios regulamentos, como é o caso da Lei nº 9.478/97, que criou a Agência Nacional de Petróleo. Com base no artigo 67 dessa lei e no artigo 173, §1º, da Constituição Federal, segundo a redação que lhe atribuiu a Emenda Constitucional nº 19/98, o Decreto federal nº 2.745/98 aprovou o Regulamento do Procedimento Licitatório Simplificado da Petróleo Brasileiro S.A. – Petrobras (GASPARINI, 2000, p. 349-350). A despeito desse regulamento, o Tribunal de Contas da União considerou, em 15.3.2000, que enquanto não for editado o estatuto referido no artigo 173, §1º, da Carta Magna, a Petrobras obriga-se a seguir os ditames da Lei nº 8.666/93. Em seu voto, o Ministro Relator asseverou: "Com relação ao Decreto nº 2.745/98, que aprovou o Regulamento do Procedimento Licitatório Simplificado da Petrobras previsto no art. 67 da Lei nº 9.478/97, não há como presumir-se que possa sobrepor-se aos dispositivos constitucionais acima mencionados" (BRASIL, 2001d).

Mesmo no caso das empresas públicas e sociedades de economia mista, obrigadas a observar integralmente o regime geral de licitações e contratos estabelecido pela Lei nº 8.666/93, são previstas algumas exceções, ante a natureza dessas entidades.

A Lei nº 8.666, de 21.6.1993, com a redação dada pela Lei nº 8.883, de 8.6.1994, prevê, nos incisos VIII e XVI, duas hipóteses de dispensa de licitação para contratação, por pessoa jurídica de direito público interno, de entidades da Administração Indireta (DI PIETRO, 2001, p. 387).

E na Lei nº 9.648, de 27.5.1998, que também alterou a Lei nº 8.666/93, foi prevista, no inciso XXIII do artigo 24, a possibilidade de dispensa de licitação "na contratação realizada por empresa pública ou sociedade de economia mista com suas subsidiárias e controladas, para aquisição ou alienação de bens, prestação ou obtenção de serviços, desde que o preço contratado seja compatível com o praticado no mercado" (DI PIETRO, 2001, p. 387).

A mesma lei modificou o parágrafo único do mencionado artigo 24 da Lei nº 8.666/93, contemplando as empresas públicas e sociedades de economia mista com a flexibilização dos limites de dispensa de licitação para a contratação de serviços, compras e obras de engenharia. Ficou estabelecida a possibilidade de essas entidades, assim como as agências executivas, terem um tratamento diferenciado no que toca à dispensa de licitação, cujo limite passou a ser equivalente ao dobro das demais entidades e órgãos da Administração Pública.

5.12.4 Regime orçamentário, contábil e financeiro

O artigo 165, §5º, da Constituição estabelece que a lei orçamentária anual compreenderá o orçamento fiscal referente aos Poderes da União, seus fundos, órgãos e entidades da administração indireta, orçamento de investimento das empresas em que a União, direta ou indiretamente, detenha a maioria acionária votante e o orçamento da seguridade social, abrangendo órgãos e entidades da administração direta e indireta (MELLO, 1996, p. 107). Registre-se que, de acordo com as diversas Leis de Diretrizes Orçamentárias (*ex vi* da Lei nº 9.995, de 25.7.2000), as receitas e despesas correntes das empresas estatais, que não receberem recursos do Tesouro Nacional — denominadas "receitas próprias"das empresas —, não estão incluídas no Orçamento Geral da União, aprovado pelo Congresso Nacional. O "orçamento corrente" das empresas estatais é previamente aprovado pelo Ministério do Planejamento e Orçamento — Secretaria de Coordenação e Controle das Empresas Estatais.

Relativamente ao regime contábil, as sociedades de economia mista são regidas pela Lei nº 6.404/76 (Lei das Sociedades por Ações), que lhe dedica capítulo próprio. Quanto às empresas públicas constituídas sob a forma de sociedade por ações, aplicam-se a elas, no que couber, as disposições da mencionada Lei nº 6.404/76.

No que tange às operações de crédito externo e interno, o artigo 52 da Constituição as submete aos limites e às condições fixados pelo Senado Federal (MELLO, 1996, p. 107).

Quanto às das dívidas passivas, a prescrição quinquenal das dívidas, direitos e ações contra a Fazenda Pública, prevista no Decreto nº 20.910, de 6.1.32, foi expressamente estendida às "autarquias ou entidades e órgãos paraestatais, criados por lei e mantidos por impostos, taxas ou quaisquer contribuições exigidas em virtude de lei federal, estadual ou municipal, bem como a todo e qualquer direito e ação contra os mesmos, conforme artigo 2º do Decreto-Lei nº 4.597, de 19.8.1942" (DI PIETRO, 2001, p. 388-389). Não se estende, portanto, às empresas públicas e sociedades de economia mista, que se regem, nesse aspecto, pelos prazos fixados no Código Civil (artigos 205 e 206 da Lei nº 10.406/2002) e nas leis específicas.

5.12.5 Regime Tributário

Faz-se necessário diferenciar, quanto ao regime tributário, as empresas estatais exploradoras de atividades econômicas e as prestadoras de serviços públicos.

O regime tributário das empresas públicas, sociedades de economia mista e suas subsidiárias, exploradoras de atividades econômicas, é o mesmo aplicável às empresas privadas, consoante estabelece o inciso II do §1º do artigo 173 da Carta Constitucional, sejam as entidades federais, estaduais, distritais ou municipais (GASPARINI, 2000, p. 350). Assim, são proibidos quaisquer incentivos fiscais, *ex vi* do §2º do artigo 173, para as estatais que se encontrarem na atividade econômica, se tais incentivos não forem dados às empresas privadas. O critério é o da isonomia. Deverá prevalecer o princípio constitucional consagrado no artigo 170, referente ao privilégio da iniciativa privada. Cabe recordar que o Estado somente pode criar empresas se e quando necessárias à segurança nacional ou à implementação de atividade de particular interesse para a coletividade (FIGUEIREDO, 2000, p. 111).

Todavia, tem havido grande polêmica entre os autores no que se refere à aplicabilidade ou não da norma do artigo 173, §1º, em relação às empresas estatais prestadoras de serviços públicos. Sustentam alguns autores que o nivelamento do regime tributário só é aplicável quando se trata de entidades que exploram atividade econômica em sentido estrito, podendo haver privilégios em favor daquelas que executam serviços públicos (CARVALHO FILHO, 2000, p. 359).

A jurisprudência, inclusive do Supremo Tribunal Federal, firmou-se no sentido de que a imunidade recíproca prevista no artigo 150, inciso I, alínea "a", da Constituição, não se estende às empresas públicas e sociedades de economia mista, ainda que prestadoras de serviços públicos. Quanto às isenções, entretanto, não se impõem obstáculos constitucionais à sua concessão às empresas prestadoras de serviço público, podendo ser dadas em função da pessoa (isenções pessoais), uma vez que não atritam com o princípio da isonomia, pois que são empresas diferenciadas. Todavia, há vetores a serem respeitados. Somente poderão ser concedidas isenções se os mesmos privilégios forem concedidos aos iguais. É dizer, prestadoras de serviços públicos poderão obtê-las somente quando empresas privadas, que executarem os mesmos serviços, também obtiverem o mesmo benefício legal (FIGUEIREDO, 2000, p. 111).

Por idênticas razões, entende-se que não poderão ser concedidas isenções a empresas que estejam no exercício de atividade econômica não monopolizada, a não ser que iguais privilégios sejam outorgados às outras empresas do ramo. Observado postulado constitucional da isonomia, a isenção poderia ser outorgada (FIGUEIREDO, 1978, p. 48, 51).

O Supremo Tribunal Federal, em decisão proferida em julho de 1994, da relatoria do Ministro Francisco Rezek (ADIn nº 1.089-1, de 4.8.1994), deixou assentado que as estatais não seriam imunes, embora pudesse ser a tese sedutora (FIGUEIREDO, 2000, p. 116).

O Ministro Francisco Rezek, ao comentar a tese de que um serviço público executado por empresas mediante concessão ou permissão quedasse, por isso e unicamente por isso, imune à incidência de tributos, afirmou (FIGUEIREDO, 2000, p. 116):

> A tese é bem fundamentada. Sob uma ótica estritamente teórica, ela faz sentido. Um serviço público não o deixa de ser, para determinar-se a pertinência ou não do princípio da imunidade recíproca, pelo fato de materializar-se na ação de empresa a tanto autorizada pelo Poder Público. A proposta nada tem de extravagante, mas colide com os ensinamentos da nossa prática tributária. Não é preciso ir longe para encontrar situações em que também nos vemos diante de concessão ou permissão do Poder Público sem que, por isso, a instituição particular concessionária ou permissionária esteja liberada de honrar determinadas obrigações tributárias. O princípio da imunidade recíproca, decididamente, não tem aí operado.

Também o Min. Carlos Velloso (FIGUEIREDO, 2000, p. 116):

> Cuido agora da questão da imunidade recíproca, inscrita no art. 150, VI, "a", da Constituição. A imunidade posta no referido dispositivo constitucional, é sabido, é do ente público, é da Administração direta, estendida às autarquias e às fundações públicas, na forma do §2º do art. 150 da Constituição.
>
> A disposição posta no §3º do mesmo art. 150 afastaria a pretensão de estender a imunidade a serviços que a Constituição considera públicos, cuja execução é concedida a particulares.

No mesmo sentido posicionou-se o Ministro Marco Aurélio (FIGUEIREDO, 2000, p. 116).

5.12.6 Responsabilidade Civil

Responsabilidade civil é aquela que exige reparação pecuniária, que restabeleça a situação patrimonial anterior do lesado, isto é, faça desaparecer a lesão sofrida por alguém em seu direito patrimonial (CRETELLA JÚNIOR, 1990, p. 428).

O artigo 37, §6º, da Constituição Federal, estabelece que "as pessoas jurídicas de direito público e as de direito privado prestadoras de serviços públicos responderão pelos danos que seus agentes, nessa qualidade, causarem a terceiros, assegurado o direito de regresso contra o responsável nos casos de dolo ou culpa". Observa-se que o artigo abrange somente os prestadores de serviço público.

Se o objeto da atividade for a exploração de atividade econômica em sentido estrito (tipicamente mercantil e empresarial), a norma constitucional não incidirá; em consequência, a responsabilidade será a subjetiva, regulada pela lei civil (CARVALHO FILHO, 2000, p. 366). À empresa pública ou sociedade de economia mista ou subsidiária, portanto, cabe responder pelas obrigações assumidas e satisfazer, nos termos dos artigos 927 e 933 do Código Civil (Lei nº 10.406/2002), os prejuízos decorrentes de seus atos e dos atos de seus servidores, que, nessa qualidade causaram a terceiros. Sua responsabilidade é subjetiva, isto é, respondem se tiverem agido com culpa ou dolo. Observe-se que não poderia ser de outro modo em face do inciso II do §1º do artigo 173 da Lei maior, vez que submissa ao regime jurídico próprio das empresas privadas, inclusive quanto aos direitos e obrigações civis, comerciais, trabalhistas e tributários (GASPARINI, 2000, p. 352-363).

Se, ao contrário, executarem serviços públicos típicos, tais entidades passam a ficar sob a égide da responsabilidade objetiva prevista no artigo 37, §6º, da Constituição (CARVALHO FILHO, 2000, p. 366). As empresas públicas e sociedades de economia mista, prestadoras de serviço público, respondem objetivamente em relação aos danos que causarem a terceiros em razão do serviço público que prestam ou ao prejuízo decorrente de atos de seus empregados, que, nessa qualidade, causarem a terceiros, independentemente de ter havido dolo ou culpa dos empregados (GASPARINI, 2000, p. 352). Tendo havido dolo ou culpa do empregado, cabe à empresa, com base na responsabilidade subjetiva, obter o ressarcimento do empregado causador do dano (CF, artigo 37, §6º).

A responsabilidade objetiva alcança todas as pessoas públicas ou privadas que prestem serviços públicos. Houve uma ampliação em relação à Constituição anterior (artigo 107) que somente fazia referência às pessoas jurídicas de direito público. Note-se que é a própria entidade da Administração Indireta que responde e não a pessoa política que a instituiu; isso porque, tendo personalidade jurídica, ela é dotada de patrimônio próprio, que responde por suas obrigações (DI PIETRO, 2001, p. 388).

Defende Celso Antônio Bandeira de Mello (1996, p. 117), com base nos ensinamentos de Oswaldo Aranha Bandeira de Mello, que "as afirmações doutrinárias e jurisprudenciais no País, caracterizando genericamente a responsabilidade pública como de natureza objetiva, não distinguem entre comportamentos comissivos e omissivos do Estado. Isto se deve, quando menos em parte, a que supõem erroneamente, que é responsabilidade objetiva a responsabilidade por 'faute de service', ou seja, a que tem lugar quando o serviço não funcionou, funcionou mal ou funcionou tarde, segundo a fórmula clássica oriunda da sistematização de Paul Duez e acolhida pela jurisprudência administrativa francesa. Em realidade, a 'faute de service' apresenta-se, antes, em geral, como uma 'forma publicizada de noção de culpa', para usar a expressão feliz de Francis-Paul Benoît".

Assim, assevera o autor que é preciso distinguir entre atos comissivos, nos quais a responsabilidade é objetiva, e atos omissivos, em que a responsabilidade depende de dolo ou culpa, ou seja, do descumprimento de um dever jurídico (MELLO, 1996, p. 117).

Na mesma linha de raciocínio, argumenta Lúcia Valle Figueiredo (2000, p. 255) que, no tocante aos atos ilícitos decorrentes de omissão, a responsabilidade só pode ser imputada ao Estado se houver prova de culpa ou dolo do servidor. Segundo a autora, ainda que consagre o texto constitucional a responsabilidade objetiva, não há como se verificar a adequabilidade da imputação ao Estado na hipótese de omissão, a não ser pela teoria subjetiva. "Assim é porque, para se configurar a responsabilidade estatal pelos danos causados, há de se verificar (na hipótese de omissão) se era de se esperar a atuação do Estado. Em outro falar: se o Estado omitiu-se, há de se perquirir se havia o dever de agir. Ou, então, se a ação estatal teria sido defeituosa a ponto de se caracterizar insuficiência da prestação de serviço. Não há como provar a omissão do Estado sem antes provar que houve *faute de service*. É dizer: não ter funcionado o serviço, ter funcionado mal ou tardiamente. Todavia, se com relação aos atos omissivos é necessário provar a *faute de service* quando se tratar da prestação de serviço público, por força do Código do Consumidor, o mesmo não acontecerá quando o caso for de omissão do dever de fiscalizar, ou seja, falta de fiscalização devida, por exemplo em atividades trespassadas à iniciativa privada, quer seja em decorrência de privatizações ou atribuição dos serviços a concessionários, permissionários ou autorizados" (FIGUEIREDO, 2000, p. 155).

Para a elucidação da matéria, há que se perquirir o conceito de culpa. Em sentido amplo, a culpa é a violação de um dever jurídico, imputável a alguém, em decorrência de ação ou omissão.

Tratando-se de responsabilidade civil, o conceito de culpa compreende:

a) o dolo, que é a violação intencional do dever jurídico; e

b) a culpa *stricto sensu* (ou simplesmente culpa), caracterizada pela imperícia, imprudência ou negligência.

Culpa e falta são coisas completamente distintas na linguagem jurídica. A falta é o ato em si, desobediência a um regulamento, a uma ordem, a um princípio moral. A culpa é o elemento subjetivo que pode ou não acompanhar a falta. Está, portanto, intimamente ligada à consciência que o agente tem da ilicitude do ato. Só age com culpa quem tem ciência — ou tem capacidade para ter, ou deveria ter ciência — de que aquela conduta, ativa ou omissiva, é contrária ao ordenamento jurídico.

Cuidando-se de responsabilidade objetiva, não se avalia o elemento subjetivo, ou seja, está-se no campo dos chamados atos-fatos jurídicos, significando dizer que a ordem jurídica considera irrelevante a caracterização do elemento subjetivo, para avaliar a responsabilidade. Recorde-se que o ato humano é o fato produzido pelo homem; às vezes, não sempre, pela vontade do homem. Se o direito entende que é relevante essa relação entre o fato, a vontade e o homem, o ato entra no mundo do direito como ato jurídico. Quando se esvaziam os atos humanos de vontade (se não se desce ao arbítrio, à consciência) satisfazendo-se o direito com a determinação exterior, o ato entra no mundo jurídico como ato-fato jurídico (MIRANDA, 2000b, p. 421-422).

Ao se avaliar se o agente público teria ou não o dever de agir, quando se omitiu, o que se está fazendo é examinando o elemento objetivo (a falta), isto é, efetuando a comparação entre o comportamento do agente e a previsão normativa. Em outras palavras, está-se verificando se o comportamento é típico. Não se está avaliando se houve culpa do agente estatal. Por tais razões é que, dissentindo dos autores citados, há o entendimento de que a omissão pode ser culposa ou não. Como a norma constitucional não faz ressalva à omissão no caso dos prestadores de serviços públicos, a responsabilidade da entidade é objetiva tanto no caso de comportamentos ativos quanto omissivos.

Essa tese mereceu acolhida de membro do Superior Tribunal de Justiça. No Agravo de Instrumento nº 183.965/Rio de Janeiro (BRASIL, 1999), referente a ação originária indenizatória em razão de suposto erro médico, o Tribunal de origem analisou a prova pericial e concluiu que a culpa não restou provada: "Realmente — consta do voto condutor — houve equívoco, no tocante, posto que, como colocado, a hipótese seria de danos causados por omissão ou retardamento da atividade pública, com base na teoria da culpa administrativa, a qual (culpa) deve ser provada".

No despacho exarado em 3.9.1999, a Ministra Eliana Calmon assim se pronunciou:

O art. 159 do Código Civil[3] não se aplica à responsabilidade do Estado, a qual fica sob fundamento constitucional (art. 37, §6º, da CF/88).

A responsabilidade em questão é objetiva, sendo suficiente demonstrar o nexo de causalidade entre a omissão do Estado e o dano suscetível de reparação, dispensando-se discussão em torno da culpa, a qual só deve ser elidida quando há culpa da vítima ou ocorrência do fortuito.

Esse entendimento vem sendo mantido pela Suprema Corte, como se verifica da deliberação adotada no Recurso Especial nº 1.140.025/MG, da relatoria da mesma Ministra Eliana Calmon, em que se deixou assente que cabe ao Estado, pelo princípio constitucional da responsabilidade, reparar os danos causados por atos omissivos ou comissivos praticados pelos agentes estatais, reconhecendo-se a possibilidade de reparação por danos morais no caso de responsabilidade objetiva do Estado (julgamento em 2.9.2010).

A propósito do tema, o STF, nos autos do RE nº 591.874/MS, deu novo entendimento quanto à impossibilidade da interpretação restritiva do alcance do art. 37, §6º, da Constituição Federal, sobretudo porque a Constituição, à luz do princípio da isonomia, não permite que se faça qualquer distinção entre os chamados "terceiros", ou seja, entre usuários e não usuários do serviço público. O entendimento de que apenas os terceiros usuários do serviço gozariam de proteção constitucional decorrente da responsabilidade objetiva do Estado, por terem o direito subjetivo de receber um serviço adequado, contrapor-se-ia à própria natureza do serviço público, que, por definição, tem caráter geral, estendendo-se, indistintamente, a todos os cidadãos, beneficiários diretos ou indiretos da ação estatal (RE nº 591874/MS, Rel. Min. Ricardo Lewandowski, 26.8.2009).

Convém ressaltar que, quando o prejuízo decorrer especificamente da omissão na prestação de serviços públicos, a questão foi elucidada com a edição do Código de Defesa do Consumidor (Lei nº 8.078/90).

O artigo 22 do Código do Consumidor dispõe:

> Art. 22. Os órgãos públicos, por si ou suas empresas, concessionárias, permissionárias ou sob qualquer outra forma de empreendimento, são obrigados a fornecer serviços adequados, eficientes, seguros e, quanto aos essenciais, contínuos.

---

[3] Art. 186 do novo Código Civil, Lei nº 10.406/2002, com vigência a partir de janeiro de 2003.

Parágrafo único. Nos casos de descumprimento, total ou parcial, das obrigações referidas neste artigo, serão as pessoas jurídicas compelidas a cumpri-las e a reparar os danos causados, na forma prevista neste Código.

O artigo 14 do mesmo diploma legal estabelece:

Art. 14. O fornecedor de serviços responde, independentemente da existência de culpa, pela reparação dos danos causados aos consumidores por defeitos relativos à prestação de serviços, bem como por informações insuficientes ou inadequadas sobre sua fruição e riscos.

§1º O serviço é defeituoso quando não fornece a segurança que o consumidor dele pode esperar, levando-se em consideração as circunstâncias relevantes, entre as quais:

I - o modo de seu fornecimento;

II - o resultado e os riscos que razoavelmente dele se esperam.

Observa-se, portanto, que o Código de Defesa do Consumidor imputou responsabilidade sem culpa, portanto objetiva, pelo fato do produto, nas situações em que arrola, devendo-se especialmente observar o §1º, incisos I e II, do artigo 14 (FIGUEIREDO, 2000, p. 256).

Desse modo, em termos de reparação dos danos, vale dizer, de restauração do estado anterior à lesão, o artigo 14 c/c o artigo 22 da Lei nº 8.078/90 responsabiliza expressamente os órgãos e entidades públicos independentemente da existência de culpa. Pelo exposto, é razoável a conclusão de que, a partir do advento do Código de Defesa do Consumidor, a responsabilidade do Estado pelo funcionamento dos serviços públicos não decorre da culpa, mas do fato do serviço público, ficando claro que o legislador pátrio acolheu a teoria do risco administrativo (DINIZ, 1993, p. 224).

Os artigos do Código de Defesa do Consumidor arrolados são suficientes para demonstrar, ainda, que, relativamente à responsabilidade, a abrangência é bastante grande. Se não houver fiscalização estatal adequada, haverá a responsabilidade do Estado. Assim, se houver omissão do dever de fiscalizar, responderá objetivamente o Estado (FIGUEIREDO, 2000, p. 261).

Entretanto, pode ocorrer que o lesado tenha sido o único causador de seu próprio dano, ou que ao menos tenha contribuído de alguma forma para que o dano tivesse surgido. No primeiro caso, a hipótese é de autolesão, não tendo o Estado qualquer responsabilidade civil, eis que faltantes os pressupostos do fato administrativo e da relação de causalidade (CARVALHO FILHO, 2000, p. 404).

Se, ao contrário, o lesado, juntamente com a conduta estatal, participou do resultado danoso, não seria justo que o Poder Público arcasse sozinho com a reparação dos prejuízos. Nesse caso, a indenização devida pelo Estado deverá sofrer redução proporcional à extensão da conduta do lesado que também contribuiu para o resultado danoso. Desse modo, se Estado e lesado contribuíram por metade para a ocorrência do dano, a indenização devida por aquele deve atingir apenas a metade dos prejuízos sofridos, arcando o lesado com a outra metade. É a aplicação do sistema da compensação das culpas no direito privado (CARVALHO FILHO, 2000, p. 404).

O Supremo Tribunal Federal já teve a oportunidade de decidir com essa mesma orientação, assentando:

> RESPONSABILIDADE CIVIL DO ESTADO – CULPA EXCLUSIVA DA VÍTIMA.
>
> Esta Corte tem admitido que a responsabilidade objetiva da pessoa jurídica de direito público seja reduzida ou excluída conforme haja culpa concorrente do particular ou tenha sido este o exclusivo culpado — Ag. nº 113.722-3 AgRg e RD nº 113.587. No caso, tendo o acórdão recorrido, com base na análise dos elementos probatórios cujo reexame é inadmissível em recurso extraordinário, decidido que ocorreu culpa exclusiva da vítima que deu causa ao infortúnio, o que afasta, sem dúvida, o nexo de causalidade entre a ação e a omissão e o dano, no tocante ao ora recorrido. (BRASIL, 1993, p. 10327)

No mesmo sentido os seguintes acórdãos do Tribunal de Justiça do Estado do Rio de Janeiro:

> RESPONSABILIDADE CIVIL DO ESTADO – CULPA ANÔNIMA DO SERVIÇO – ACIDENTE DE TRÂNSITO EM CRUZAMENTO – CULPA CONCORRENTE.
>
> A culpa administrativa, em havendo nexo de causalidade entre a ocorrência e o resultado danoso, deriva da ausência ou deficiência do serviço, omissão de cautela, abstenção de diligência para que o serviço se desenvolva de acordo com o fim para o qual se destina. Todavia, a circunstância do semáforo encontrar-se com defeito, em cruzamento de artérias públicas de acentuado movimento de trânsito, impõe ao condutor redobrada cautela. Se assim não procede, age imprudentemente, nisso mitigando o limite da responsabilidade do Poder Público, porque se tem por centrada a culpa concorrente. (ESTADO DO RIO DE JANEIRO, 2000a, p. 425-426)

> RESPONSABILIDADE CIVIL DO ESTADO – MÁ EXECUÇÃO DOS SERVIÇOS PÚBLICOS – RISCO ADMINISTRATIVO – DANO E NEXO DE CAUSALIDADE.

A responsabilidade civil das pessoas jurídicas de direito público, responsabilidade objetiva, com base no risco administrativo, que admite pesquisa em torno da culpa do particular, para o fim de abrandar ou mesmo excluir a responsabilidade estatal, ocorre, em síntese, diante dos seguintes requisitos:

a) do dano;

b) da ação administrativa (comissiva ou omissiva);

c) do nexo causal entre o dano e a ação administrativa.

- o Município tem, por obrigação, manter em condições de regular uso e sem oferecer riscos, as vias públicas e logradouros abertos à comunidade. (ESTADO DO RIO DE JANEIRO, 2000b, p. 427)

Deve-se ressalvar, todavia, que a responsabilidade das prestadoras de serviço público somente é objetiva especificamente com relação aos serviços prestados. Para o restante das atividades das entidades, a responsabilidade é subjetiva.

Outro ponto que deve ser debatido é a possibilidade de o Estado responder subsidiariamente quando se exaure o patrimônio da empresa estatal.

O posicionamento afirmativo nesse sentido ficou consagrado em lei, no tocante à sociedade de economia mista, pois o artigo 242 da Lei das Sociedades Anônimas determinava que a pessoa jurídica que a controle responde, subsidiariamente, pelas suas obrigações.

Ante a disposição contida no artigo 173, §1º, da Constituição, mormente após a redação dada pela Emenda Constitucional nº 19/98, que incluiu expressamente no texto a equiparação em termos de direitos e obrigações civis e comerciais, entendia-se que o mencionado artigo 242 não teria sido recepcionado, com relação às sociedades de economia mista exploradoras de atividades econômicas.

Logo, no caso das empresas públicas, sociedades de economia mista e subsidiárias que explorem atividade econômica nem mesmo subsidiariamente a Administração Pública a que se vinculam responde por suas obrigações. Responderá a Administração Pública somente se, por ato seu, der causa à extinção da empresa pública e em razão disso assumir seus bens, sendo a responsabilidade limitada até o montante do patrimônio recebido, uma vez que era somente esse patrimônio o garantidor das obrigações da estatal (GASPARINI, 2000, p. 352).

Por fim, releva notar que o mencionado art. 242 da Lei nº 6.404/76 foi revogado pela Lei nº 10.303, de 31.10.2001, redirecionando a discussão a respeito travada até então.

Com respeito às empresas públicas, em que o Estado detém a totalidade das ações ou quotas sociais, cujo objetivo institucional seja a prestação de serviço público, o fundamento dessa responsabilidade subsidiária é o mesmo que inspirou a regra do artigo 37, §6º, da Constituição (adotada desde a Constituição de 1946), e que leva o Estado a responder objetivamente por atos de entidades a que ele deu vida, ou seja, a circunstância de o particular vir a sofrer prejuízo decorrente de atuação, direta ou indireta, do Estado (DI PIETRO, 2001, p. 388).

Desse modo, a empresa pública e a sociedade de economia mista prestadora de serviços públicos responderão objetivamente (artigo 37, §6º, da CF), até o limite de seu patrimônio. Acima desse limite, cabe à Administração Pública a que se vincula responder pelo remanescente. Com efeito, não seria justo, nem jurídico, que o simples trespasse do serviço público para a competência de uma empresa pública pudesse tornar mais difícil o recebimento da indenização e, o que é pior, impedir, em alguns casos, o completo ressarcimento do dano sofrido pela vítima, em face do esgotamento de seu patrimônio (GASPARINI, 2000, p. 352).

Cumpre ressaltar que, em 16.11.2000, o Supremo Tribunal Federal, no julgamento do Recurso Extraordinário nº 220.906-DF (2000, p. 4), decidiu que a Empresa Brasileira de Correios e Telégrafos – ECT, por se tratar de estatal prestadora de serviço público, tem direito, nas suas dívidas passivas, ao processo especial de execução mediante precatórios, previsto no artigo 100 da Constituição Federal. Dessarte, a responsabilidade subsidiária da Administração Pública somente será efetiva, no caso de extinção da empresa estatal prestadora de serviço público.

O entendimento quanto à situação diferenciada da ECT tem sido mantido pela Suprema Corte, consoante deliberado no Agravo Regimental no Recurso Extraordinário nº 393.032/MG, julgado em 27.10.2009, em que se deixou assente que os bens, as rendas e os serviços da entidade são impenhoráveis e a execução deve observar o regime de precatórios.

Por fim, a tese defendida por Yussef Said Cahali (1995, p. 150-151) no sentido de que a responsabilidade do Estado por ato da empresa estatal encarregada de prestar serviço público pode ser solidária e não meramente subsidiária, em determinadas circunstâncias em que se verifique a omissão do poder concedente no controle da prestação do serviço por entidade da Administração Indireta.

5.12.7 Regime de Bens

Relativamente ao regime de bens das empresas públicas e sociedades de economia mista, deve-se efetuar a distinção entre as exploradoras de atividade econômica e as prestadoras de serviços públicos, ante a notória divergência do regime jurídico aplicável a cada caso.

As empresas públicas, sociedades de economia mista e suas subsidiárias, que exploram atividades econômicas sujeitam-se ao regime jurídico próprio das empresas privadas, inclusive quanto aos direitos e obrigações civis, comerciais, trabalhistas e tributários, conforme preceitua o artigo 173, §1º, inciso II, da Constituição, com a redação dada pela Emenda Constitucional nº 19/98. Nesses termos, são os bens dessas empresas que garantem as obrigações assumidas, visto que no plano obrigacional essa entidade equipara-se às empresas privadas. Os seus bens podem, por conseguinte, ser penhorados e executados, não sendo prestigiados pelas cláusulas de inalienabilidade, imprescritibilidade, impenhorabilidade e não oneração.

Registra-se que o Supremo Tribunal Federal vinha julgando não recepcionado pela atual Constituição o artigo 12 do Decreto-Lei nº 509/69, que considerava impenhoráveis os bens da Empresa Brasileira de Correios e Telégrafos – ECT, porque empresas públicas e sociedades de economia mista, que exploram atividades econômicas, devem sujeitar-se ao regime das empresas privadas, *ex vi* do artigo 173, §1º, inciso II, da Constituição Federal (BRASIL, 2000, p. 1-2).

Verifica-se que o STF não alterou seu posicionamento quanto à questão da penhorabilidade dos bens das empresas exploradoras de atividade econômica, mas sim quanto à natureza específica da ECT, que passou a considerar como prestadora de serviço público.

Ao deliberar sobre a Arguição de Descumprimento de Preceito Constitucional ADPF nº 46, conforme Decisão publicada em 26.2.2010, o Supremo Tribunal Federal julgou improcedente pedido formulado pela Associação Brasileira das Empresas de Distribuição – ABRAED, em que se pretendia a declaração da não recepção, pela Constituição Federal de 1998, da Lei nº 6.538/78, que instituiu o monopólio das atividades postais pela Empresa Brasileira de Correios e Telégrafos. Prevaleceu o voto do Min. Eros Grau, que, tendo em conta a orientação fixada pelo Supremo na ACO nº 765 QO/RJ (pendente de publicação), no sentido de que o serviço postal constitui serviço público, portanto, não atividade econômica em sentido estrito, considerou inócua a argumentação em torno da ofensa aos princípios da livre iniciativa e da livre concorrência.

Distinguindo o regime de privilégio de que se reveste a prestação dos serviços públicos do regime de monopólio, afirmou que os regimes jurídicos sob os quais são prestados os serviços públicos implicam que sua prestação seja desenvolvida sob privilégios, inclusive, em regra, o da exclusividade na exploração da atividade econômica em sentido amplo a que corresponde essa prestação, haja vista que exatamente a potencialidade desse privilégio incentiva a prestação do serviço público pelo setor privado quando este atua na condição de concessionário ou permissionário.

Asseverou que a prestação do serviço postal por empresa privada só seria possível se a Constituição Federal afirmasse que o serviço postal é livre à iniciativa privada, tal como o fez em relação à saúde e à educação, que são serviços públicos, os quais podem ser prestados independentemente de concessão ou permissão por estarem excluídos da regra do art. 175, em razão do disposto nos artigos 199 e 209 (ADPF nº 46/DF, Rel. orig. Min. Marco Aurélio, red. p/ o Acórdão Min. Eros Grau, 5.8.2009).

Por fim, o Tribunal, por unanimidade, ainda deu interpretação conforme ao art. 42 da Lei nº 6.538/78 para restringir a sua aplicação às atividades postais descritas no art. 9º do referido diploma legal ("Art. 9º São exploradas pela União, em regime de monopólio, as seguintes atividades postais: I - recebimento, transporte e entrega, no território nacional, e a expedição, para o exterior, de carta e cartão-postal; II - recebimento, transporte e entrega, no território nacional, e a expedição, para o exterior, de correspondência agrupada: III - fabricação, emissão de selos e de outras fórmulas de franqueamento postal").

Quanto aos bens das empresas estatais que atuam no domínio econômico, são bens privados e, como tais, alienáveis, penhoráveis, prescritíveis, suscetíveis de direitos reais. Dito patrimônio pode ser utilizado, onerado e alienado nos termos de seus atos constitutivos, independentemente de prévia autorização legislativa, desde que para alcançar seu objetivo. A única norma de direito público a eles aplicável por força da própria Constituição é a contida no artigo 22, inciso XXVII, c/c o artigo 173, §1º, inciso III, que exige processo licitatório para aquisição e alienação.

A execução das dívidas passivas dessas entidades observa as regras do direito comum, ou seja, os artigos 646 e seguintes do Código de Processo Civil.

Resta debater se os bens das estatais prestadoras de serviços públicos têm a natureza de bens públicos ou privados, de forma a se definir se sujeitos à inalienabilidade, impenhorabilidade, imprescritibilidade e não oneração.

O conceito legal de bens públicos é dado pelo novo Código Civil (Lei nº 10.406/2002, vigente a partir de janeiro de 2003), que, no artigo 98, classifica os bens em públicos e particulares, para definir que são "públicos os bens do domínio nacional pertencentes às pessoas jurídicas de direito público interno; todos os outros são particulares, seja qual for a pessoa a que pertencerem".

Tomando-se ao pé da letra esse dispositivo, até mesmo os bens das autarquias seriam privados. Já o artigo 99, inciso II, do Código Civil, que define os bens de uso especial, traz importante subsídio para definição da matéria, pois deixa claro que são bens públicos dessa natureza os "edifícios ou terrenos destinados a serviço ou estabelecimento da administração federal, estadual, territorial ou municipal, inclusive os de suas autarquias".

Ora, entre as entidades da administração indireta, grande parte presta serviços públicos; desse modo, a mesma razão que levou o legislador a imprimir regime jurídico publicístico aos bens de uso especial, pertencentes à União, Estados e Municípios, tornando-os inalienáveis, imprescritíveis, insuscetíveis de usucapião e de direitos reais, justifica a adoção de idêntico regime para os bens de entidades da administração indireta afetados à realização de serviços públicos. É precisamente essa afetação que fundamenta a indisponibilidade desses bens, com todos os demais corolários (DI PIETRO, 2001, p. 389-390).

Com relação às fundações públicas, essa conclusão tem sido aceita pacificamente. Entende-se que idêntico posicionamento pode ser estendido às entidades de direito privado, no que diz respeito aos seus bens afetados à prestação de serviços públicos (DI PIETRO, 2001, p. 390).

Note-se que, nas entidades privadas, prestadoras de serviços públicos, podem-se distinguir, na realidade, duas classes de bens. Como empresa privada, ela dispõe de bens particulares, inseridos no conceito do artigo 65 do Código Civil; como tais, estão no comércio jurídico de direito privado, podendo ser objeto de qualquer relação jurídica regida pelo direito civil ou empresarial, como alienação, locação, usucapião, direitos reais, inclusive os de garantia (penhor, anticrese e hipoteca). Mas, como empresa prestadora de serviços públicos, ela dispõe de bens que estão vinculados à prestação do serviço. Esses bens estão submetidos a regime jurídico de direito público, da mesma forma (e pelo mesmo motivo) que os bens de uso especial, referidos no artigo 66 do Código Civil (DI PIETRO, 1999, p. 87).

Pela aplicação do "princípio da continuidade do serviço público" e do "princípio da razoabilidade", a conclusão não pode ser outra.

O "princípio da continuidade dos serviços públicos" decorre da natureza de tais serviços, ou seja, do fato de que o serviço é considerado público precisamente porque atende às necessidades essenciais da coletividade, não podendo ser interrompido ou paralisado. Daí a sua submissão a regime jurídico publicístico. Se fosse possível às entidades da Administração Indireta, mesmo empresas públicas, sociedades de economia mista e concessionárias de serviços públicos, alienar livremente esses bens, ou se os mesmos pudessem ser penhorados, hipotecados, adquiridos por usucapião, poderia haver uma interrupção do serviço, incompatível com a sua natureza de bem essencial para a população (DI PIETRO, 2001, p. 390).

O "princípio da razoabilidade" exige sempre relação, proporção, adequação entre meios e fins. Com efeito, o critério que há de nortear a responsabilidade da prestadora de serviço público há de ser o da razoabilidade: se a doutrina, a legislação e mesmo a jurisprudência reconhecem a responsabilidade subsidiária do Estado em relação às empresas estatais concessionárias de serviço público, sem delimitar com precisão os requisitos ou o momento em que essa responsabilidade incidirá, cabe ao Poder Judiciário essa definição, utilizando, para atender ao interesse do particular que tem direito de satisfazer a seus créditos, o meio menos oneroso para o interesse da coletividade. Por outras palavras, se a penhora de bens ou rendas da concessionária pode ocasionar prejuízos na prestação do serviço público e a responsabilidade subsidiária do Estado impede a ocorrência desse prejuízo, é evidente que esta última deve prevalecer sobre a primeira: desse modo, estará sendo satisfeito o interesse do particular de receber o que lhe é devido e estará sendo respeitado o interesse da coletividade e seu direito à prestação de serviço adequado, assegurado pela própria Constituição, no artigo 175, parágrafo único, incisos II e IV (DI PIETRO, 1999, p. 246).

Portanto, são bens públicos de uso especial, referidos no artigo 66 do Código Civil, os bens das empresas públicas e sociedades de economia mista prestadoras de serviços públicos, desde que afetados diretamente a essa finalidade (DI PIETRO, 1998, p. 344). Portanto, eles incluem-se na categoria de bens *extra comercium*, ainda que a lei não o diga expressamente; trata-se de característica inerente ao princípio da continuidade do serviço público. Como consequência, tais bens estão fora do regime jurídico privado, não podendo ser objeto de relações jurídicas regidas pelo direito civil ou empresarial. São alienáveis apenas nos termos e condições previstos em lei (artigo 67 do Código Civil e Lei nº 8.666/93). Ademais, os bens são impenhoráveis e insusceptíveis de usucapião, nos termos do Decreto-Lei nº 9.760/46, artigo 200 (DI PIETRO, 1999, p. 87).

Saliente-se que os bens e rendas que não poderiam ser penhorados, nas prestadoras de serviço público, seriam apenas aqueles afetados à prestação do serviço público; ou seja, aqueles cuja penhora vai determinar a paralisação do serviço, em contrariedade ao princípio da continuidade do serviço público. A penhora só poderia recair sobre bens e rendas que não afetem o direito do usuário à prestação de serviço adequado, tal como assegurado pelo artigo 175, parágrafo único, da Constituição (DI PIETRO, 1999, p. 245, 247).

Esse dispositivo, ou seja, o artigo 175 da Constituição, está hoje disciplinado pelas Leis de nºs 8.987, de 13.2.1995, e 9.074, de 7.7.1995. O exame dessas leis não deixa dúvida quanto ao caráter público dos bens afetados à prestação de serviços públicos. Veja-se, por exemplo, o artigo 7º, inciso VI, da Lei nº 8.987, onde se inclui, entre os direitos e obrigações dos usuários, o de contribuir para a permanência das boas condições dos "bens públicos", através dos quais lhe são prestados os serviços. No artigo 31, outorga-se à empresa concessionária a incumbência de zelar pela integridade dos bens vinculados à prestação do serviço, bem como segurá-los adequadamente. Além disso, os bens afetados à execução do serviço são objeto de reversão ao poder concedente, ao término da concessão, conforme previsto nos artigos 18, inciso X, 23, inciso X, e 36 da Lei nº 8.987 (DI PIETRO, 1999, p. 238).

Observa-se, portanto, que é uníssono entre os doutrinadores, entre eles Maria Sylvia Zanella Di Pietro (1999, p. 247) e Celso Antônio Bandeira de Mello (1996, p. 112), o entendimento de que, nas prestadoras de serviços públicos, os bens afetados à sua execução não podem ser penhorados, sob pena de ofensa ao princípio da continuidade do serviço público. No entanto, os bens não afetados à execução do serviço poderiam ser penhorados, exauridos estes, ao Estado caberia responder, subsidiariamente, para cobrir os débitos não satisfeitos pelos bens penhoráveis da entidade.

A pessoa jurídica controladora (União, Estado, Distrito Federal ou Município) responderia subsidiariamente quando os bens da empresa estatal não afetados ao serviço público fossem insuficientes para arcar com esse ônus (DI PIETRO, 1999, p. 88). Ressalte-se que a responsabilidade subsidiária do poder concedente somente seria justificável no caso de dano decorrente da própria prestação do serviço público. Os prejuízos de terceiros, oriundos de comportamentos alheios à prestação do serviço, não seriam suportáveis pela Administração (MELLO, 1996, p. 470).

Dessa forma, não se aplicaria a essas empresas, segundo a doutrina, o sistema de execução por precatórios, previsto no artigo 100 da Constituição Federal.

Todavia, conforme registrado no subitem 6.12.6, o Supremo Tribunal Federal, em Sessão de 16.11.2000, ao julgar o Recurso Extraordinário nº 220.906/DF, revendo seu posicionamento com relação à natureza da Empresa Brasileira de Correios e Telégrafos – ECT, decidiu, por maioria, entender recepcionado pela Constituição de 1988 o Decreto-Lei nº 509/69, que estendeu à ECT, empresa pública federal unipessoal, os privilégios conferidos à Fazenda Pública, dentre eles o da impenhorabilidade de seus bens, rendas e serviços, devendo a execução fazer-se mediante precatório, sob pena de vulneração ao disposto no artigo 100 da Constituição de 1988. Foram vencidos os Ministros Marco Aurélio e Ilmar Galvão, que declaravam a inconstitucionalidade da expressão que assegura à ECT a "impenhorabilidade de seus bens, rendas e serviços", constante do artigo 12 do Decreto-Lei nº 509/69, por entenderem que se trata de empresa pública que explora atividade econômica, sujeita ao regime jurídico próprio das empresas privadas (CF, art. 173, §1º). Vencido também o Ministro Sepúlveda Pertence que, entendendo não ser aplicável à ECT o artigo 100 da Constituição Federal, entendia que a execução de seus débitos deveria ser feita pelo direito comum mediante a penhora de bens não essenciais ao serviço público e declarava a inconstitucionalidade do mencionado artigo 12 do Decreto-Lei nº 509/69 apenas na parte em que prescreve a impenhorabilidade das rendas da ECT (BRASIL, 2000, p. 4).

Dessarte, ante o teor da decisão da Suprema Corte, indicativa de que todos os bens das empresas públicas prestadoras de serviços públicos são impenhoráveis, devendo a execução seguir o procedimento do artigo 100 da Constituição, a responsabilidade subsidiária do Estado somente se efetivaria, no caso de extinção da empresa.

5.12.8 Sujeição à Falência

As empresas públicas e sociedades de economia mista não estão sujeitas à falência, conforme expresso no art. 2º da Lei nº 11.101, de 9.2.2005, que regula a recuperação judicial, a extrajudicial e a falência do empresário e da sociedade empresária.

Essa lei deu tratamento diferenciado às empresas concessionárias e às empresas estatais (sociedades de economia mista e empresas públicas). A diferença de tratamento tem sua razão de ser, segundo Maria

Sylvia Zanella Di Pietro (2009, p. 459-460). É que as empresas estatais fazem parte da Administração Pública Indireta, administram patrimônio público, total ou parcialmente, dependem de receitas orçamentárias ou têm receita própria, conforme definido em lei, e correspondem a forma diversa de descentralização: enquanto as concessionárias exercem serviço público delegado por meio de contrato, as empresas estatais são criadas por lei e só podem ser extintas por intermédio de lei. Sendo criadas por lei, o Estado provê os recursos orçamentários necessários à execução de suas atividades, além de responder subsidiariamente por suas obrigações.

5.12.9 Relacionamento com o Poder Judiciário

No que concerne às relações das empresas estatais com o Poder Judiciário, merecem destaque para ser examinados os seguintes pontos:

a) juízo privativo;
b) mandado de segurança;
c) ação popular; e
d) ação civil pública.

a) Juízo privativo

O artigo 109, da Constituição Federal, em seus incisos I e IV, estabelece que os feitos em que a União, entidade autárquica ou empresa pública federal for parte, na condição de autora, ré, assistente ou opoente são processados e julgados perante a Justiça Federal. Logo, o juízo privativo, abrange, na esfera federal, as autarquias, as fundações públicas e as empresas públicas federais, salvo nas ações de falências, acidentes de trabalho e as sujeitas à Justiça eleitoral e à Justiça do Trabalho.

As sociedades de economia mista, por outro lado, têm suas ações processadas e julgadas na Justiça Estadual, uma vez que a Constituição silenciou sobre elas no aludido dispositivo. O Supremo Tribunal Federal chegou, inclusive, a definir essa posição na Súmula nº 517,[4] só admitindo o deslocamento para a Justiça Federal quando a União intervém como assistente ou opoente. Fora daí, os litígios devem ser deduzidos na Justiça Estadual. Na Súmula nº 556,[5] aliás, o STF deixou assentado

---

[4] Súmula nº 517 do STF: "As sociedades de economia mista só têm foro na Justiça Federal, quando a União intervém como assistente ou opoente".

[5] Súmula nº 556 do STF: "É competente a Justiça comum para julgar as causas em que é parte sociedade de economia mista".

que é competente a Justiça comum para julgar as causas em que é parte sociedade de economia mista. No mesmo sentido, o Superior Tribunal de Justiça editou a Súmula nº 42[6] (Carvalho Filho, 2000, p. 362). Com isso, afasta-se qualquer possibilidade de argumentação de que a expressão "empresa pública", constante do dispositivo constitucional (artigo 109), pudesse ser entendida em sentido amplo, de modo a abranger todas as empresas estatais (DI PIETRO, 2001, p. 386).

Observe-se, porém, que a citada diferença abrange apenas as empresas públicas federais. Nas esferas estadual, distrital e municipal, empresas públicas litigarão na Justiça Estadual, no juízo fixado na lei de organização judiciária da respectiva unidade federativa (CARVALHO FILHO, 2000, p. 362). No Estado de São Paulo, por exemplo, o juízo privativo foi concedido a todas as entidades da administração indireta, com a referência a "entidades paraestatais", conforme artigo 36 do Código Judiciário, constante do Decreto-Lei Complementar nº 3, de 27.8.1969 (DI PIETRO, 2001, p. 386). No Distrito Federal, os feitos em que as empresas públicas e sociedades de economia mista distritais são parte, como autoras, rés, assistentes ou opoentes, excetuados os de falência e os de acidentes do trabalho, foram deferidos às Varas de Fazenda Pública, uma vez que o artigo 27, inciso I, alínea "a", da Lei nº 8.185, de 14.3.1991 (Lei de Organização Judiciária do Distrito Federal e Territórios), faz alusão à "administração descentralizada". Observe-se que, no Distrito Federal, as causas envolvendo sociedades de economia mista federais estão inseridas na competência residual das Varas Cíveis.

b) Mandado de Segurança

Segundo Hely Lopes Meirelles, "mandado de segurança é o meio constitucional posto à disposição de toda pessoa física ou jurídica, órgão com capacidade processual, ou universalidade reconhecida por lei, para a proteção de direito individual ou coletivo, líquido e certo, não amparado por *habeas corpus* ou *habeas data*, lesado ou ameaçado de lesão, por ato de autoridade, seja de que categoria for e sejam quais forem as funções que exerça" (MEIRELLES, 1996, p. 17-18).

As autoridades das entidades da Administração Indireta podem ser tidas como coautoras, quando exerçam funções delegadas do Poder Público. Essa possibilidade, que constava do artigo 1º, §1º, da Lei nº 1.533, de 31.12.1951, e da Súmula nº 510 do Supremo Tribunal Federal,

---

[6] Súmula nº 42 do STJ: "Compete à Justiça comum estadual processar e julgar as causas cíveis em que é parte sociedade de economia mista e os crimes praticados em seu detrimento".

decorre agora do artigo 5º, inciso LXIX, da Constituição[7] (DI PIETRO, 2001, p. 386).

Assim, para fins de mandado de segurança, consideram-se atos de autoridade não só os emanados das autoridades da Administração Direta, como também os praticados por administradores ou representantes de autarquias e de entidades paraestatais e, ainda, os de pessoas naturais ou jurídicas com funções delegadas, como são os concessionários de serviços de utilidade pública, no que concerne a essas funções (MEIRELES, 1996, p. 25). E não só o mandado de segurança individual, como o coletivo, em certas circunstâncias, será cabível (FIGUEIREDO, 2000, p. 121).

É indiferente, para esse fim, se o ato foi praticado no âmbito de empresa exploradora de atividade econômica ou prestadora de serviço público. O importante é verificar se, na prática do ato, o administrador agiu na condição de autoridade pública, em uma relação jurídica de direito administrativo. A título de exemplo, os atos praticados no decorrer de uma licitação ou de um concurso público promovido por uma empresa estatal exploradora de atividade econômica são atacáveis por meio de mandado de segurança.

c) Ação Popular

A ação popular é o meio constitucional posto à disposição de qualquer cidadão para obter a invalidação de atos ou contratos administrativos — ou a estes equiparados — ilegais e lesivos do patrimônio federal, estadual e municipal, ou de suas autarquias, entidades paraestatais e pessoas jurídicas subvencionadas com dinheiros públicos (MEIRELLES, 1996, p. 87-88).

A ação popular é cabível contra as entidades da Administração Indireta. Está prevista no artigo 5º, LXXIII, da Constituição e tem por objetivo anular ato lesivo ao patrimônio público ou de entidade de que o Estado participe, à moralidade administrativa, ao meio ambiente e ao patrimônio histórico e cultural (DI PIETRO, 2001, p. 386).

A lei regulamentar da ação popular — Lei nº 4.717, de 29.6.1965 — inclui como passíveis de invalidação por esse meio processual os atos de entidades públicas centralizadas e descentralizadas, abrangendo os atos de todas as pessoas jurídicas de Direito Privado nas quais o Poder público tenha interesses econômicos predominantes em relação ao capital particular (MEIRELES, 1996, p. 96).

---

[7] Súmula nº 510 do STF: "Praticado o ato por autoridade, no exercício de competência delegada, contra ela cabe o mandado de segurança ou a medida judicial".

Tratando-se de ação que tem por objetivo garantir a qualquer cidadão o direito de participar ativamente da vida política, mediante o controle de atos da Administração Pública, ela é cabível contra a Administração Indireta, quer pela abrangência do artigo 4º do Decreto-Lei nº 200/67, que incluiu o conceito genérico de Administração Pública direta e a indireta, quer pelo artigo 37 da Constituição que, em capítulo concernente à Administração Pública, inseriu a administração indireta, estendendo-lhe os princípios da legalidade, impessoalidade, moralidade, publicidade e eficiência (DI PIETRO, 2001, p. 386).

Ressalte-se que, com a Constituição de 1988, o objeto da ação popular foi alargado à medida que expressamente estão contidas não apenas a ilegalidade, mas também a lesividade ao patrimônio público (FIGUEIREDO, 2000, p. 121).

d) Ação civil pública

A ação civil pública, disciplinada pela Lei nº 7.347, de 24.7.1985, é o instrumento processual adequado para reprimir ou impedir danos ao meio ambiente, ao consumidor, a bens e direitos de valor artístico, estético, histórico, turístico e paisagístico (artigo 1º), protegendo, assim, os interesses difusos da sociedade (MEIRELLES, 1996, p. 119).

Cumpre mencionar, por fim, que as entidades da administração indireta têm legitimação ativa para propor ação civil pública (artigo 5º da Lei nº 7.347, de 24.7.1985), cabível para proteção de interesses difusos, nos termos do artigo 129, inciso II e §1º da Constituição Federal (DI PIETRO, 2001, p. 386).

CAPÍTULO 6

DIRETRIZES PARA NORMATIZAÇÃO INFRACONSTITUCIONAL DO REGIME JURÍDICO DAS ESTATAIS

6.1 A regulamentação infraconstitucional da atuação das estatais, após a Emenda nº 19/98

6.1.1 A abrangência do estatuto quanto às espécies de estatais envolvidas

Problema que se apresenta na definição legal de um regime jurídico para as empresas estatais diz respeito à duplicidade de funções desempenhadas por essas entidades: algumas, exploradoras de atividades econômicas, sujeitam-se a um regime jurídico bem próximo das empresas privadas, nos termos do artigo 173 da Constituição; outras, prestadoras de serviços públicos, subordinam-se a um regime jurídico com maior influência do direito público, sendo vinculadas ao artigo 175 da Carta.

Na opinião de José dos Santos Carvalho Filho (2000, p. 356), a questão do duplo objeto dessas entidades não ficará inteiramente dirimida com a nova redação do artigo 173, §1º, da Constituição, imposta pela Emenda Constitucional nº 19/98, que se refere à exploração de atividade econômica de produção ou comercialização de bens ou prestação de serviços. Para o autor, persistirá a dúvida sobre se o artigo 173, §1º, da CF, contempla todas as empresas públicas e sociedades de economia mista ou se incide apenas sobre aquelas que exploram atividade econômica e prestam serviços de natureza *privada*, com o que estariam de fora as que executam serviços públicos típicos.

Observe-se que o *caput* do artigo 173 da Constituição não menciona, especificamente, as sociedades de economia mista nem as empresas públicas, muito menos, as suas subsidiárias. Apenas fala em exploração direta, pelo Estado, de atividade econômica. Tais entidades vão aparecer no §1º do artigo, a respeito do qual surgem divergências de interpretação (BORGES, 1999, p. 5).

Uns veem no dispositivo, quando alude a exploração de atividade econômica de produção ou comercialização de bens ou de prestação de serviços, a abrangência, por esse estatuto jurídico, também das empresas públicas e sociedades de economia mista que se destinem à prestação de serviços públicos (BORGES, 1999, p. 5).

Outros entendem que o estatuto jurídico do §1º do artigo 173 deve disciplinar somente um tipo de empresa estatal: a destinada à exploração de atividade econômica. Não haveria lugar nesse estatuto para as estatais destinadas à prestação de serviço público. Tal posição fundamenta-se no princípio hermenêutico de que o *caput* de um artigo direciona o sentido dos seus parágrafos, ou seja, o §1º estaria condicionado pela regra principal da exploração de atividade econômica consignada na cabeça do artigo (BORGES, 1999, p. 5).

Entende Alice Gonzalez Borges (1999, p. 8) que o artigo 173, §1º, inciso III, combinado com o artigo 22, inciso XXVII, quis referir-se a todas as espécies de estatais, inclusive as que foram criadas para a prestação de serviços públicos. Afinal, destaca a autora, o §1º refere-se à prestação de serviços, sem distinguir se serão públicos ou não. Para ela, o estatuto jurídico previsto na Emenda Constitucional, ainda que abrangendo ambas as espécies de entidades em suas disposições, não poderá dar-lhes um disciplinamento único, porquanto isso não seria constitucionalmente possível.

Celso Antônio Bandeira de Mello (1998, p. 773, 775), por sua vez, defende que o citado artigo 173 e seu §1º (ao qual se remete o artigo 22, inciso XXVII) não prevê estatuto jurídico para as empresas estatais que prestem serviços públicos, uma vez que tais dispositivos constitucionais são explícitos em reportar única e exclusivamente a entidades exploradoras de atividade econômica. Argumenta o autor que, sob o estatuto de empresa privada, as prestadoras de serviço público estariam ao desamparo da proteção do contrato administrativo, que dispõe de instrumentos de proteção ao interesse público, nem os contratos teriam cláusulas de garantia do equilíbrio econômico-financeiro, fundamental para a segurança das relações em que estejam em pauta serviço ou obra pública. Assim, segundo ele, o estatuto aludido nos artigos 22, inciso XXVII, e 173, §1º, disporá apenas sobre as empresas exploradoras de atividade econômica, nada tendo a ver com as prestadoras de serviço público.

Heraldo Garcia Vitta afirma que o artigo 173, §1º, menciona o estabelecimento de estatuto próprio para a empresa pública e sociedade de economia mista e suas subsidiárias, quando explorarem atividade econômica. Para ele, a expressão "prestação de serviços", refere-se àquela voltada apenas para a atividade econômica, como o são os bancos estatais. Logo, apenas as estatais exploradoras de atividade econômica estariam inseridas na hipótese normativa (1999, p. 107).

Em posição semelhante, Toshio Mukai (1999, p. 225) assevera que a menção do inciso XXVII do artigo 22 é exclusivo às empresas estatais que exploram atividade econômica de produção ou comercialização de bens ou de prestação de serviços. Marçal Justen Filho e Antônio Carlos Cintra do Amaral, componentes da comissão de elaboração do projeto da nova lei, também entendem que o estatuto jurídico do §1º do artigo 173 somente disciplinará as estatais exploradoras de atividade econômica (BORGES, 1999, p. 5).

Ante a dicotomia, adotada pela própria Constituição, entre as estatais exploradoras de atividades econômicas e as prestadoras de serviços públicos, reconhecida pelo Supremo Tribunal Federal, tem-se como mais coerente esse posicionamento.

6.1.2 A competência para a edição do estatuto das empresas estatais

Quanto à competência e abrangência da lei a que se refere o artigo 173, §1º, da Constituição Federal, há entendimentos de que a lei seja editada em cada pessoa federativa, disciplinando as suas próprias empresas públicas e sociedades de economia mista, e que a disciplina visaria a abranger apenas as entidades que exploram atividades econômicas.

A respeito, afirma José dos Santos Carvalho Filho (2000, p. 358-359) que o estatuto das referidas entidades deverá processar-se por lei federal que estabelecerá as linhas gerais que devem nortear seu regime jurídico, cabendo às leis regionais e locais instituir a disciplina suplementar. "Além do mais, essa mesma lei é que deverá definir eventuais aspectos distintivos entre as pessoas que prestam serviços públicos e as que exploram atividades eminentemente econômicas. Afinal, tais entidades fazem parte da administração indireta, que sofre a incidência de princípios constitucionais específicos (art. 37, CF), de modo que a matéria refoge aos interesses apenas de Estados e Municípios, mas, ao contrário, exige, para sua uniformização no sistema administrativo, lei geral disciplinadora de âmbito federal, tal como, aliás, ocorre com as contratações e licitações públicas".

Para José Tarcísio de Almeida Melo (1999, p. 125-126), a lei de que trata o §1º do artigo 173 da Constituição Federal deverá ser lei federal e nacional, por reger a atividade econômica. É a interpretação harmonizada com o inciso I e §1º do art. 24, que atribui à União a competência para legislar sobre as normas gerais de direito econômico.

Idêntico posicionamento assume Toshio Mukai (1999, p. 227): "E, realmente, a lei de que fala o §1º do art. 173 da CF deverá ser uma lei nacional, posto que deverá tratar de atividade econômica (e não uma lei de cada entidade político-administrativa); aliás, os §§2º, 3º, 4º e 5º do mencionado art. 173 mostram claramente que o referido 'estatuto' será uma lei nacional contemplando normas gerais sobre as estatais que explorem atividade econômica".

Heraldo Garcia Vitta (1999, p. 107) propõe o equacionamento da matéria da seguinte forma:

a) a União edita normas gerais para as estatais que atuem na atividade econômica, de todas as entidades políticas (art. 22, XXVII), parte final;

b) cada entidade política, na órbita de sua competência edita lei própria, específica e detalhada, criando o estatuto de suas estatais;

c) a edição de atos administrativos, estipuladores de regras procedimentais ocorreria apenas e na medida em que lei específica ("b") outorgasse à autoridade competente tais poderes, uma vez estabelecidos os requisitos ou pressupostos por ela.

Acrescenta do autor que são de observância obrigatória, no estatuto das estatais que atuem na atividade econômica, os princípios da administração pública, entre os quais, além da legalidade, a isonomia (igualdade), publicidade, eficiência (no sentido de produtividade, qualidade, relação custo-benefício, economicidade), impessoalidade, moralidade, razoabilidade e proporcionalidade (1999, p. 107).

Entende-se ser este o posicionamento mais adequado.

6.1.3 A questão das licitações e contratos

O regime de licitações e contratos dessas entidades merece destaque especial, pelo fato haver sido mencionado em três dispositivos constitucionais, o que tem sido alvo de incontáveis debates jurídicos.

O artigo 22 da Constituição de 1988 estabelece as competências legislativas privativas da União. O inciso XXVII, em sua redação originária, reservava-lhe a produção de normas gerais acerca de licitações e contratações para toda a administração pública brasileira, direta e indireta, incluindo fundações e empresas sob controle governamental (PEREIRA JÚNIOR, 1998, p. 872).

A Emenda Constitucional nº 19/98 veio distinguir o que antes era comum a esses órgãos e entidades: de um lado, os órgãos subordinados da administração direta, as autarquias e as fundações públicas continuam sujeitos às normas gerais veiculadas por lei federal, de abrangência nacional, em matéria de licitações e contratos; de outro, as empresas públicas e sociedades de economia mista observarão estatuto jurídico que a lei estabelecerá (PEREIRA JÚNIOR, 1998, p. 872).

Entende o autor que "a legislação federal sobre normas gerais não mais disciplinará as licitações e contratações de obras, serviços, compras e alienações das empresas públicas e sociedades de economia mista, e suas subsidiárias, quer explorem atividade econômica, quer prestem serviços públicos, afastando-se a distinção, para esse fim, que antes se vislumbrava entre as entidades referidas nos arts. 173 e 175 da CF/88 (empresas e sociedades paraestatais que explorassem atividade econômica, e empresas e sociedades paraestatais que prestassem serviços públicos)" (PEREIRA JÚNIOR, 1998, p. 873).

Celso Antônio Bandeira de Mello (1998, p. 776) examina a matéria sob a seguinte ótica: a lei a que se refere o artigo 22, inciso XXVII, *in fine*, da Constituição, diz respeito apenas às estatais exploradoras de atividade econômica. Resulta daí que, para as estatais prestadoras de serviço público, não está prevista expressamente a submissão a normas gerais de licitação e contratos expedidas pela União. Todavia, as empresas públicas e as sociedades de economia mista que empreendem serviços públicos não podem ficar no limbo legislativo. Nesse contexto, interpretando sistematicamente a Constituição, defende o autor que as estatais prestadoras de serviço público, por desenvolverem atividades da mesma natureza daquelas exercidas pela administração direta e autarquias e por representarem figura jurídica ainda mais necessitada de disciplina constritiva nessa matéria, devem submeter-se às normas gerais de licitações e contratos editadas pela União.

Caso se pretenda que a abrangência do inciso XXVII, apesar de sua expressa remissão ao artigo 173, abranja as duas espécies de empresas estatais — assevera o autor (MELLO, 1999, p. 774) — será forçoso concluir que parificou dois tipos de atividades que a própria Constituição considerou visceralmente distintas, como efetivamente são: serviço público e exploração de atividade econômica. Finaliza o autor (1998, p. 776):

"Dessarte, cumpre firmar a conclusão de que as empresas estatais prestadoras de serviço público também se assujeitam às normas gerais de licitação e contratos expedidas pela União e, pois, que continuam e continuarão a ser regidas pela Lei nº 8.666, de 21.6.93, com suas alterações posteriores. Já as empresas estatais exploradoras de atividade econômica futuramente terão suas licitações e contratos regidos pela lei a que se refere o art. 22, XXVII, da Constituição Federal, com a redação que lhe deu o Emendão, isto é, na conformidade do Estatuto para elas previsto no art. 173 da Lei Magna."

Tal interpretação, segundo Alice Gonzalez Borges (1999, p. 7), "resultaria em conferir-se uma nova redação ao art. 22, inciso XXVII da Constituição, pois contraria inteiramente a sua literalidade. A tanto não pode chegar o intérprete, mesmo em face das dificuldades oferecidas por um texto legal ou constitucional defeituoso, para construir-se, assim, um novo dispositivo, de sentido diametralmente oposto".

Em posição divergente, Toshio Mukai entende que as empresas estatais prestadoras de serviço público estão excluídas das normas gerais de licitações e contratos, visto que não estão referidas no artigo 22, inciso XXVI, da Constituição. "Entender que aquelas estatais estariam submetidas às referidas normas gerais é se colocar, o intérprete, numa posição que sabidamente é vedada ao Juiz: a de decidir *ultra legem*" (MUKAI, 1999, p. 226).

Ademais — prossegue o autor — a exclusão das estatais prestadoras de serviços públicos da incidência das normas *gerais* "foi decisão deliberada do constituinte, no sentido de prestigiar a autonomia legislativa dos entes político-administrativos, visando fazer com que as estatais prestadoras de serviços públicos, através de leis próprias e exclusivas de cada ente federativo, ficassem submetidas única e exclusivamente às suas peculiaridades regionais e/ou locais" (MUKAI, 1999, p. 226).

Afirma, ainda, que as empresas estatais que prestam serviços públicos terão leis próprias de licitações e contratações, editadas nas respectivas esferas de governo, de acordo com o artigo 37, inciso XXI, da Constituição, pois o artigo referido dirige-se à administração pública direta e indireta de qualquer dos Poderes da União, dos Estados, do Distrito Federal e dos Municípios (1999, p. 226).

Conclui o autor que o inciso III do §1º do artigo 173, em consonância com o mandamento do artigo 22, inciso XXVII, da CF, deverá ser o fundamento para que o estatuto jurídico das estatais exploradoras de atividade econômica contemple "normas gerais sobre licitações e contratos", somente cogentes a essa espécie de estatais, e de natureza mais flexível do que as normas incidentes sobre a administração direta, autárquica e fundacional (MUKAI, 1999, p. 226).

Conforme já asseverado, Marçal Justen Filho e Antônio Carlos Cintra do Amaral também entendem que o estatuto jurídico do §1º do artigo 173 somente abrangerá as estatais que exploram atividades econômicas (BORGES, 1999, p. 5).

Alice Gonzalez Borges (1999, p. 7) afirma que essa linha de interpretação leva um absurdo, qual seja:

a) as licitações e contratações para a administração direta, autárquica e fundacional obedecerão a normas gerais da União, nos termos do artigo 37, inciso XXI;

b) as licitações e contratações das sociedades de economia mista e empresas públicas, unicamente destinadas à exploração de atividade econômica, obedecerão a normas gerais estatuídas pela União, nos termos do artigo 173, §1º, inciso III;

c) as licitações e contratações das sociedades de economia mista e empresas públicas dedicadas à prestação de serviços públicos, se não obedecerão às normas gerais nos termos do artigo 37, inciso XXI, porque não são da administração direta, autárquica ou fundacional, e se não obedecerão às normas gerais nos termos do artigo 173, §1º, inciso III, porque este só cuidaria das entidades exploradoras de atividade econômica, então não estarão sujeitas a nenhuma norma de licitação e contratação.

Quanto a esse aspecto, em que pesem os judiciosos argumentos da autora, assiste razão a Toshio Mukai. Não pode o intérprete ampliar o alcance de normas constitucionais, mormente aquelas atribuidoras de competência legislativa, sob o risco de violar o princípio federativo.

6.1.4 Uma proposta para a solução do impasse

A solução legislativa para a questão pode ser alcançada com a fórmula que ora se propõe.

A União edita a lei que estabelece o Estatuto da Empresa Pública e da Sociedade de Economia Mista, previsto no artigo 173, §1º, da Constituição, aplicável somente às empresas públicas, sociedades de economia mista e suas subsidiárias exploradoras de atividade econômica. Essa lei federal teria abrangência nacional, sendo perfeitamente compatível com a competência privativa da União para legislar sobre direito civil, comercial e do trabalho, e se evitariam possíveis alegações de conflito com o Texto Constitucional (artigo 22, inciso I). Saliente-se, nesse particular, que, por força do próprio dispositivo da Constituição, estar-se-á legislando mais no campo do direito privado do que no do direito público. Essa lei estaria em harmonia, outrossim, com a norma do artigo 24, inciso I e §1º, da Constituição, que atribui competência à União para legislar sobre as normas gerais de direito financeiro.

Paralelamente, a União edita outra lei, reguladora da atuação das empresas públicas e sociedades de economia mista prestadoras de serviço público no âmbito da Administração Federal. Como essas entidades têm regime jurídico mais próximas do direito público, evita-se, assim, eventuais alegações de invasão da competência legislativa dos Estados, do Distrito Federal e dos Municípios.

Tal decorre do entendimento no sentido de ser inconciliável com a Constituição de 1988 a existência de norma de direito administrativo federal que se pretendesse provida de cogência nacional, tanto que não se aninhou o direito administrativo entre as matérias de competência legislativa privada da União, conforme art. 22, inciso I (PEREIRA JÚNIOR, 1998, p. 875).

Por outro lado, demais entes da federação terão plena competência para estender essa lei, se assim o desejarem, para as suas administrações ou, pelo menos, adotar as suas diretrizes básicas (e isto é o que geralmente ocorre em situações semelhantes).

A seguir, *de lege ferenda*, são apresentadas duas propostas de anteprojetos de lei: a primeira, para o estatuto jurídico da empresa pública, da sociedade de economia mista e de suas subsidiárias que exploram atividade econômica; a segunda, para regular a atuação, na Administração Pública Federal, das empresas públicas e sociedades de economia mista, prestadoras de serviços públicos.

Com tais propostas, objetiva-se oferecer uma modesta contribuição, para a definição de questões tão relevantes e polêmicas, tais como:

a) os critérios básicos de intervenção do Estado na exploração de atividades econômicas, seus balizamentos e os instrumentos dessa intervenção;

b) a prestação, pelo Estado, de serviços públicos por meio de empresas públicas e sociedades de economia mista;

c) a função social das empresas públicas, sociedades de economia mista e as formas de fiscalização pelo Estado e pela sociedade;

d) a forma de constituição dessas estatais, a criação de subsidiárias e a sua participação em outras sociedades, civis ou mercantis;

e) a sujeição ao regime jurídico próprio das empresas privadas, inclusive quanto aos direitos e obrigações civis, comerciais, trabalhistas e tributários;

f) a estrutura jurídica das entidades estatais, seu funcionamento, seus limites de operação e objetivos;

g) a necessidade de licitação para contratação de obras, serviços, compras e alienações, observados os princípios da administração pública;

h) a constituição e o funcionamento dos conselhos de administração e fiscal, com a participação de acionistas minoritários;

i) o controle administrativo dessas entidades, efetuado por meio de contrato de gestão; e

j) os mandatos, a avaliação de desempenho e a responsabilidade dos seus gestores.

6.2 O estatuto jurídico das empresas estatais exploradoras de atividades econômicas

Proposta de Anteprojeto de Lei

Estabelece o estatuto jurídico da empresa pública, da sociedade de economia mista e de suas subsidiárias que explorem atividade econômica de produção ou comercialização de bens ou de prestação de serviços, previsto no artigo 173, §1º, da Constituição Federal.

Capitulo I – Da Função Social

Art. 1º A exploração direta de atividade de produção ou comercialização de bens ou de prestação de serviços pela União, Estado, Distrito Federal ou Município somente será permitida quando necessária aos imperativos da segurança nacional ou a relevante interesse coletivo, conforme definidos a seguir:

I - atividades estratégicas, cujo desempenho por particulares possa colocar em risco a segurança de pessoas, instituições ou bens públicos;

II - atividades cujo desempenho por particulares possa justificadamente causar danos irremediáveis ao patrimônio cultural, histórico ou ecológico;

III - atividades de relevante utilidade para a população ou para o desenvolvimento do país, que necessitem de vultosos investimentos em infra-estrutura, sem que haja interesse ou capital disponível da iniciativa privada.

Parágrafo único. Desaparecendo o elemento motivador da intervenção estatal na atividade, esta será repassada à iniciativa privada, mediante processo de desestatização.

Capítulo II – Da Instituição

Art. 2º A criação de empresa pública ou de sociedade de economia mista deverá ser efetuada mediante autorização em lei específica, que deverá definir os empreendimentos e as atividades que a empresa poderá exercer.

Parágrafo único. A extinção de empresa pública e sociedade de economia mista deverá ser efetuada mediante autorização legal.

Art. 3º A empresa pública, a sociedade de economia mista e suas subsidiárias têm personalidade jurídica de direito privado, sendo que a sua existência legal começa com a inscrição ou arquivamento dos seus atos constitutivos no Registro Civil de Pessoas Jurídicas ou no Registro Público de Empresas Mercantis, na forma exigida pelo direito privado.

Art. 4º A sociedade de economia mista será constituída sob a forma de sociedade por ações, cujas ações com direito a voto pertençam em sua maioria à pessoa jurídica instituidora.

Parágrafo único. A sociedade de economia mista submeter-se-á, no que couber, à legislação aplicável às sociedades por ações em geral.

Art. 5º A empresa pública será constituída sob alguma forma jurídica admitida em direito, desde que compatível com a sua atividade, ou com forma jurídica peculiar, definida na lei específica que autorizar a sua criação.

§1º Será admitida, no capital da empresa pública a participação de outras pessoas jurídicas de direito público interno, bem como de entidades da Administração indireta da União, dos Estados, do Distrito Federal e dos Municípios.

§2º A empresa pública constituída sob a forma de sociedade por ações submeter-se-á, no que couber, à legislação aplicável a esse tipo de sociedade.

Art. 6º A criação de subsidiárias das empresas públicas e sociedades de economia mista, assim como a participação dessas em empresa privada, depende, em cada caso, de autorização legislativa.

Capítulo III – Da Organização

Art. 7º A administração da empresa competirá à Diretoria, eleita pelo Conselho de Administração, devendo o estatuto estabelecer:

I - o número de diretores, que será de, no mínimo, 3 (três) e, no máximo, 6 (seis);

II - o prazo de gestão, que não será superior a 3 (três) anos, permitida uma única reeleição;

III - as atribuições e os poderes de cada diretor.

Art. 8º O Conselho de Administração, a quem compete fixar a orientação geral dos negócios da empresa, será eleito pela assembléia geral ordinária, no caso de empresas constituídas sob a forma de sociedades por ações, ou nomeado pelo titular do órgão supervisor, nos demais casos, devendo o estatuto estabelecer:

I - o número de conselheiros, que será de, no mínimo, 5 (cinco) e, no máximo, 6 (seis);

II - o prazo de gestão, que não será superior a 3 (três) anos, permitida uma única reeleição;

III - as normas sobre convocação, instalação e funcionamento do Conselho, que deliberará por maioria de votos.

Parágrafo único. O Conselho de Administração terá entre seus membros:

I - um representante do órgão supervisor, que o presidirá;

II - o Diretor-Presidente da empresa, que será o Vice-Presidente do Conselho;

III - um membro indicado pelo Ministério ou Secretaria de Estado a que estiver vinculada a empresa;

IV - um membro indicado pelos acionistas minoritários (se houver);

V - um ou dois membros indicados pelo titular do órgão supervisor, a partir de indicações oriundas de entidades civis ligadas à área de atuação da empresa.

Art. 9º A empresa terá um Conselho Fiscal, composto de, no mínimo, 3 (três) e, no máximo, 5 (cinco) membros, e suplentes em igual número, eleitos pela assembléia geral, se houver, ou nomeados pelo titular do órgão supervisor, sendo que o estatuto disporá sobre o seu funcionamento em caráter permanente.

Parágrafo único. Pelo menos um dos membros do Conselho Fiscal será indicado pelos acionistas minoritários, se houver.

Art. 10. A exoneração imotivada de dirigentes da empresa somente poderá ser promovida nos três meses iniciais do mandato.

Parágrafo único. Constituem motivos para a exoneração de dirigentes da empresa, em qualquer época, a prática de ato de improbidade administrativa, a condenação penal transitada em julgado e o descumprimento injustificado do Contrato de Gestão.

Capítulo IV – Do Contrato de Gestão e do Controle

Art. 11. No prazo máximo de 60 dias após a sua nomeação, os responsáveis pela gestão das empresas de que trata esta lei firmarão, com os órgãos supervisores, contratos de gestão, que observarão as metas de desempenho e os indicadores de eficiência, eficácia e economicidade definidos por um Comitê de Gestão, a ser instituído no âmbito de cada empresa.

§1º O contrato de gestão terá duração mínima de 3 anos e máxima de 6 anos, observadas as características de implementação e expectativa de resultados dos projetos e ações objeto da avaliação.

§2º As metas serão estabelecidas por meio de negociação com os gestores da empresa, levando-se em conta o interesse público, a área de abrangência da empresa e suas diferenciações regionais, a natureza das atividades exercidas e dos produtos oferecidos à sociedade, as condições socioeconômicas dos usuários, os riscos da atividade, as limitações tecnológicas e as condições operacionais da empresa, observada a prévia inclusão no Plano Plurianual dos projetos de investimento, cuja execução ultrapasse um exercício financeiro.

§3º O Comitê de Gestão será composto:

I - pelo diretor da empresa, responsável pela área de planejamento;

II - por um técnico representante dos empregados da empresa;

III - por um representante dos acionistas minoritários;

IV - por um representante do órgão supervisor ou do Ministério do Orçamento e Gestão;

V - por dois representantes da sociedade civil, indicados por entidades representativas dos clientes da empresa, especialistas na área de atuação da empresa, não vinculados a pessoas jurídicas com fins lucrativos.

Art. 12. Anualmente, a atuação da empresa será objeto de avaliação de desempenho, conduzida pelo Comitê de Gestão, que emitirá parecer conclusivo sobre o nível de atingimento das metas, os obstáculos e fatores limitantes, o potencial de desempenho da empresa, e as recomendações para o aperfeiçoamento da atuação da empresa avaliada.

Art. 13. As empresas de que trata esta lei estão obrigadas a enviar, anualmente, ao Tribunal de Contas respectivo, nos termos da legislação aplicável aos recursos envolvidos.

Parágrafo único. O parecer conclusivo do Comitê de Gestão, a que se refere o artigo anterior será elemento componente das contas anuais a serem encaminhadas ao Tribunal de Contas.

Art. 14. Ao término do período final do Contrato de Gestão, o Comitê de Gestão emitirá parecer conclusivo sobre a sua renovação e sobre a adequação da gestão aos princípios constitucionais, às metas estabelecidas, e as medidas de ajuste necessárias para o aperfeiçoamento e melhora da gestão, a serem implementadas no período seguinte.

Parágrafo único. Caso conclua pela não-renovação do contrato, caberá ao órgão supervisor proceder à responsabilização dos administradores, mediante a adoção das seguintes medidas:

I - substituição dos dirigentes;

II - revisão dos atos de gestão considerados incompatíveis com as metas e princípios fixados no Contrato de Gestão;

III - adoção de medidas administrativas e judiciais necessárias ao ressarcimento de eventuais prejuízos causados à empresa pelos atos de gestão referidos no inciso anterior.

Capítulo V – Do Regime Jurídico

Art. 15. A contratação de pessoal pelas empresas públicas e sociedades de economia mista, que somente se dará mediante a realização de concurso público de provas ou de provas e títulos, obedecerá ao regime estabelecido na Consolidação das Leis do Trabalho.

Parágrafo único. A contratação de pessoal observará o requisito de existência prévia de dotação orçamentária suficiente para atender às projeções de despesa de pessoal e aos acréscimos dela decorrentes, nos termos do artigo 169, §1º, *caput* e inciso I, da Constituição.

Art. 16. A licitação e contratação de obras, serviços, compras e alienações serão realizados mediante processo licitatório.

§1º É dispensável a licitação para a aquisição de bens e contratação de serviços vinculados à atividade-fim da empresa, em que é notória a concorrência com a iniciativa privada.

§2º As empresas públicas, sociedades de economia mista e suas subsidiárias poderão editar regulamentos próprios de licitações e contratos, com procedimentos simplificados e específicos, desde que observados os princípios constitucionais da administração pública (legalidade, impessoalidade, publicidade, moralidade e eficiência) e os princípios específicos dos processos licitatórios em geral (igualdade entre os licitantes, vinculação ao instrumento convocatório e julgamento objetivo das propostas).

§3º Os regulamentos referidos no parágrafo anterior deverão ser aprovados pelo titular do órgão supervisor e publicados na imprensa oficial.

Art. 17. As empresas públicas, sociedades de economia mista e suas subsidiárias, exploradoras de atividades econômicas, em regime de concorrência, não poderão gozar de privilégios fiscais não extensivos ao setor privado.

Art. 18. Os investimentos das empresas em que a União, o Estado, o Distrito Federal ou o Município, direta ou indiretamente, detenha a maioria acionária votante constarão anualmente do orçamento de investimento das empresas estatais do Ente Federativo, a ser submetido à aprovação do Poder Legislativo respectivo.

Parágrafo único. As receitas e despesas correntes das empresas que não receberem recursos do Tesouro constarão de orçamento anual próprio a ser previamente submetido à aprovação do Ministério ou Secretaria responsável pelo planejamento e orçamento.

Art. 19. As empresas públicas, sociedades de economia mista e suas subsidiárias, exploradoras de atividades econômicas, responderão pelos prejuízos decorrentes dos atos que seus dirigentes ou empregados, nessa qualidade, ao agirem com dolo ou culpa, causarem a terceiros.

Parágrafo único. Cabe ação regressiva da empresa contra o agente causador do dano, com vistas a ressarcir-se dos prejuízos que sofrer.

Art. 20. O administrador da empresa não é pessoalmente responsável pelas obrigações que contrair em nome da empresa e em virtude de ato regular de gestão; responde, porém, civilmente, pelos prejuízos que causar, quando proceder:

I - dentro de suas atribuições ou poderes, com culpa ou dolo;

II - com violação da lei ou do estatuto.

§1º O administrador não é responsável por atos ilícitos de outros administradores, salvo se com eles for conivente, se negligenciar em descobri-los ou se, deles tendo conhecimento, deixar de agir para impedir a sua prática. Exime-se de responsabilidade o administrador dissidente que faça consignar sua divergência em ata de reunião do órgão de administração ou, não sendo possível, dela der ciência imediata e por escrito ao órgão da administração, ao Conselho Fiscal ou à assembléia geral, se houver.

§2º Os administradores são solidariamente responsáveis pelos prejuízos causados em virtude do não-cumprimento dos deveres impostos por lei para assegurar o funcionamento normal da companhia, ainda que, pelo estatuto, tais deveres não caibam a todos eles.

§3º A responsabilidade de que trata o §2º deste artigo ficará restrita, ressalvado o disposto no §4º, aos administradores que, por disposição do estatuto, tenham atribuição específica de dar cumprimento àqueles deveres.

§4º O administrador que, tendo conhecimento do não-cumprimento desses deveres por seu predecessor, ou pelo administrador competente nos termos do §3º, deixar de comunicar o fato ao órgão da administração, ao conselho fiscal e à assembléia geral (se houver), tornar-se-á por ele solidariamente responsável.

§5º Responderá solidariamente com o administrador quem concorrer, de algum modo, para a prática de ato com violação da lei ou do estatuto.

Art. 21. As empresas públicas e as sociedades de economia mista exploradoras de atividade econômica respondem com os seus bens, pelas obrigações assumidas.

§1º As empresas públicas e a sociedades de economia mista exploradoras de atividade econômica não estão sujeitas a falência ou insolvência.

§2º A pessoa jurídica que as controle responde subsidiariamente, pelas suas obrigações, se, comprovadamente, der causa à extinção da empresa.

Art. 22. As causas em que empresa pública estadual, distrital ou municipal, ou sociedade de economia mista for parte, na condição de autora, ré, assistente ou opoente, são processadas e julgadas perante a Justiça Comum.

Parágrafo único. As causas em que empresa pública federal for parte, na condição de autora, ré, assistente ou opoente, são processadas e julgadas perante a Justiça Federal.

Art. 23. Os atos dos dirigentes, fundados em normas de direito público, que causem lesão a direito ou ameaça de lesão a direito são atacáveis por mandado de segurança, individual ou coletivo.

Art. 24. É cabível ação popular com o objetivo de anular ato lesivo ao patrimônio público, à moralidade administrativa, ao meio ambiente e ao patrimônio histórico e cultural, praticado no âmbito das empresas públicas, sociedades de economia mista e suas subsidiárias.

Art. 25. As empresas públicas e sociedades de economia mista têm legitimação ativa para propor ação civil pública para a proteção de interesses difusos.

Art. 26. Esta lei entra em vigor na data de sua publicação.

6.3 A regulamentação das atividades das empresas estatais prestadoras de serviços públicos, na esfera federal

Proposta de Anteprojeto de Lei

Regulamenta a atuação das empresas públicas e sociedades de economia mista prestadoras de serviço público na Administração Federal.

Capitulo I – Da Função Social

Art. 1º A prestação de serviços públicos pode ser atribuída a empresas públicas e sociedades de economia mista criadas para essa finalidade.

Parágrafo único. Se instituídas e controladas na mesma esfera de governo que detém a competência para exploração dos serviços, não se submeterão a processo licitatório para prestação dos serviços, desde que criadas para essa finalidade.

Capítulo II – Da Instituição

Art. 2º A criação de empresa pública ou de sociedade de economia mista deverá ser efetuada mediante autorização em lei específica, que deverá definir os empreendimentos e as atividades que a empresa poderá exercer.

Parágrafo único. A extinção de empresa pública e sociedade de economia mista deverá ser efetuada mediante autorização legal.

Art. 3º A empresa pública, a sociedade de economia mista e suas subsidiárias têm personalidade jurídica de direito privado, sendo que a sua existência legal começa com a inscrição ou arquivamento dos seus atos constitutivos no Registro Civil de Pessoas Jurídicas ou no Registro do Comércio, na forma exigida pelo direito privado.

Art. 4º A sociedade de economia mista será constituída sob a forma de sociedade por ações, cujas ações com direito a voto pertençam em sua maioria à pessoa jurídica instituidora.

Parágrafo único. A sociedade de economia mista submeter-se-á, no que couber, à legislação aplicável às sociedades por ações em geral.

Art. 5º A empresa pública será constituída sob alguma forma jurídica admitida em direito, desde que compatível com a sua atividade, ou com forma jurídica peculiar, definida na lei específica que autorizar a sua criação.

§1º Será admitida, no capital da empresa pública a participação de outras pessoas jurídicas de direito público interno, bem como de entidades da Administração indireta da União, dos Estados, do Distrito Federal e dos Municípios.

§2º A empresa pública constituída sob a forma de sociedade por ações submeter-se-á, no que couber, à legislação aplicável a esse tipo de sociedade.

Art. 6º A criação de subsidiárias das empresas públicas e sociedades de economia mista, assim como a participação dessas em empresa privada, depende, em cada caso, de autorização legislativa.

Capítulo III – Da Organização

Art. 7º A administração da empresa competirá à Diretoria, eleita pelo Conselho de Administração, devendo o estatuto estabelecer:

I - o número de diretores, que será de, no mínimo, 3 (três) e, no máximo, 6 (seis);

II - o prazo de gestão, que não será superior a 3 (três) anos, permitida uma única reeleição;

III - as atribuições e os poderes de cada diretor.

Art. 8º O Conselho de Administração, a quem compete fixar a orientação geral dos negócios da empresa, será eleito pela assembléia geral ordinária, no caso de empresas constituídas sob a forma de sociedades por ações, ou nomeado pelo titular do órgão supervisor, nos demais casos, devendo o estatuto estabelecer:

I - o número de conselheiros, que será de, no mínimo, 5 (cinco) e, no máximo, 6 (seis);

II - o prazo de gestão, que não será superior a 3 (três) anos, permitida uma única reeleição;

III - as normas sobre convocação, instalação e funcionamento do Conselho, que deliberará por maioria de votos.

Parágrafo único. O Conselho de Administração terá entre seus membros:

I - um representante do órgão supervisor, que o presidirá;

II - o Diretor-Presidente da empresa, que será o Vice-Presidente do Conselho;

III - um membro indicado pelo Ministro de Estado do Orçamento e Gestão;

IV - um membro indicado pelos acionistas minoritários (se houver);

V - um ou dois membros indicados pelo titular do órgão supervisor, a partir de indicações oriundas de entidades civis ligadas à área de atuação da empresa.

Art. 9º A empresa terá um Conselho Fiscal, composto de, no mínimo, 3 (três) e, no máximo, 5 (cinco) membros, e suplentes em igual número, eleitos pela assembléia geral, se houver, ou nomeados pelo titular do órgão supervisor, sendo que o estatuto disporá sobre o seu funcionamento em caráter permanente.

Parágrafo único. Pelo menos um dos membros do Conselho Fiscal será indicado pelos acionistas minoritários, se houver.

Art. 10. A exoneração imotivada de dirigentes da empresa somente poderá ser promovida nos três meses iniciais do mandato.

Parágrafo único. Constituem motivos para a exoneração de dirigentes da empresa, em qualquer época, a prática de ato de improbidade administrativa, a condenação penal transitada em julgado e o descumprimento injustificado do Contrato de Gestão.

Capítulo IV – Do Contrato de Gestão e do Controle

Art. 11. No prazo máximo de 60 dias após a sua nomeação, os responsáveis pela gestão das empresas de que trata esta lei firmarão, com os órgãos supervisores, contratos de gestão, que observarão as metas de desempenho e os indicadores de eficiência, eficácia e economicidade definidos por um Comitê de Gestão, a ser instituído no âmbito de cada empresa.

§1º O contrato de gestão terá duração mínima de 3 anos e máxima de 6 anos, observadas as características de implementação e expectativa de resultados dos projetos e ações objeto da avaliação.

§2º As metas serão estabelecidas por meio de negociação com os gestores da empresa, levando-se em conta o interesse público, a área de abrangência da empresa e suas diferenciações regionais, a natureza das atividades exercidas e dos produtos oferecidos à sociedade, as condições sócio-econômicas dos usuários, os riscos da atividade, as limitações tecnológicas e as condições operacionais da empresa, observada a prévia inclusão no Plano Plurianual dos projetos de investimento, cuja execução ultrapasse um exercício financeiro.

§3º O Comitê de Gestão será composto:

I - pelo diretor da empresa, responsável pela área de planejamento;

II - por um técnico representante dos empregados da empresa;

III - por um representante dos acionistas minoritários;

IV - por um representante do órgão supervisor ou do Ministério do Orçamento e Gestão;

V - por dois representantes da sociedade civil, indicados por entidades representativas dos clientes da empresa, especialistas na área de atuação da empresa, não vinculados a pessoas jurídicas com fins lucrativos.

Art. 12. Anualmente, a atuação da empresa será objeto de avaliação de desempenho, conduzida pelo Comitê de Gestão, que emitirá parecer conclusivo sobre o nível de atingimento das metas, os obstáculos e fatores limitantes, o potencial de desempenho da empresa, e as recomendações para o aperfeiçoamento da atuação da empresa avaliada.

Art. 13. As empresas de que trata esta lei estão obrigadas a enviar, anualmente, ao Tribunal de Contas da União, a prestação de contas a que se refere o art. 9º da Lei nº 8.443/92.

Parágrafo único. O parecer conclusivo do Comitê de Gestão, a que se refere o artigo anterior será elemento componente das contas anuais a serem encaminhadas ao Tribunal de Contas da União.

Art. 14. Ao término do período final do Contrato de Gestão, o Comitê de Gestão emitirá parecer conclusivo sobre a sua renovação e sobre a adequação da gestão aos princípios constitucionais, às metas estabelecidas, e as medidas de ajuste necessárias para o aperfeiçoamento e melhora da gestão, a serem implementadas no período seguinte.

Parágrafo único. Caso conclua pela não-renovação do contrato, caberá ao órgão supervisor proceder à responsabilização dos administradores, mediante a adoção das seguintes medidas:

I - substituição dos dirigentes;

II - revisão dos atos de gestão considerados incompatíveis com as metas e princípios fixados no Contrato de Gestão;

III - adoção de medidas administrativas e judiciais necessárias ao ressarcimento de eventuais prejuízos causados à empresa pelos atos de gestão referidos no inciso anterior.

Art. 15. Durante a vigência do Contrato de Gestão, será assegurado à empresa o repasse de recursos orçamentários e financeiros necessários ao seu cumprimento, conforme fixado em cronograma de desembolso, vedado o contingenciamento de recursos financeiros, exceto em caso de situações imprevisíveis e urgentes, decorrentes de guerra, comoção interna ou calamidade pública.

Capítulo V – Do Regime Jurídico

Art. 16. A contratação de pessoal pelas empresas públicas e sociedades de economia mista, que somente se dará mediante a realização de concurso público de provas ou de provas e títulos, obedecerá ao regime estabelecido na Consolidação das Leis do Trabalho.

Parágrafo único. A contratação de pessoal observará o requisito de existência prévia de dotação orçamentária suficiente para atender às projeções de despesa de pessoal e aos acréscimos dela decorrentes, nos termos do artigo 169, §1º, *caput* e inciso I, da Constituição.

Art. 17. A licitação e contratação de obras, serviços, compras e alienações serão realizados mediante processo licitatório, observadas as disposições da lei geral de licitações e contratos.

CAPÍTULO 6
DIRETRIZES PARA NORMATIZAÇÃO INFRACONSTITUCIONAL DO REGIME JURÍDICO DAS ESTATAIS | 195

Art. 18. As empresas públicas, sociedades de economia mista e suas subsidiárias, prestadoras de serviços públicos, em regime de concorrência, somente poderão gozar de privilégios fiscais, se tais vantagens forem extensivas às empresas concorrentes.

Art. 18. Os investimentos das empresas em que a União, direta ou indiretamente, detenha a maioria acionária votante constarão anualmente do orçamento de investimento das empresas estatais, a ser submetido à aprovação do Congresso Nacional.

Parágrafo único. As receitas e despesas correntes das empresas que não receberem recursos do Tesouro Nacional constarão de orçamento anual próprio a ser previamente submetido à aprovação do Ministério do Orçamento e Gestão.

Art. 19. As empresas públicas e sociedades de economia mista, prestadoras de serviços públicos, responderão pelos prejuízos decorrentes dos atos que seus dirigentes ou empregados, nessa qualidade, causarem a terceiros, independentemente de dolo ou culpa.

Parágrafo único. Cabe ação regressiva da empresa contra o agente causador do dano, com vistas a ressarcir-se dos prejuízos que sofrer, nos casos de dolo ou culpa.

Art. 20. O administrador da empresa não é pessoalmente responsável pelas obrigações que contrair em nome da empresa e em virtude de ato regular de gestão; responde, porém, civilmente, pelos prejuízos que causar, quando proceder:

I - dentro de suas atribuições ou poderes, com culpa ou dolo;

II - com violação da lei ou do estatuto.

§1º O administrador não é responsável por atos ilícitos de outros administradores, salvo se com eles for conivente, se negligenciar em descobri-los ou se, deles tendo conhecimento, deixar de agir para impedir a sua prática. Exime-se de responsabilidade o administrador dissidente que faça consignar sua divergência em ata de reunião do órgão de administração ou, não sendo possível, dela der ciência imediata e por escrito ao órgão da administração, ao Conselho Fiscal ou à assembléia geral, se houver.

§2º Os administradores são solidariamente responsáveis pelos prejuízos causados em virtude do não-cumprimento dos deveres impostos por lei para assegurar o funcionamento normal da companhia, ainda que, pelo estatuto, tais deveres não caibam a todos eles.

§3º A responsabilidade de que trata o §2º deste artigo ficará restrita, ressalvado o disposto no §4º, aos administradores que, por disposição do estatuto, tenham atribuição específica de dar cumprimento àqueles deveres.

§4º O administrador que, tendo conhecimento do não-cumprimento desses deveres por seu predecessor, ou pelo administrador competente nos termos do §3º, deixar de comunicar o fato ao órgão da administração, ao conselho fiscal e à assembléia geral (se houver), tornar-se-á por ele solidariamente responsável.

§5º Responderá solidariamente com o administrador quem concorrer, de algum modo, para a prática de ato com violação da lei ou do estatuto.

Art. 21. As empresas públicas e as sociedades de economia mista prestadoras de serviço público não estão sujeitas a falência ou insolvência, sendo que os bens afetados à prestação do serviço público são impenhoráveis.

§1º As empresas públicas e sociedades de economia mista prestadoras de serviço público têm direito à execução de seus débitos pelo regime de precatórios estabelecido no art. 100 da Constituição Federal.

§2º No caso de extinção da empresa, a pessoa jurídica que a controle responde subsidiariamente pelas suas obrigações.

Art. 22. As causas em que empresa pública estadual, distrital ou municipal, ou sociedade de economia mista for parte, na condição de autora, ré, assistente ou opoente, são processadas e julgadas perante a Justiça Comum.

Parágrafo único. As causas em que empresa pública federal for parte, na condição de autora, ré, assistente ou opoente, são processadas e julgadas perante a Justiça Federal.

Art. 23. Os atos dos dirigentes, referentes à prestação dos serviços públicos, que causem lesão a direito ou ameaça de lesão a direito são atacáveis por mandado de segurança, individual ou coletivo.

Art. 24. É cabível ação popular com o objetivo de anular ato lesivo ao patrimônio público, à moralidade administrativa, ao meio ambiente e ao patrimônio histórico e cultural, praticado no âmbito das empresas públicas e sociedades de economia mista.

Art. 25. As empresas públicas e sociedades de economia mista têm legitimação ativa para propor ação civil pública para a proteção de interesses difusos.

Art. 26. Esta lei entra em vigor na data de sua publicação.

CONCLUSÃO

REVIGORANDO O DEBATE SOBRE A FUNÇÃO E O REGIME DAS ESTATAIS BRASILEIRAS

1 O novo contexto econômico, social e jurídico

Desde o seu surgimento, ao final da Idade Média, com o desaparecimento do feudalismo, o Estado Nacional, tal como o concebemos hoje, passou por um grande processo evolutivo.

No século XVIII, no rastro da filosofia contratualista e iluminista, o Estado absolutista deu lugar ao Estado liberal, marcando para sempre os ideais da construção de um estado democrático, garantidor e respeitador de direitos individuais das pessoas, em que tanto governo quanto governados estão submissos à lei.

Um dos postulados básicos do Estado liberal é o "princípio do Estado mínimo", que exige a redução ao mínimo possível das atividades do Estado e, consequentemente, das suas tarefas e despesas. O Estado liberal é um Estado economicamente neutro, que se abstém de efetuar intervenções de caráter econômico-social, não devendo dirigir ou mudar as relações preexistentes.

Na primeira metade do século XX, o Estado evolui para suas concepções de Estado social e econômico, intervencionista por natureza, que requer a presença militante do poder político nas esferas sociais, onde cresceu a dependência do indivíduo. No Estado econômico, a fixação do papel do mercado e toda a orientação do processo econômico cabem ao Estado. Em determinados casos, assume o Estado o papel de empresário, passando a produzir diretamente alguns bens e serviços para a sociedade. Surge o "Estado empresário" e, com ele, um extenso rol de empresas estatais: as empresas públicas, as sociedades de economia mista e suas subsidiárias e controladas. Nos últimos anos, acompanhando uma tendência mundial ("globalização"), foram revitalizados, com nova roupagem, alguns dos valores e ideais do Estado liberal ("Estado neoliberal"). O postulado do Estado mínimo foi substituído pelo Estado subsidiário, em que o Estado exerce as atividades essenciais, típicas do Poder Público, mas também as atividades sociais e econômicas que o particular não consiga desempenhar a contento no regime de livre iniciativa.

Importante salientar que a globalização se desenvolve dentro de um modelo neoliberal. Isso ocorre porque as grandes empresas multinacionais querem ampliar os seus mercados, mas sem as amarras alfandegárias, protecionistas, sociais ou políticas dos Estados. O ideal, para essas organizações, é que o mundo fosse uma grande federação — evidentemente neoliberal.

Nesse contexto, a globalização e o neoliberalismo exercem influências marcantes no processo de reestruturação que vem sendo empreendido pelo Estado brasileiro.

2 As empresas estatais diante da reestruturação do Estado brasileiro

Assim é que, relativamente ao setor estatal de produção de bens e serviços para o mercado, a proposta reformista é a privatização da maior parte das empresas estatais ainda existentes, reorganizando e fortalecendo os órgãos de regulação dos monopólios naturais: surgem aqui as agências reguladoras.

As estatais exploradoras de atividades econômicas, que não puderem ser privatizadas, deverão submeter-se a um novo regime jurídico, bem mais próximo do aplicável às empresas particulares. Deve ser dada ênfase no postulado neoliberal da eficiência das atividades públicas e na qualidade dos serviços prestados ao cidadão-cliente. O controle dessas entidades passa a centrar-se nos resultados, mediante assinatura de contratos de gestão.

Apesar de todo esse processo, as empresas do Estado ainda permanecem como um setor de inegável importância para a sociedade e para a economia brasileiras. Existem 122 empresas estatais em atividade, 103 do Setor Produtivo Estatal – SPE, atuando na produção de bens ou serviços em importantes setores como os de petróleo e derivados, energia elétrica, transportes, entre outros, e 19 do setor financeiro, como bancos comerciais e de fomento.

Há 497 mil empregados registrados no quadro de pessoal próprio das empresas estatais federais, número este que aumentou 16,9% no período de 2006 a 2010, sendo que os investimentos nas empresas do Setor Produtivo Estatal passaram de R$69,1 bilhões, em 2009, para R$81,5 bilhões em 2010, um incremento de 17,9%.[1]

3 A nova regulamentação jurídica das empresas estatais

Com o advento da Emenda Constitucional nº 19, de 4.6.1988, aprovada no decorrer da reforma administrativa, o §1º do artigo 173 da Constituição atribuiu ao legislador ordinário a missão de estabelecer o estatuto jurídico das empresas estatais exploradoras de atividade econômica de produção ou comercialização de bens ou prestação de serviços.

O novo regime jurídico, implantado pela reforma administrativa, cria, portanto, uma nova relação entre estes entes com o Estado e com a própria sociedade.

O estatuto a que alude o dispositivo constitucional transcrito encontra-se em tramitação no Congresso Nacional.

Enquanto isso, ressentem a Administração Pública e a comunidade a ausência de um texto legal, no qual se reúnam as normas comuns a tais pessoas jurídicas. Esse fato conduz ao particularismo e à imprecisão no tocante aos problemas gerais de administração dos serviços industriais e comerciais do Estado.

As empresas públicas, sociedades de economia mista e suas subsidiárias e controladas estão a merecer uma disciplina especial que as integre, sistematicamente, nos planos governamentais, como agentes que são da atividade econômica do Estado, não somente para proteger os acionistas minoritários, como especialmente para garantia de boa administração dos bens e valores públicos que lhes são confiados. Faz-se necessário um diploma legal contendo as linhas mestras das normas disciplinadoras dessas entidades e que, à luz da boa doutrina, venha expurgar o excessivo pragmatismo e empirismo vigente na sua administração.

---

[1] Dados obtidos nos Relatórios de Perfil das Estatais 2011 e Relatório Anual 2011 (ano base 2010) emitidos pelo Departamento de Coordenação e Governança das Empresas Estatais – DEST do Ministério do Planejamento, Orçamento e Gestão – MP.

Atualmente regem-se por princípios e normas de direito público e de direito privado, uma série de leis esparsas e conflitantes. Urge que se efetue a sistematização e síntese de princípios e regras aplicáveis a essas entidades, com unidade de doutrina jurídica e de técnica legislativa.

Tais normas teriam a vantagem de definir regras uniformes para todas as empresas públicas e sociedades de economia mista, determinando claramente os limites de sua ação: suas relações financeiras, suas relações com outras empresas, com o governo, com o parlamento, além de definir as regras de base de sua gestão.

No decorrer da presente pesquisa restou cristalino que tanto a doutrina quanto a jurisprudência, inclusive dos Tribunais Superiores, reconhecem a existência de duas espécies básicas de empresas estatais — as exploradoras de atividades econômicas e as prestadoras de serviços públicos — com regimes jurídicos bastante diversos. As primeiras, submissas ao artigo 173 da Constituição, aproximam-se do direito privado. As segundas, por sua vez, subsomem-se ao artigo 175, estando mais próximas do direito público.

Nesse contexto, o presente trabalho propôs uma tipologia mais completa para as estatais brasileiras, como forma de examinar mais minuciosamente os detalhes que cada uma das espécies existentes apresenta.

Além disso, a decisão do Supremo Tribunal Federal, proferida em 16.11.2000, reconhecendo à Empresa Brasileira de Correios e Telégrafos – ECT, empresa pública federal, o direito de ter suas dívidas passivas executadas por meio de precatório, nos termos do artigo 100 da Constituição, reabre o debate a respeito do regime de bens dessas entidades, bem assim de sua sujeição ao processo de falência ou insolvência.

Tal posicionamento vem sendo mantido, conforme se observa da Decisão no Agravo Regimental no Recurso Extraordinário nº 393.032/MG, adotada em 27.10.2009, da relatoria da Ministra Cármen Lúcia.

O Superior Tribunal de Justiça reacende a discussão sobre a questão da responsabilidade do Estado por atos omissivos de seus agentes, direcionando a solução da matéria em sentido diverso daquela que vinha sendo adotada por significativa parcela da doutrina e da jurisprudência.

O entendimento, já manifestado em despacho monocrático exarado pela Ministra Eliana Calmon, em setembro de 1999, está sendo consolidado, consoante a deliberação adotada no Recurso Especial nº 1.140.025/MG (2009/0091682-0), prolatada em setembro de 2010, segundo a qual cabe ao Estado, pelo princípio constitucional da responsabilidade, reparar os danos causados por atos omissivos ou comissivos praticados pelos agentes estatais, sendo reconhecida a possibilidade de reparação por danos morais no caso de responsabilidade objetiva.

Não se pode olvidar, também, os calorosos debates que vêm sendo travados pelos juristas a respeito da competência para edição, do conteúdo e da abrangência do novo estatuto das empresas estatais.

Assim é que, ao final da pesquisa, apresentou-se, como contribuição da pesquisa científica ao exame do assunto pelas casas legislativas, duas propostas de anteprojetos de lei: o primeiro, com o propósito de estabelecer o estatuto jurídico da empresa pública, da sociedade de economia mista e de suas subsidiárias que explorem atividade econômica de produção ou comercialização de bens ou de prestação de serviços, previsto no artigo 173, §1º, da Constituição Federal; o segundo, com o objetivo de regulamentar a criação e atuação das empresas públicas e sociedades de economia mista prestadoras de serviço público, na esfera federal.

Cumpre ressaltar, por fim, que a elaboração de normas jurídicas para prestar socorro a necessidades estruturais e conjunturais evita um indesejável tratamento discriminatório para situações iguais ou afins, com a consequente frustração dos objetivos permanentes da ação estatal, que pretende ser harmoniosa, concatenada e submissa à estratégia econômico-administrativa de longo alcance.

REFERÊNCIAS

1 Doutrina
1.1 Artigos

ASSOCIAÇÃO BRASILEIRA DAS ORGANIZAÇÃO NÃO GOVERNAMENTAIS – ABONG. Disponível em: <http://www.abong.org.br/ongs.php>. Acesso em: 30 maio 2012.

ATALIBA, Geraldo; BRASILIENSE, José Raul (Org.). Regime jurídico das empresas estatais. *Revista de Direito Público*, São Paulo, n. 83, p. 39-195, 1987.

BORGES, Alice Gonzalez. O estatuto jurídico das empresas estatais na Emenda Constitucional n° 19/98. *Revista de Direito Administrativo*, Rio de Janeiro, n. 217, p. 1-11, 1999.

BRASIL. Departamento de Coordenação e Governança das Empresas Estatais – DEST. Ministério do Planejamento, Orçamento e Gestão – MP. Relatório de Perfil das Estatais 2011 e pelo Relatório Anual 2011, ano base 2010.

BRASIL. Ministério do Orçamento e Gestão. Dados consolidados sobre o setor produtivo estatal. 2001a. Disponível em: <http://www.mog.gob.br/estatais/evolução/htm>. Acesso em: 19 jan. 2001.

BRESSER-PEREIRA, Luiz Carlos. Cidadania e *res publica*: a emergência dos direitos públicos. Brasília, 1996.

CALASANS JÚNIOR, José. A licitação nas empresas estatais. *Informativo Licitações e Contratos*, Curitiba, n. 56, p. 878-887, 1998.

CARDOSO, Fernando Henrique. A Reforma do Estado. *In*: BRASIL. Ministério da Administração e Reforma do Estado. *Plano diretor da reforma do aparelho do Estado*. Brasília: Ministério da Administração Federal e Reforma do Estado, 1995.

CARDOSO, Fernando Henrique. Reforma do Estado. *In*: BRESSER-PEREIRA, Luiz Carlos. *Reforma do Estado e Administração Pública gerencial*. 2. ed. Rio de Janeiro: Fundação Getúlio Vargas, 1998.

CUNHA, Jatir Batista. Celebração e prorrogação dos contratos de permissão das estações Aduaneiras. Disponível em: <http://www.tcu.gov.br/spg.jbc/doc.publico>. Acesso em: 19 jan. 2001.

DALLARI, Adilson Abreu. Empresa estatal prestadora de serviços públicos, natureza jurídica, repercussões tributárias. *Revista de Direito Público*, São Paulo, n. 94, p. 94-108, 1994.

DIAS, Sérgio Novais. Conceito de Constituição no Mundo Moderno. *Cadernos de Direito Constitucional e Ciência Política*, São Paulo, n. 3, p. 136-167, 1993.

FERREIRA, Sérgio de Andréa. As empresas do Estado no direito brasileiro. *Arquivos do Ministério da Justiça*, n. 150, p. 68-90, 1979a.

FERREIRA, Sérgio de Andréa. O direito administrativo das empresas governamentais brasileiras. *Revista de Direito Administrativo*, Rio de Janeiro, n. 136, p. 1-33, 1979b.

FIGUEIREDO, Marcelo. A ação declaratória de constitucionalidade: inovação infeliz e inconstitucional. *In*: MARTINS, Ives Grandra; MENDES, Gilmar Ferreira. *Ação declaratória de constitucionalidade*. São Paulo: Saraiva, 1994. p. 167-175.

GRAU, Eros Roberto. Bens públicos: convênio: dívida da Fazenda. *Revista de Direito Público*, São Paulo, n. 79, p. 103-114, 1986.

LACOMBE, Marcelo Barroso. Políticas de ajuste: determinantes institucionais. *Cadernos Aslegis*, Brasília, n. 1, p. 24-26, 1997.

LEÃES, Luiz Gastão Paes de Barros. O conceito jurídico de sociedade de economia mista. *Revista de Direito Administrativo*, Rio de Janeiro, n. 79, p. 1-22, 1965.

MAGALHÃES, João Paulo de Almeida. Modelo neoliberal e a procura de modelos alternativos. *Carta de Conjuntura do CORECON/DF*, Brasília, n. 47, p. 12-18, 1996.

MELLO, Celso Antônio Bandeira de. Legalidade, motivo e motivação do ato administrativo. *Revista de Direito Público*, São Paulo, n. 90, p. 57-69, 1989.

MELLO, Celso Antônio Bandeira de. Licitação nas estatais em face da EC nº 19. *Boletim de Direito Administrativo*, São Paulo, n. 12, ano 14, p. 773-776, 1998.

MELLO, Celso Antônio Bandeira de. Natureza essencial das sociedades mistas e empresas públicas. *Revista de Direito Público*, São Paulo, n. 71, p. 111-117, 1984.

MOREIRA NETO, Diogo de Figueiredo. Natureza jurídica, competência normativa e limites de atuação. *Revista de Direito Administrativo*, Rio de Janeiro, n. 215, p. 71-83, 1999.

MUKAI, Toshio. Licitações e contratos na Emenda Constitucional nº 19/98. *Boletim de Direito Administrativo*, São Paulo, ano 15, n. 4, p. 224-227, 1999.

PEDERIVA, João Henrique. *Revista do Tribunal de Contas do Distrito Federal*, Brasília, v. 22, p. 171-177, 1996.

PEREIRA JÚNIOR, Jessé Torres. Repercussões da Emenda Constitucional nº 19 sobre o regime jurídico das licitações. *Informativo Licitações e Contratos*, Curitiba, n. 56, p. 870-878, 1998.

PIZARRO, Patrícia Ulson. Interpretação Constitucional: o método hermenêutico-concretizante. *Cadernos de Direito Constitucional e Ciência Política*, São Paulo, n. 17, p. 78-97, 1996.

TÁCITO, Caio. Controle das empresas do Estado. *Revista do Tribunal de Contas da União*, Brasília, n. 4, p. 55-65, 1973.

TÁCITO, Caio. Regime jurídico das empresas estatais. *Revista de Direito Administrativo*, Rio de Janeiro, n. 195, p. 1-8, 1994.

VITTA, Heraldo Garcia. Apontamentos da reforma administrativa. *Boletim de Direito Administrativo*, São Paulo, n. 2, ano 15, p. 106-117, 1999.

1.2 Livros

ADEODATO, João Maurício. *O problema da legitimidade*: no rastro do pensamento de Hannah Arendt. Rio de Janeiro: Forense Universitária, 1989.

REFERÊNCIAS | 205

ALEXY, Robert. *Teoria de los derechos fundamentales*. Madrid: Centro de Estúdios Constitucionales, 1997.

BARROSO, Luís Roberto. *Interpretação e aplicação da Constituição*. 2. ed. São Paulo: Saraiva,1998.

BASTOS, Celso Ribeiro. *Curso de direito constitucional*. 14. ed. São Paulo: Saraiva, 1991.

BOBBIO, Norberto. *A era dos direitos*. Rio de Janeiro: Campus, 1992.

BÖCKENFÖRDE, Ernst-Wolfgang. *Escritos sobre derechos fundamentales*. Baden-Baden: Nomos Verlagsgesellschaft, 1993.

BONAVIDES, Paulo. *Do Estado liberal ao Estado social*. 6. ed. São Paulo: Malheiros, 1996.

BRASIL. Ministério da Administração Federal e Reforma do Estado. *Agências executivas*. Brasília,1997a. (Cadernos MARE da Reforma do Estado, n. 9).

BRASIL. *Organizações sociais*. Brasília, 1997b. (Cadernos MARE da Reforma do Estado, n. 2).

BRASIL. Presidência da República. *Plano Diretor da Reforma do Aparelho do Estado*. Brasília: Ministério da Administração Federal e Reforma do Estado, 1995.

BRESSER-PEREIRA, Luiz Carlos. A reforma da Administração Pública. *In*: *Crise econômica e reforma do Estado no Brasil*. São Paulo: Ed. 34, 1996. cap. 16.

BRESSER-PEREIRA, Luiz Carlos. *Cidadania e res publica*: a emergência dos direitos públicos. Brasília: [s.n.], 1996.

BRESSER-PEREIRA, Luiz Carlos. *Reforma do Estado e Administração Pública gerencial*. 2. ed. Rio de Janeiro: Fundação Getúlio Vargas, 1998.

BULOS, Uadi Lammêgo. *Manual de interpretação constitucional*. São Paulo: Saraiva, 1997.

CAHALI, Yussef Said. *Responsabilidade civil do Estado*. Rio de Janeiro: Forense, 1995.

CANOTILHO, J. J. Gomes. *Direito constitucional*. 6. ed. Coimbra: Almedina, 1993.

CARVALHO FILHO, José dos Santos. *Manual de direito administrativo*. 6. ed. Rio de Janeiro: Lumen Juris, 2000. p. 12-20, 319-420.

CINTRA DO AMARAL, Antônio Carlos. *Concessão de serviço público*. São Paulo: Malheiros, 1996. p. 15-28.

COELHO, Inocêncio Mártires. *Interpretação constitucional*. Porto Alegre: Sergio Antonio Fabris, 1997.

COUTURE, Eduardo. *Interpretação das leis processuais*. São Paulo: Max Limonad, 1956.

CRETELLA JÚNIOR, José. *Administração indireta brasileira*. 3. ed. Rio de Janeiro: Forense, 1990. p. 289-468.

DI PIETRO, Maria Sylvia Zanella. *Direito administrativo*. 13. ed. São Paulo: Atlas, 2001.

DI PIETRO, Maria Sylvia Zanella. *Direito administrativo*. 23. ed. São Paulo: Atlas, 2010.

DI PIETRO, Maria Sylvia Zanella. *Parcerias na Administração Pública*. 3. ed. São Paulo: Atlas, 1999.

DI PIETRO, Maria Sylvia Zanella. *Parcerias na Administração Pública*. 7. ed. São Paulo: Atlas, 2009.

DINIZ, Maria Helena. *Compêndio de introdução à ciência do direito*. 5. ed. São Paulo: Saraiva, 1993.

DINIZ, Maria Helena. *Tratado teórico e prático dos contratos*. São Paulo: Saraiva, 1993. v. 1.

DWORKIN, Ronald. *Taking rights seriously*. Londres: Duckworth, 1987.

ECO, Umberto. *Les limites de l'interprétation*. Paris: Bernard Grasset, 1992.

FIGUEIREDO, Lúcia Valle. *Curso de direito administrativo*. 4. ed. São Paulo: Malheiros, 2000. p. 27-130, 252-276.

FIGUEIREDO, Lúcia Valle. *Empresas públicas e sociedades de economia mista*. São Paulo: Revista dos Tribunais, 1978.

FURTADO, Celso. *O longo amanhecer*: reflexões sobre a formação do Brasil. Rio de Janeiro: Paz e Terra, 1999.

GASPARINI, Diogenes. *Direito administrativo*. 5. ed. São Paulo: Saraiva, 2000. p. 6-22, 342-364.

JACOBY FERNANDES, Jorge Ulisses. *Tomada de contas especial*. Brasília: Brasília Jurídica, 1996.

JUSTEN FILHO, Marçal. *Concessões de serviços públicos*. São Paulo: Dialética, 1997. p. 11-121.

LARENZ, Karl. *Metodologia da ciência do direito*. 2. ed. Lisboa: Fundação Calouste Gulbenkian, 1989.

LOPES, Antonio Ribeiro. *Comentários à reforma administrativa*. São Paulo: Revista dos Tribunais, 1998.

MAURER, Hartmut. *Elementos de direito administrativo alemão*. Tradução de Luiz Afonso Heck. Porto Alegre: Sergio Antonio Fabris, 2001.

MEIRELLES, Hely Lopes. *Direito administrativo brasileiro*. 17. ed. São Paulo: Malheiros, 1992. p. 82-93, 318-337.

MEIRELLES, Hely Lopes. *Mandado de Segurança, Ação Popular, Ação Civil Pública, Mandado de Injunção, Habeas Data*. 17. ed. São Paulo: Malheiros,1996.

MELLO, Celso Antônio Bandeira de. *Curso de direito administrativo*. 8. ed. São Paulo: Malheiros, 1996. p. 2-119, 545-609.

MELLO, Celso Antônio Bandeira de. *O conteúdo jurídico do princípio da igualdade*. São Paulo: Revista dos Tribunais, 1978.

MELLO, Celso Antônio Bandeira de. *Prestação de serviços públicos e Administração Indireta*. São Paulo: Revista dos Tribunais, 1973. p. 1-59, 87-142.

MELO, José Tarcízio de Almeida. *Reformas*: administrativa, previdenciária, do judiciário. Belo Horizonte: Del Rey, 1999. p. 19-143.

MORAES, Alexandre de. *Reforma administrativa*. São Paulo: Atlas, 1999.

MOREIRA NETO, Diogo de Figueiredo. *Curso de direito administrativo*. 11. ed. Rio de Janeiro: Forense, 1993.

MUKAI, Toshio. *Concessões e permissões de serviços públicos*. São Paulo: Saraiva, 1995. p. 1-22.

MUKAI, Toshio. *Direito administrativo e empresas do Estado*. Forense: Rio de Janeiro, 1984.

OST, François. *Le jeu*: um paradigme pour le droit. Paris: Librairie Generale de Droit de Jurisprudence, 1992.

PEREIRA JÚNIOR, Jessé Torres. *Da reforma administrativa constitucional*. Rio de Janeiro: Renovar, 1999.

PONTES DE MIRANDA, Francisco Cavalcanti. *Tratado de direito privado*. Campinas: Bookseller, 1999. v. 1, p. 13-204.

PONTES DE MIRANDA, Francisco Cavalcanti. *Tratado de direito privado*. Campinas: Bookseller, 2000a, v. 2, p. 220-566.

PONTES DE MIRANDA, Francisco Cavalcanti. *Tratado de direito privado*. Campinas: Bookseller, 2000b. v. 4, p. 13-328.

POPPER, Karl. *A lógica da pesquisa científica*. São Paulo: Cultrix, 1972.

QUINTANEIRO, Tania *et al*. *Um toque de clássicos*. Belo Horizonte: Ed. UFMG, 1995.

REALE, Geovanni. *História da filosofia*. São Paulo: Ed. Paulinas, 1982. v. 2.

SANTOS, Luiz Alberto. *Agencificação, publicização, contratualização e contrato social*. Brasília: Departamento Intersindical de Assessoria Parlamentar, 2000.

SARLET, Ingo Wolfgang. *A eficácia dos direitos fundamentais*. Porto Alegre: Livraria do Advogado, 1998.

SILVA, José Afonso. *Curso de direito constitucional positivo*. 14. ed. São Paulo: Malheiros, 1997.

TEMER, Michel. *Elementos de direito constitucional*. 11. ed. São Paulo: Malheiros, 1995.

VEDEL, Georges; DELVOVÉ, Pierre. *Droit administratif*. Paris: Presses Universitaires de France, 1984.

VELLOSO, Carlos Mário da Silva. *Temas de direito público*. 2. tiragem. Belo Horizonte: Del Rey, 1997. p. 511-530.

VENÂNCIO FILHO, Alberto. *A intervenção do Estado no domínio econômico*. Rio de Janeiro: Fundação Getúlio Vargas, 1968. p. 5-71, 337-457.

WITTGENSTEIN, Ludwig. *Investigações filosóficas*. 2. ed. São Paulo: Abril Cultural, 1979.

2 Jurisprudência

BRASIL. Superior Tribunal de Justiça. Agravo de Instrumento nº 183.965-Rio de Janeiro. Relatora: Ministra Eliana Calmon. Data do despacho: 3.9.1999. Disponível em: <http://www.stj.gov.br>. Acesso em: 13 jan. 2001b.

BRASIL. Supremo Tribunal Federal. Ação Direta de Inconstitucionalidade nº 1.552-4. Relator: Ministro Celso de Mello. Sessão: 17.04.1997. *Diário de Justiça*, 17 abr. 98, Brasília, p. 2, 1998a

BRASIL. Supremo Tribunal Federal. Ação Direta de Inconstitucionalidade nº 83-MG. Relator: Ministro Sepúlveda Pertence. Sessão: 24.4.1991. *Revista Trimestral de Jurisprudência*, Brasília, v. 136, n. 3, p. 965-981, 1991.

BRASIL. Supremo Tribunal Federal. Ação Direta de Inconstitucionalidade nº 1.552-4. Relator: Ministro Carlos Veloso. Sessão: 17.04.1997. *Diário de Justiça*, Brasília, p. 2, 17 abr. 1998a.

BRASIL. Supremo Tribunal Federal. Ação Direta de Inconstitucionalidade nº 2.135-4. Decisão publicada no *Diário de Justiça*, 07 mar. 2008 (Ata 6/2008).

BRASIL. Supremo Tribunal Federal. Arguição de Descumprimento de Preceito Constitucional – ADPF nº 46. *Diário de Justiça*, 26 fev. 2010 (Ata nº 4/2010).

BRASIL. Supremo Tribunal Federal. Mandado de Segurança nº 21.322-DF (Tribunal Pleno). Relator: Ministro Paulo Brossard. Sessão: 3.12.1992. *Revista Trimestral de Jurisprudência*, Brasília, v. 146, p. 139-152, 1993.

BRASIL. Supremo Tribunal Federal. Recurso Especial nº 1.140.025 – MG. Relatora: Ministra Eliana Calmon. Julgamento em 2.9.2010.

BRASIL. Supremo Tribunal Federal. Recurso Extraordinário nº 591874/MS. Rel. Min. Ricardo Lewandowski. Julgamento em 26.8.2009.

BRASIL. Supremo Tribunal Federal. Recursos Extraordinários nº 222.041-RS, 228.296-MG e 228.381-MG (Primeira Turma). Sessão: 15.9.98. Relator: Ministro Ilmar Galvão. *Informativo STF*, Brasília, n. 123, p. 2, 1998b.

BRASIL. Tribunal de Contas da União. Acórdão nº 121/98-Plenário. Relator: Ministro Walton Alencar Rodrigues. Sessão: 26.8.1998. *Revista de Direito Administrativo*, Rio de Janeiro, n. 213, p. 303-307, 1998c.

BRASIL. Tribunal de Contas da União. Acórdão nº 156/2000-Plenário. Relator: Ministro Lincoln Magalhães da Rocha. Sessão: 15.03.2000. Disponível em: <htttp://www.tcu.gov. br>. Acesso em: 18 jan. 2001d.

BRASIL. Tribunal de Contas da União. Acórdão nº 27/2000-Plenário. Relator: Ministro Lincoln Magalhães da Rocha. Sessão: 12.7.2000. Disponível em: <htttp:/www.tcu.gov. br>. Acesso em: 18 jan. 2001c.

BRASIL. Tribunal de Contas da União. Decisão nº 069/97-Plenário. Relator: Ministro Adhemar Paladini Ghisi. Sessão: 26.2.1997. *Diário Oficial da União*, Brasília, p. 4757, 11 mar. 1997c.

BRASIL. Tribunal de Contas da União. Decisão nº 146/96-Plenário. Relator: Ministro Iram Saraiva. Sessão: 27.3.1996. *Diário Oficial da União*, Brasília, p. 6283, 15 abr. 1996.

BRASIL. Tribunal de Contas da União. Decisão proferida no TC-006.658/89-0. Relator: Ministro Luciano Brandão Alves de Souza. Sessão: 16.5.1990. *Diário Oficial da União*, Brasília, p. 10835, 06 jun. 1990.

BRASIL. Tribunal de Contas da União. *Súmulas da jurisprudência predominante do Tribunal de Contas da União*. 4. ed. Brasília: TCU, 1998c.

ESTADO DO PARANÁ. Tribunal de Alçada do Estado do Paraná. *Habeas Corpus* nº 2449900 (Terceira Câmara Criminal). Relator: Juiz Lopes de Noronha. Sessão: 2.10.1995. *Informa Jurídico, Jurisprudência, Legislação*, Cuiabá, 1997c.

ESTADO DO RIO DE JANEIRO. Tribunal de Justiça do Estado do Rio de Janeiro (8ª Câmara Cível). Apelação nº 4.543. Relator: Desembargador Ellis Figueira. Ano da Sessão: 1990. *In*: CARVALHO FILHO, José dos Santos. *Manual de direito administrativo*. 6. ed. Rio de Janeiro: Lumen Juris, 2000c. p. 425-426.

ESTADO DO RIO DE JANEIRO. Tribunal de Justiça do Estado do Rio de Janeiro (6ª Câmara Cível). Apelação nº 7.613/94. Relator: Desembargador Pedro Ligiéro. Ano da Sessão: 1994. *In*: CARVALHO FILHO, José dos Santos. *Manual de direito administrativo*. 6. ed. Rio de Janeiro: Lumen Juris, 2000d. p. 427.

BRASIL. Supremo Tribunal Federal. Recurso Extraordinário nº 120.924 (Primeira Turma). Relator: Ministro Moreira Alves. *Diário de Justiça*, Brasília, p. 10327, 27 ago. 1993.

BRASIL. Supremo Tribunal Federal. Recurso Extraordinário nº 220.906-DF (Tribunal Pleno). Relator: Ministro Maurício Corrêa. Sessão: 16.11.2000. *Informativo STF*, Brasília, n. 213, p. 4, 2000.

BRASIL. Acórdão do RE 94.126, 17.05.1983. *Revista Trimestral de Jurisprudência do STF*, v. 116, n. 2, maio 1986

BRASIL. Acórdão do RE 95.049, 28.09.1984. *Revista Trimestral de Jurisprudência do STF*, v. 112, n. 2, maio 1985.

3 Legislação

BRASIL. *Código Civil de 1916*. Organização dos textos, notas remissivas e índice por Juarez de Oliveira. 51. ed. São Paulo: Saraiva, 2000. p. 8-291, 1376 p.

BRASIL. *Código Penal*. Organização dos textos, notas remissivas e índice por Juarez de Oliveira. 34. ed. São Paulo: Saraiva, 1996. p. 43-128.

BRASIL. *Código de Processo Civil*. Organização dos textos, notas remissivas e índice por Juarez de Oliveira. 26. ed. São Paulo: Saraiva, 1996.

BRASIL. Constituição (1988). *Constituição 1988*, texto constitucional de 5 de outubro de 1988 com as alterações adotadas pelas Emendas Constitucionais nº 1/92 a 22/99 e Emendas Constitucionais de Revisão nº 1 a 6/94. Brasília: Senado Federal, 1999. 360 p.

BRASIL. Decreto-Lei nº 4.657, de 5 de setembro de 1946. Dispõe sobre os bens imóveis da União e dá outras providências. *Código Civil*. Organização dos textos, notas remissivas e índice por Juarez de Oliveira. 51. ed. São Paulo: Saraiva, 2000. p. 350-380.

BRASIL. Decreto-Lei nº 9.760, de 4 de setembro de 1942. Lei de Introdução ao Código Civil Brasileiro. *Código Civil*. Organização dos textos, notas remissivas e índice por Juarez de Oliveira. 51. ed. São Paulo: Saraiva, 2000. p. 8-291.

BRASIL. Decreto-Lei nº 200, de 25 de fevereiro de 1967. Dispõe sobre a organização da Administração Federal, estabelece diretrizes para a Reforma Administrativa e dá outras providências. *In*: DI PIETRO, Maria Sylvia Zanella (Org.). *Administração Pública*: legislação. São Paulo: Malheiros, 2000. p. 18-51.

BRASIL. Decreto-Lei nº 900, de 29 de setembro de 1969. Altera disposições do Decreto-Lei nº 200, de 25 de fevereiro de 1967, e dá outras providências. *In*: DI PIETRO, Maria Sylvia Zanella (Org.). *Administração Pública*: legislação. São Paulo: Malheiros, 2000. p. 51-52.

BRASIL. Lei nº 1.533, de 31 de dezembro de 1951. Altera disposições do Código de Processo Civil, relativas ao mandado de segurança. *In*: DI PIETRO, Maria Sylvia Zanella (Org.). *Administração Pública*: legislação. São Paulo: Malheiros, 2000. p. 269-272.

BRASIL. Lei nº 4.717, de 29 de junho de 1965. Regula a ação popular. *In*: DI PIETRO, Maria Sylvia Zanella (Org.). *Administração Pública*: legislação. São Paulo: Malheiros, 2000. p. 247-254.

BRASIL. Lei nº 6.015, de 31 de dezembro de 1973. Dispõe sobre os Registros Públicos e dá outras providências. *Código Civil*. Organização dos textos, notas remissivas e índice por Juarez de Oliveira. 51. ed. São Paulo: Saraiva, 2000. p. 544-590.

BRASIL. Lei nº 6.404, de 15 de dezembro de 1996. Dispõe sobre as sociedades por ações. *Código Comercial*. Organização dos textos, notas remissivas e índice por Juarez de Oliveira. 11. ed. São Paulo: Saraiva, 1996. p. 355-444.

BRASIL. Lei nº 7.347, de 24 de julho de 1985. Disciplina a ação civil pública de responsabilidade por danos causados ao meio ambiente, ao consumidor, a bens e direitos de valor artístico, estético, histórico, turístico e paisagístico (vetado), e dá outras providências. *In*: DI PIETRO, Maria Sylvia Zanella (Org.). *Administração Pública*: legislação. São Paulo: Malheiros, 2000. p. 226-229.

BRASIL. Lei nº 8.443, de 16 de julho de 1992. Dispõe sobre a Lei Orgânica do Tribunal de Contas da União e dá outras providências. Brasília: Tribunal de Contas da União, 1998.

BRASIL. Lei nº 8.987, de 13 de fevereiro de 1995. Estabelece normas para outorga e prorrogações das concessões e permissões de serviços públicos dá outras providências. Disponível em: <http://www.senado.gov.br/>. Acesso em: 19 jan. 2001.

BRASIL. Lei nº 9.074, de 7 de julho de 1995. Dispõe sobre o regime de concessão e permissão da prestação de serviços públicos previsto no artigo 175 da Constituição Federal, e dá outras providências. Disponível em: <http://www. senado.gov.br/>. Acesso em: 19 jan. 2001.

BRASIL. Lei nº 9.784, de 29 de janeiro de 1999. Regula o processo administrativo no âmbito da Administração Pública Federal. *In*: DI PIETRO, Maria Sylvia Zanella (Org.). *Administração Pública*: legislação. São Paulo: Malheiros, 2000. p. 414-426.

BRASIL. Lei nº 9.995, de 24 de julho de 2000. Dispõe sobre as diretrizes para a elaboração da lei orçamentária de 2001 e dá outras providências. Disponível em: <http://www.senado. gov.br/>. Acesso em: 18 jan. 2001.

BRASIL. Decreto nº 2.745, de 24 de agosto de 1998. Aprova o Regulamento do Procedimento Licitatório Simplificado da Petróleo Brasileiro S/A previsto no artigo 67 da Lei nº 9.478, de 6 de agosto de 1997. Disponível em: <http://www.senado.gov.br/>. Acesso em: 18 jan. 2001.

BRASIL. Instrução Normativa/Tribunal de Contas da União nº 63, de 1º.9.2010, que estabelece normas de organização e de apresentação dos relatórios de gestão e das peças complementares que constituirão os processos de contas da administração pública federal, para julgamento do TCU, nos termos do art. 7º da Lei nº 8.443/1992. Disponível em: <http://www.tcu.gov.br>. Acesso em: 28 maio 2012.

BRASIL. *Lei nº 10.303, de 31.10.2001*, que alterou e acrescentou dispositivos na Lei nº 6.404, de 15 de dezembro de 1976, que dispõe sobre as Sociedades por Ações, e na Lei nº 6.385, de 7 de dezembro de 1976, que dispõe sobre o mercado de valores mobiliários e cria a Comissão de Valores Mobiliários.

BRASIL. *Código Civil de 2002*. Lei nº 10.406, de 10.01.2002, vigente a partir de janeiro de 2003.

BRASIL. *Lei nº 11.101, de 9.2.2005*, que regula a recuperação judicial, a extrajudicial e a falência do empresário e da sociedade empresária.

BRASIL. *Lei nº 12.618, de 30.4.2012*, que instituiu o regime de previdência complementar para os servidores públicos federais titulares de cargo efetivo e fixou o limite máximo para a concessão de aposentadorias e pensões a que se refere o art. 40 da Constituição Federal. Convém notar que o móvel maior de tais diplomas não foi seguramente o aprimoramento do sistema de pessoal da administração, mas sim a redução de custos com pessoal.

4 Outros

RELATÓRIO e Parecer Prévio sobre as Contas do Governo da República, referentes ao Exercício de 2011, disponíveis no sítio do TCU. Disponível em: <http://www.tcu.gov.br>. Acesso em: 28 maio 2012.

Esta obra foi composta em fonte Palatino Linotype, corpo 10
e impressa em papel Offset 75g (miolo) e Supremo 250g (capa)
pela Gráfica e Editora O Lutador.
Belo Horizonte/MG, setembro de 2012.